예수 그리스도의
죽음과 복음

Evangelical Theology
of The Death

KB191567

저자__최충원

목회신학박사, 종교철학박사
남서울대학교 아동복지학과(B.A.) / 서울장신대학교 신학과(Th.B)
장로회신학대학 신학대학원(B.D) / 장로회신학대학교 대학원(MPS)
Philippine Christian University(M.A)
USA Yuin University 목회, 신학박사(D.Min. in Theology)
Philippine Christian University 종교철학박사(Ph.D)

광진교회 전임전도사, 울산평강교회 전임전도사, 연세교회 담임목사,
부여교회 부목사, 장위중앙교회 부목사 역임
현, 평택성민교회 위임목사
    서울장신대학교 출강
    대전신학대학교 출강
    경기노회 부노회장
    평택경찰서 경목위원
    평택구치소 종교위원
저서, 교회교육 방향제시 / 새신자 양육교재 / 신약성서개론 연구

교회성장의 원리
예수 그리스도의 죽음과 복음

발행일 : 2008년 2월 15일

지은이 : 최충원
펴낸이 : 최은상
펴낸곳 : 도서출판 포이멘(제22-2818호. 2005.10.13)
주 소 : 서울 영등포구 대림3동 665-13 (전화 011-255-9553)

ISBN 978-89-957644-7-   3
책값은 뒷표지에 있습니다.

침체 되어 가는 교회에 복음 생명을 불어 넣어주는

예수 그리스도의
죽음과 복음

Evangelical Theology of The Death

본서는 종교철학박사(Ph.D.) 학위 논문을 편집한 것입니다.
이는 신학자요, 목회자로서 신학이 현장에서 목회적으로 실천되어 결실된 것입니다.

서언

예수 그리스도의
죽음의 복음신학이란
복음을 살리는 것이며,
영혼구원의 원리이고,
하나님의 나라를 이 땅에 임하게 하는 길이며,
복음 확장의 정도이고,
교회 성장의 원리인 것이다.

예수 그리스도의 죽음의 복음신학은 2000년 동안 묻히고 덮인 예수 그리스도의 복음을 새롭게 발굴하여 세상에 드러내는 것이다. 이는 내가 죽고 예수가 사는 것이며, 인간의 뜻이 죽고 하나님의 뜻이 사는 것이다. 예수 그리스도의 죽음은 복음의 결정적 사건이다. 하나의 밀알이 땅에 떨어져 죽음으로 새로운 많은 생명의 결정체가 알알이 맺히게 된다. 이것이 순리요, 진리이며, 이치이다. 그러므로 예수 그리스도의 죽음과 복음은 21세기의 생명의 빛이다. 예수 그리스도의 죽음의 복음신학은 침체되는 교회에 생명력을 주고, 온 인류가 영원히 살아야 할 길과 진리인 것이다.

예수 그리스도의 죽음은 부활의 시작이었다. 예수님의 제자들이 먼저 죽지 않았다. 은혜 받고 기적과 은사를 체험했던 사람들이 먼저 죽지 않았다. 예수님이 먼저 죽으셨다. 교회가 성장하지 못하는 이유는 다름 아닌 나 자신이 죽지 못했기 때문이다. 내가 죽으면 하나님께서 역사하시며, 하나님의 영광이 나타난다. 교회에서 목사가 먼저 죽으면 그것이 밑거름이 되어 성장한다. 교인들과 교회의 직분자들이 먼저 죽지 않는다. 목사가 먼저 죽어야 한다. 목사는 목자이다. 선한 목자는 자기의 생명을 버려서까지 양을 보호한다. 교회 성장을 원한다면 먼저 '내가 죽었는가'를 겸손히 점검해야 한다. 이것이 하나님과의 관계를 회복하는 길이다. 예수 그리스도는 "누구든지 나를 따라오려거든 자기를 부인하고 자기 십자가를 지라"고 하셨다. 즉, 나를 버리고 십자가 지고 예수의 길을 따르는 것이다. 이때 비로소 하나님과의 관계가 회복된다. 관계가 회복되면 절로 생명의 열매를 맺는다(요15장).

저자는 목사 안수를 받을 때 3가지를 서원하였다. 주님 부르실 때까지 일주일 중 하루는 전도하는 날로 삼을 것이고, 또한 매주 감사헌금을 드릴 것이며, 하루 3시간만 자고 주의 일을 하는 것이다. 비록 힘들어도 결코 보조는 받지 않겠다. 그 시간에 전도할 것이며 기도할 것이다. 처음 마음을 잊지 않으려고 지금까지 노력하고 있다.

목회 생활은 크게 두 가지에 중점을 두고 있다. 전도와 기도이다. 먼저 전도는 복음 사역의 큰 사명이다. "땅끝까지 복음을 전하라." 자신이 죽을 때, 비로소 예수의 지상 명령을 온전히 이룰 수 있다. 이를 위하여 목사가 먼저 전도해야 한다. 이론이 아니라 실제 몸소 행함으로

몸으로 생활로 전해야 한다. 14년 전, 저자 부부는 전도띠를 두르고 작은 아이를 손에 잡고, 평택 전 지역을 열정적으로 다니며 전도했다. 이 모습을 본 많은 사람들이 조롱하고 비웃었다. 조용했던 평택에 한 젊은 목사가 나타나서 전도한다고 시끄럽게 했기 때문이다. 그럼에도 불구하고 이것은 나의 사명이고 서원이었기에 우리 부부는 부목사 시절부터 시장, 길거리 어디서든지 전도하는 것이 몸에 배여 있었기 때문에 오히려 기쁨과 즐거움이었다. 저자는 자신의 손과 발로 평택 전체 가정에 복음을 전하는 것을 목표로 삼고 온종일 전도에만 전념했다. 부부가 시작한 전도대가 현재는 30~50명의 사마리아 전도대원이 동참하고 있으며, 37개 팀의 축호전도대가 있다. 아파트 입주자 전도 때에는 200여 명의 전도대원들이 동참한다.

다음으로 기도이다. 매일 전교인 한 끼 금식기도를 통해서 영성 회복을 위해 회개기도 운동을 시작했다. 저자는 6개월 동안 주일 온종일 금식하며 주일을 성수했다. 이것이 저자가 하나님과 성도를 회복시키기 위한 하나님께서 주신 지혜였다. 이후 교회가 소문이 나기 시작하면서 1년 6개월 만에 주일 장년 출석 100명을 넘을 수 있었다. 우리 교회의 특징은 새 가족과 믿다가 낙심하고 실족하신 분들, 그리고 다른 교회에서 상처받아 쉬고 있는 분들이 등록되기 시작하면서 오늘에 이르게 되었다.

당시 매일 저녁 10시, 강단에 무릎을 꿇고 기도하는 가운데 하나님의 은혜를 깨닫게 되었다. '이곳은 하나님께서 내게 주신 목장이다. 하나님께서 나를 이 곳으로 보내신 것이다. 나는 여기서 죽어야 한다.' 그 순간 모든 것이 새롭게 보이기 시작했다. 하나님께서 새롭게 은혜와 능력 주심을 체험하였다. 이에 성장한 교회를 찾아다니며 면담과 전화상담을 통해서 '어떻게 하면 성장시킬 수 있는가'를 물었다. 그들의 한결같은 대답은 '엎드리라'는 말뿐이었다. 그래서 엎드리기 시작했더니

'엎드리라'는 말의 뜻을 알게 되었다. 목회는 방법을 찾기 위하여 이곳 저곳을 찾아다니거나 책에 답이 있는 것도 아니다. 오직 하나님을 향한 마음으로 하나님 앞에 엎드리는 것이다. 목회는 인기 있는 방법이나 재주를 부리는 것이 아니다. 얄팍한 인기 몰이식의 편법을 쓰는 것도 아니다. 겉만 꾸며서 흉내 내는 것도 아니다. 바보 같다는 말을 들을 정도로 오직 복음의 한 길만 걸어야 한다. 목회자가 바로서면 교회와 교인은 생명의 꿀을 먹어 영·육이 하나님 앞에 바로 선다. 그리고 하나님의 언약하심에 준비된 복을 받는다. 교회 분위기 변화는 오직 무릎 꿇는 것 밖에 다른 방법이 없다. 오직 무릎으로 사는 길이 하나님의 돕는 손길을 체험하는 길이다. 이것이 죽는 것이다.

"사랑하며 섬기며 복음을 전하자."
이것이 평생 목회 표어이다. 연중 교회 표어가 변하는 경우는 지금까지도 앞으로도 없다. 한 목적을 가지고 끝까지 달려갈 것이다. "사랑하며 섬기며 복음을 전하자" 이것이 예수 그리스도의 복음 목회의 본질이다. 예수님은 섬김의 도를 가르치시며 섬기는 자로 오셨다. 목회자는 섬김 받는 자가 아니다. 섬기는 자로서의 인식을 바르게 할 때 교회는 성장한다. 나는 섬김을 받는 목회자인가? 섬기고 있는 목회자인가? 이에 대한 진실한 자기 평가가 반드시 있어야 한다. 저자는 누가 왔다가 돌아갈 때는 결코 빈손으로 보내지 않는다. 무엇이든지 그 사람의 손에 들려준다. 이는 내가 당신을 섬긴다는 의미와 사랑한다는 의미다.
예수 그리스도의 죽음의 복음신학은 교회 성장의 원리이다. '죽음의 복음신학'이 바로 오늘 평택성민교회가 성장하게 된 복음의 핵심이었다. 모든 목회자들의 관심은 하나님의 교회를 성장시키는 것이다. 그렇다면 예수 그리스도의 죽음의 복음을 접목할 수 있기 바란다. 반드시 새 생명의 능력이 임하게 될 것이다.

현재 평택성민교회는 평택이라는 중소도시에서 13년 만에 대지 950평에 1,340평의 6층 예배당을 건축하여 2007년 7월에 입당했다. 예배실은 단층 1,200석을 준비했다.

　끝으로 '예수 그리스도의 죽음의 복음신학'은 21세기 침체 되어 가는 기독교와 교회에 새롭게 복음 생명을 불어 넣어 줄 수 있을 것을 확신한다.

2008년 1월
종교철학박사 최충원

목차

서언 • 4

제 **1** 장 시작하며..........13

제 **2** 장 죽음에 대한 일반적인 의미..........17

1. 죽음의 의의__17
2. 죽음에 대한 기본적 이해__19

제 **3** 장 죽음에 대한 타종교의 의미..........25

1. 한국인의 죽음관__25
2. 불 교__29
   1) 불교의 사관 • 31
   2) 불교의 내세관 • 33
   3) 한국 불교의 성격 • 34
3. 힌두교__35
   1) 힌두교의 해탈 • 36
   2) 힌두교의 구원 • 36
4. 유교__38
   1) 유교의 죽음의 개념들 • 40

5. 도가_44
  1) 도가의 사관 • 45
  2) 도가의 내세관 • 47

6. 무속_48
  1) 무속의 사생관 • 50
  2) 무속으로 보는 영혼의 성질 • 53

7. 회교 _53
  1) 죽음 이해 • 53
  2) 이슬람의 다섯 교리 • 56

8. 천주교 _58
  1) 죽음 이해 • 58

제 **4** 장 죽음에 대한 성서적 신학적 의미..........60

1. 인간의 죽음에 대한 성서적 견해_60
  1) 죽음에 대한 어의와 어원 • 60
  2) 육체적 죽음에 대한 성경적 개념 • 61
  3) 죽음의 기원과 영생 문제 • 63
  4) 기독교 신자들의 죽음의 의의 • 66

2. 구약에 나타난 죽음 이해_68
  1) 죽음의 허무성 • 70
  2) 죄의 대가로서 죽음 • 71
  3) 축복으로서 죽음 • 72

3. 신약성서에 나타난 죽음_72
  1) 절망을 넘는 죽음 • 73
  2) 바울서신에서의 죽음 이해 • 73

4. 신학적인 죽음 이해_76
  1) 서론 • 76
  2) 죽음에 대한 신학적 이해 • 77
  3) 죽음의 정의 • 83

4) 그리스도의 죽음 • 85

5. 죽음은 창조의 질서다_86

6. 죽음은 인간의 죄의 결과다_92

7. 죽음이 주는 의미_95

제 **5** 장 죽음에 대한 예수 그리스도의 복음신학..........97

1. 예수 그리스도__97
　　1) 예수 • 97
　　　　(1) 자기 백성을 죄에서 구원할 자 • 97
　　　　(2) 성육신 • 99
　　　　(3) 말 씀 • 101
　　　　(4) 참 신, 참 인간 • 102
　　2) 그리스도 • 105
　　　　(1) 왕 • 105
　　　　(2) 제사장 • 108
　　　　(3) 예언자 • 109
　　3) 예수 그리스도 • 112
　　　　(1) 하나님의 아들 • 112
　　　　(2) 주 • 118
　　4) 예수 그리스도의 성육신과 구원 사역의 목적 • 121
　　　　(1) 율법의 완성 • 125
　　　　(2) 하나님의 나라 • 128
　　　　(3) 교회 • 130
　　　　(4) 사랑과 용서 • 131

2. 십자가상에서의 죽음의 의미_138
　　1) 그리스도가 죽어야 한다는 예언들 • 138
　　2) 십자가를 지게 한 자들 • 150

3. 예수 그리스도의 죽음의 복음신학__172
　　1) 예수 그리스도의 죽음과 십자가 • 178

2) 마태복음에 나타난 죽음의 복음신학 • 184

3) 마가복음에 나타난 죽음의 복음신학 • 186

4) 누가복음에 나타난 죽음의 복음신학 • 188

5) 요한복음에 나타난 죽음의 복음신학 • 193

6) 예수 그리스도의 죽음에 대한 예고의 말씀 • 195

7) 십자가상 칠언에 나타난 복음신학 • 215

제 6 장 맺으며 233

1) 불가피한 것 • 237

2) 예언의 성취 • 237

3) 완전히 자발적인 것 • 238

4) 성부의 뜻 • 239

5) 죄인들과의 연합 • 239

6) 세상에 대한 하나님의 심판 • 239

7) 희생적인 제물 • 240

8) 패배가 아닌 승리 • 240

9) 만민의 구원 • 241

10) 기도의 교훈 • 241

11) 밀알의 교훈 • 242

12) 부활의 교훈 • 242

13) 영생의 길 • 243

14) 사랑과 용서의 복음 • 243

미주 _245

참고문헌 _265

제 1 장

시작하며

죽음이란 어느 한 순간에 일어나는 사건이라기보다는 삶의 과정
다.[1] 그러므로 인간은 삶과 죽음을 분리해서 생각할 수 없다. 많은
사람들은 삶과 분리해서 생각한다. 동시에 죽음은 허무요, 무의미한
것으로 치부한다. 그러나 죽음은 일회적인 삶을 사는 인간에게 반복
될 수 없는 사건이기에 삶에 있어서 죽음 또한 의미 있는 것이다. 분
명한 것은 세상에 태어난 사람은 예외없이 죽음의 사건을 겪게 된다
는 것이다.

그럼에도 불구하고 인간의 무의식에는 자기는 결코 죽지 않을 것
같이 생각을 한다.[2] 그러다가 피할 수 없는 죽음의 상황에 처하게 되
면 갑자기 삶 전체가 무너져 내리는 충격을 받게 되고 자신에 대한
존재가치와 생의 의미를 상실하게 된다. 죽지 않았으면 얼마나 좋으
랴! 그러나 죽지 않을 수 없는 것이 인간이다. 죽지 않기를 바라면서
인류의 역사는 해서는 안 될 일들을 해왔다. 결국 인간의 악순환의

역사는 죽음에 이르는 병에 걸려 있다.

죽음의 복음신학은 죽지 않는 것이 아니라 치유되고 극복하는 것을 말한다. 치유되는 것만이 하나님의 은혜요 능력이라고 보는 것은 잘못된 견해이다. 두려워하거나 회피하거나 거절하는 것이 아니라 "죽으면 죽으리라"와 "죽으면 살리라"에 대한 각오와 결심이 중요하며 그런 신학과 신앙이 중요하다. 이를 우리는 "죽음에 대한 복음신학"이라는 것이다. "죽음"이 바로 "복음"이다. 그러므로 죽음을 바로 이해하여 하나님이 기뻐하시는 신앙의 바른 삶을 살아야 한다.

본서는 이런 인간의 종말적인 죽음을 이기고, 부활하신 예수 그리스도의 죽음에 대한 바른 이해와 자세 그리고 과정에 대해서 살펴보고, 그가 부활의 첫 열매로 우리에게 주시는 의미와 교훈과 선물을 얻고자 한다. 왜냐하면 예수 그리스도의 죽음에서 죽음이 죄나 끝이라기보다 오히려 부활의 전제인 '복음'을 접하게 되기 때문이다. 또한 죽음에 대한 일반적인 의미나 숙명론에서 나아와서 예수 그리스도를 믿는 자로서의 죽음에 대한 복음적인 정립이 필요하다. 즉, 사망과 죽음의 권세를 살아서 극복하므로 두려움이나 미련보다 죽음을 이기게 하는 삶을 배우게 하는 데 있다.

죽음으로 다가오는 현실, 그 자체에 솔직하고 용기 있게 죽음을 맞으며, 그 시간도 한 인격자의 가치 있는 삶의 과정으로 받아들여야 한다. 죽음은 인격적 성숙을 향한 변화의 과정으로 받아들여서 그에게 적합한 목회적인 돌봄이 있어야 한다. 그러기에 먼저 목회자적이면서 신학적인 죽음에 대한 바른 이해와 예수 그리스도로 말미암아 우리에게 주어진 죽음에 대한 복음의 정립이 필요하다.

인간의 종말론적 가치관에 의하여 삶의 의미가 달라진다. 인간이 어떻게 사느냐에 따라서 죽음 후의 삶이 결정되는 것이 아니라 죽음을 어떻게 받아들이며 맞이하겠느냐에 대한 종말론적 가치관이 삶의 질을 결정한다. 즉, 죽음에 대한 예수 그리스도의 복음신학을 바로 인식할 때 하나님이 기뻐하시는 복음적인 삶을 살 수 있다. 따라서 본서는 신앙의 바른 삶을 위한 죽음에 대한 이해와 죽음을 앞둔 사람들이 그들의 마지막 삶의 과정을 예수 그리스도 안에서 복음으로 잘 마무리 하도록 이끌기 위한 바른 방법들을 모색하는 데 그 목적이 있다.

본서는 죽지 않는다는 것을 말하거나 죽어도 나중에 다시 산다는 것을 말하지 않는다. 중요한 것은 죽음에 대한 바른 자세이다. 이에 예수 그리스도가 취한 죽음에 대한 자세에서 그 교훈을 얻고자 한다. 그가 어떤 죽음을 죽었고 어떻게 부활을 하였는지에 대한 이해를 얻고자 한다. 예수 그리스도를 통하여 십자가 없는 부활은 있을 수 없듯이 죽지 않고서는 부활도 없다. 부활이나 생명이나 다시 산다는 것은 곧 죽음을 전제하고 있다. 그러므로 문제는 죽음에 대한 바른 이해와 자세이다.

우리는 여기서 죽음에 대한 예수 그리스도의 바른 자세와 신앙관을 이해하기 위해서 분석하고 비판할 것이다. 이를 통해 죽음에 대한 예수 그리스도의 복음신학을 정립하고 목회적인 측면에서 죽음에 대한 복음신학을 제시하고자 한다.

본서는 제2장에서는 죽음에 대한 일반적인 이해와 갈등과 과정 등을, 제3장에서는 죽음에 대한 다른 종교의 이해와 갈등과 과정 등을 고찰한다. 제4장에서는 죽음에 대한 성서적 역사적 신학적 의미을, 제5장에서는 죽음에 대한 예수 그리스도의 복음신학에 대해서 논하고자 한다.

끝으로 예수 그리스도의 죽음의 복음신학을 연구하면서 다음의 두 가지를 깨달았다.

1) 죽음의 복음의 의미를 바로 알고 깨달아 예수 그리스도의 죽음과 함께 새 생명을 얻는 기쁨과 감격을 체험하게 되었고, 주님을 바르게 따른다는 것은 바르게 죽는다는 것임을 확신케 되었다.

2) 모든 신학의 중심은 바로 예수 그리스도의 죽음의 복음에서부터 출발해야 한다는 것이다. 이때 비로소 주님의 새 계명인 "하나님 사랑과 이웃 사랑 그리고 원수를 사랑"할 수 있으며, 주님의 지상 명령인 "땅끝까지 복음을 전할 수" 있고, "뜻이 하늘에서 이루어진 것 같이 땅에 이루어"지게 된다는 것이다. 그러므로 복음은 죽는 것이다. "죽으면 죽으리라"와 "죽으면 살리라"는 것이다.

죽음의 복음신학은 필자의 신앙고백이며, 오직 예수 그리스도의 죽음의 복음을 통해서 새 생명의 자리에 그리고 더 나아가서 풍성함을 맛보는 자리에 머물게 된다는 고백과 확신 가운데 오직 예수 그리스도의 죽음의 복음신학을 전하겠다는 다짐을 하며 강의하고, 목회 현장에 실천하고 있다.

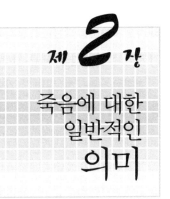

제 2 장

죽음에 대한
일반적인
의미

본장에서는 죽음에 대한 기본적인 이해를 돕기 위해서 일반적인 정의와 의학적인 측면, 그리고 법학에서 말하는 죽음을 정리하며 아울러 철학적의 면에 있어서의 죽음을 살펴보자.

1. 죽음의 의의

죽음이란?

의학에서는 죽음을 "세포 내에서 생기는 연속적인 화학 변화가 불가역적으로 되어 정지되는 상태"[3]라고 정의한다. 생명이 세포 내의 원형질이 쉬지 않고 일으키는 화학 변화의 연속이라고 한다면, 죽음은 이와 반대 현상으로 생명 현상이 정지되어 버린 상태이다. 현대 의학계에서는 이 죽음을 측정하기 위하여 뇌파 측정기를 사용하기도 하는데, 호흡이 정지되어 심장이 움직이지 않고 뇌의 활동 기능이 상실되었을 때를 완전한 죽음으로 판정한다.

철학에서는 "한 생명이 자연적으로나 우연적으로 자체의 존재가 종식된 때"[4]를 죽음이라고 정의한다. 플라톤의 철학에서는 죽음을 영혼과 육체의 분리라는 개념으로 설명을 한다. 육체는 우리가 사는 한 영혼으로 하여금 자유로워질 수 없게 하고, 이 영혼이 진정 영원한 본질과 합하여 살 수 없게 하며, 이 영혼이 진정 영원한 본질과 합치하여 살 수 없게 하는 외적인 의복에 지나지 않는다고 한다. 즉, 육체는 영혼에 합당치 못한 법을 씌워 영혼을 감금하고 있는 것이다. 육체 속에 갇혀 있으나 영혼은 영원한 본질로 본다. 이 고귀한 영혼과 썩어질 육체를 구분한다. 그러므로 플라톤의 철학에 있어서 죽음은 실로 위대한 해방의 사건으로 등장하게 된다. 죽음은 영혼이 묶여있던 쇠사슬 혹은 육의 감옥에서 풀어 그의 영원한 집으로 되돌아가게 하기 때문이다. 그러므로 이들에게 있어서 죽음은 아름다운 것이며, 영혼이 애타게 기다리는 것이다.

죽음의 의의

"인간에게 있어서 피할 수 없는 것은 세금과 죽음이다"라는 말이 있다. 그만큼 인간은 죽음을 가지고 이 땅에 태어난 생명체로서 필연적인 것일 수밖에 없다는 것이다. 모든 만물에는 그 순서와 질서가 있다. 하지만 이 죽음은 예측할 수 없다는 것이 하나의 특징이다. 나이가 많은 노인이라고 죽음 앞에 가까이 있고, 젊은이라고 해서 죽음이 멀리 있다고 말할 수 없다. 죽음은 남녀노소와 빈부귀천의 차별 없이 인류 모두가 항상 직면하고 있는 절박한 문제이다. 죽음은 모든 인간에게 두려운 그 무엇이다. 이는 죽음이 우리로 아무 것도 아님의 상태, 즉 무(無)로 돌아가야 하기 때문이다. 존재자를 비존재자로 만들어 버리는 그 속성이 죽음을 두려워하게 하는 제일 큰 이유이다. 죽음은 우리들의 가족이나 친구 등 사랑하는 사람들과의 이별을 강요하기에 그 또한 두려운 이유가 될 것이다. 또한 인간으로 태어난 사람들 중에 아직 그 누구도 죽음에 대한 바른 지식을 전해 주지 못한 무지가 죽음이 갖고 있는 특징 중에 하나이다. 호기심이 많은 인간의 그 호기심으로도 풀 수 없는 것이 바로 죽음이므로 우리들의 두려움은 더 심한 것 같다.

그렇다면 죽음은 정말로 두렵기만 한 것인가? 역설적이지만 삶이 고귀하게 되는 것은 그 삶이 죽음을 내포하고 있기 때문이다.[5] 죽음이 없는 영원한 존재라면 삶이라는 것은 그 자체 또한 아무런 의미를 갖지 못하기 때문이다. 그것은 우리에게 의미도 감사도 주지 못하며 우리들의 삶이 하나님의 은혜인 것도 깨닫지 못하게 될 것이다. 죽음은 우리에게 삶의 깊이를 더해 준다. 카우프만은 "죽음과의 만남을 약속하였을 때보다 개선된 삶을 영위할 수 있다. 곧 죽을 것이라고 예측할 때에는 사랑이 더 깊어지거나 열정적으로 될 뿐 아니라 이로 말미암아 삶 전체가 더욱 풍요하게 된다"[6]고 말한다.

2. 죽음에 대한 기본적 이해

죽음에 대해서 기본적으로 이해하기 위해서 의학적, 법학적, 철학적인 죽음의 개념을 살펴보자.

의학적인 측면

의학에서는 죽음을 인격적 과정이라기보다는 단적으로 혹은 주로 생물학적 사건으로 취급한다.[7]

의학에서 죽음에 대하여 다음과 같이 정의한다.[8]

(1) 생체적 유동기능의 불가역적 정지(심장과 폐혈관의 기능정지)

(2) 육체로부터의 영혼의 불가역적 이탈(호흡의 기능정지)

(3) 신체적 통합 능력의 불가역적 정지(뇌의 기능정지)

(4) 사회적 상호작용 능력의 불가역적 정지(뇌피 질사)

이는 인간의 특성이 의식과 타인과의 상호작용을 통한 사회 환경과의 관계를 맺을 수 있는 능력이라고 보는 것이다. 그러므로 인간 관계에 있어서의 죽음은 인간성의 상실을 의미한다.[9] 임상적으로는 심장 고동의 정지를 근거로 사망을 확인한다. 그러나 생물학적으로 심장이 멈추었다고 해서 신체의 모든 세포가 곧 죽었다는 것은 아니기 때문에 죽음에 대한 의학적 정의와 법률적 정의가 서로 다르다.[10] 곧 화학으로서의 의학은 아직 인간의 죽음에 대해 일치된 정의조차 내리지 못하고 있다.[11] 대한의학협회의 '죽음의 정의 연구 위원회'는 1983년 다음과 같이 발표했다. "죽음의 정의는 심장 기능 및 호흡 기능과 뇌 반사의 불가역적 정지 또는 소실을 죽음이다."[12]라고 한다.

이상과 같이 의학에서는 죽음을 비인격적 과정으로 보기 때문에 죽음의 의미라든지 인간적인 죽음에 대해서는 함구한다. 죽음을 비인격적 현상으로 본다는 것은 마치 우리가 매일같이 신문지상에 나타난 모르는 사람의 죽음을 알리는 부고를 접할 때 느끼는 것과 같이 전혀 인간적인 뜻이 담기지 않은 단순한 현상으로 취급한다.[13] 오늘날 의학이 할 수 있는 일이란 인간의 생물학적 죽음을 얼마동안 지연시킬 뿐이다.[14] 의학은 살아 있는 사람을 다루지 죽은 사람과는 상관이 없으며, 어떤 의미에서 죽음은 의학적 노력의 패배로 간주한다.

법학적 측면

법학에서는 죽음의 의미나 가치보다는 죽음의 책임을 묻는다. 그러므로 자연사(Natural Death), 외부의 자극(물리적이거나 정신적인)에 의한 죽음, 즉 살인을 논하게 된다. 법에서는 살인죄(Totung, Homi- cide)로 사람을 살해하는 것을 내용으로 하는 범죄의 테두리 안에서 인간의 죽음을 바라본다. "사람의 생명은 생활의 기본이므로 법률은 이를 보호하고 이를 침해하는 행위에 대하여 엄벌로 임하는 이유가 있다"고 한다.[15] 형법상에 '살해'는 고의로 사람의 생명을 자연적인 죽음의 시기에 앞서 단절하는 것인 반면, '과실치사'는 단지 사람을 죽음에 이르게 하는 것이다. 살해는 그 수단 방법에 불문한다. 이는 위에 의하건, 무작위에 의하건, 직접적이건, 간접적이건, 유형적이건, 무형적이건 어느 경우에도 불문한다.[16] 한편 과실치사 죄는 죽음의 결과 발생이 과실로 인함을 말한다.

사람의 죽음에 기준에 관해서 형법학은 몇 가지 간단한 이론을 제기한다.

첫째, 호흡이 종지한 시점을 택하는 호흡 종지설.

둘째, 심장의 박동이 종지한 시점을 택하는 맥박 종지설.

셋째, 최근의 심장 이식수술이 개발됨에 따라 뇌의 장기사를 개체의 죽음으로 보는 경우이다. 이는 뇌파의 일정기간 정지로써 뇌사를 판정하려는 뇌파 종지설이다.

법학자인 진발호 교수는 "현재의 의학 수준으로는 뇌파의 완전정지 상태를 확정할 수 있는 일반적으로 승인된 신뢰할 만한 방법이 없으므로 뇌전파 정지설을 받아들이는 것은 무리라고 볼 때 맥박 종지설이 타당하다"[17]고 밝힌다. 죽음을 판단하는 기준을 우리나라의 법에서 맥박정지로 의학계와 과학적인 연구의 발전과 기준 설정에 깊은 이해가 없는 것이 사실이다.

블랙 법률사전(Black's Law Dictionary)에서는 "죽음은 생명이 끝나는 순간에 일어나는 것이며, 심박동과 호흡이 정지하기 전까지는 일어나지 않는다. 생명의 정지, 존재의 끝남, 의사들이 정의한 바로는 혈액순환의 완전한 정지. 그리고 그에 따른 호흡이나 맥박과 같은 생물적 생명 기능의 정지"[18]라고 정의한다. 이런 정의는 죽음에 대한 전통적 기준으로 뇌 기능에 의한 죽음 판단에 대항하는 법 개념이다.

따라서 사람의 죽음에 대한 일반적인 법의 정의는 생명에서의 이탈(Departure from Life), 육신적 삶의 정지(Cessation of his physical life)라고 말할 수 있으며, 좀더 정확히 표현하자면 혈액순환의 완전한 정지(Total stoppage of the circulation of blood)와 호흡이나 맥박과 같은 생명 기능의 정지이다.[19] 이와 같이 죽음에 대한 법적 이해는 죽음을 과정(Process)으로 보기 보다는 어떤 순간에 일어나는 사건(Event)으로 본다.

철학적 죽음

의학에서 죽음을 부정하고자 하는 것과 마찬가지로 전통적인 철학과 형이상학에서도 이 죽음의 문제를 문제로 삼는 것을 소홀히 하고 회피해 왔다.[20] 그러나 오늘날 서양에서는 죽음에 대한 관심이 고조 되었으며, 일반대학 철학과는 "죽음과 죽는다는 것"(Death and

Dying)이라는 과목까지 등장하였다.[21]

죽음에 대해 철학적으로 중요한 문제 중에 죽음의 공포(The fear of Death)라는 것이 있다.[22] 이에 대해서는 5가지 견해가 있다. 첫째는 죽음이 괴로울 것이라는 가정이지만 죽음, 그 자체는 절대로 괴로움이 될 수 없다는 에피쿠로스(B.C. 341-270)의 주장, 둘째는 죽음의 공포를 극복하려면 죽음을 항상 염두에 두고 살아야 한다는 스토아 철학자들의 주장, 셋째는 인간은 절대로 죽음을 정확히 알거나 직시할 수 없다는 스피노자(A.D. 1632-1677)의 견해, 넷째는 행복한 사람은 행복한 죽음을 가지고 온다는 입장, 다섯째는 죽음 자체에 아무런 의미를 부여할 필요가 없다는 쇼펜하우어(A.D. 1788-1860)의 주장이다.[23]

그러나 19세기와 20세기에 접어들면서 인간은 구체적인 삶과 지금 있는 '현 존재' 또는 '실존'에 깊은 관심을 기울이게 되었다. 이런 점을 출발점으로 삼은 철학이 실존철학이다. 일반적이고 보편적인 문제를 삼는 것이 아니라, 구체적이고 개별적으로 지금 여기 인간을 문제 삼고 있다. '죽음의 문제'는 이제 인간이 간단히 처리해 버린다거나 또는 피해 버릴 수 있는 문제가 아니라 진지하게 대결하지 않으면 안 될 문제로 대두하게 된다.

현대 철학을 크게 현상학, 실존주의, 분석철학, 실용주의로 나눌 수 있다. 그리고 현상학과 실존주의는 주로 유럽에서 성행하여 대륙철학이라고 부르고, 분석철학과 실용주의는 영국과 미국에서 성행하여 영미철학이라 부른다. 죽음에 관해서 영미철학 보다는 대륙철학이 더욱 관심을 가지고 있다. 그 중에서도 실존철학은 죽음을 가장 중요한 문제로 취급하는 경향이 있다.[24] 이런 실존철학의 대표적인 학자가 하이데거(Heidegger)로 존재 문제를 본격적으로 다룬 최초의 사람이라 할 수 있다. 그는 인간이 신의 존재와 내세의 존재를 가정하지 않더라도 죽음을 직시함으로써 삶의 의미를 발견할 수 있다고 하였다. 그러나 같은 실존철학주의자인 샤르트르(Sartre)는 어떤 의미도 죽음에서 찾을 수 없다고 한다. 그리고 영미철학자인 필립스에 의하면, 죽음의 공포는 내세를 현세에 실현시킴으로써 '영원한 술어'로 표현된 영광을 누릴 수 있다고 했다.[25] 그리고 전통적인 기독교 입장에 서서 이상의 입장들을 자신의 '종말론적 해석'으로 비판한 힉(John H. Hick)은 비록 그 내세는 미래 증명적인 것이지만 우리가 - 비록 희미할 수밖에 없겠지만 - 실제로 내세를 가정하지 않는 한 죽음의 의미를 발견할 수 없다고 했다.[26]

죽음에 대한 타종교의 의미

앞에서 죽음에 대한 기본적인 이해를 돕기 위해 죽음에 대한 의학적인 부분과 법학적인 면과 철학적인 면을 다루었다. 이제는 한국인의 죽음에 대해서 살펴보고, 타종교에서 말하는 내용을 정리해서 소개하려고 한다.

1. 한국인의 죽음관

죽음이 삶 못지않게 우리에게 중요함은 개인의 생사관이나 문명사관(文明史觀)에 있어서 결코 서로 분리할 수 없는 의존적인 현상이라는 데 있다. 죽음은 삶이 종식된 상태이고, 삶은 죽음이 오지 않는 상태이다. 삶과 죽음은 결코 분리할 수 없다. 그래서 죽음의 중대한 문제가 한국인의 심성, 생활, 문화, 사상, 종교 속에 어떻게 자리잡고 있는가를 살펴보면, 첫째는 한국인의 죽음의 상태, 둘째는 한국인의 영육관, 셋째는 한국인의 현세와 내세관이다.[27]

「사례편람」(四禮便覽)에 보면 "질병이여든 천거정침(遷居正寢)하고 기절내곡(氣絶乃哭)"이라 하였다. 여기서 "절"이라는 말은 죽었다는 뜻으로 숨이 끊어지는 것을 말하는데 호흡이 멈춘 상태를 두고 한국의 풍습에서는 '죽었다'고 말하지 않았다. 사람의 호흡이 끊어지면 그 사람이 입던 옷을 가지고 앞치마로 지붕에 올라가서 왼손으로 목을 잡고 오른손으로는 허리를 잡아 북쪽을 바라보고 '모복'(某復)이라고 세 번 길게 부른다. 여기서 "모"란 죽은 사람이 생시에 쓰던 이름을 말한다. 이런 연후에 옷을 가지고 앞으로 내려와 광주리에 담아서 시체 위에 덮는다. 이때 지붕에 올라가는 것은 혼이 위에 있기 때문이고, 죽은 사람의 이름을 부르는 것은 이 혼이 다시 몸에 합하도록 하는 것이다. 이렇게 해도 살아나지 않으면 그때에 비로소 '죽음'으로 규정하였다. 우리의 옛 풍습에는 육체에서 영혼이 떠나 버리면 정말 죽은 것이고, 그 영혼이 다시 그 육체 속으로 들어오면 다시 살아난다는 생각을 하고 살아왔다. 이러한 죽음의 상태관은 한국의 장제, 설화, 전설, 민담, 민속 등을 통해서 알 수 있다.

한국인의 의식 저변에 흐르고 있는 가장 핵심적인 무교에서의 죽음관은 언제나 원한관계로 파악 되었다. 그리하여 죽은 자에게는 죽음의 살(煞)이 끼였다고 믿었다. 특히 질병으로 죽은 자에 대해서는 살풀이를 해서 망령(亡靈)을 저승으로 보냄으로써 후환이 없도록 하자는 것이 무교의 사령제(死靈祭)의 주된 목적이었다. 지금도 남부지방의 '씻김굿'과 중부지방의 '진오기굿'은 무교에서 행하는 살령굿의 대표적인 것으로 꼽히고 있다. 씻김굿이란 죽은 자의 살풀이를 해서 망령을 저승으로 보내려는 것이고, '진오기굿'은 같은 의미를 가진 종교행사로서 죽은 지 석 달 이내의 굿을 말한다. 또한 일년이 넘는 후에 굿을 '오구굿'이라 하는데, 이 굿은 동해안과 경기, 서울지방을 중심으로 행하여진 것으로 못다 산 억울함을 풀어 줌으로 죽음이 완성되어 저승으로 잘 갈 수 있게 하는 초혼형식(招魂形式)의 굿거리를 말한다.

이와 같이 한국인에게 있어서 죽음의 의미는 원한, 업력(業力)의 부족, 죄의 대가 등과 같이 부정적이다. 그러나 무교에서의 죽음은 삶의 마지막 종착역이 아니라 또 하나의 새로운 삶의 창조를 의미한다. 이는 마치 불교에서의 불타의 변증법적 파기법을 통하여 차원을 달리한 영원한 삶을 사는 것이라든가 기독교에서의 인간은 하나님에 의하여 영원한 소외로부터 구원을 받아 새로운 삶을 누리게 된다는 것과 맥을 같이한다.

한국인의 영혼관(넋, 혼, 혼백, 영 등)은 두 가지로 구분한다. 하나는 사람이 죽은 후에 저승으로 가는 사령이고, 다른 하나는 살아있는 사람의 몸에 깃들여 있는 생령이다. 사령은 다시 조령과 원령으로 나누어져 조령은 평안하고 순탄하게 살다가 죽은 후에 저승으로 들어가는 선한 영혼이다. 원령은 생전에 원한이 남아 저승으로 들어가지 못한 영혼으로 인간을 괴롭히는 악령이다.

이와 같이 무교에서는 영혼들을 평안히 모셔서 저승으로 잘 가게 하는 데 특색이 있다. 그렇게 하기 위한 방법으로 각종 제의(祭衣)가 행해진다. 한국인의 영혼에 대한 모습과 성격 규정은 살아있는 사람과 동일한 인격적 대우를 하였다. 그리고 그 모습도 인체와 동일한 모양을 갖추고 있다고 믿었다. 죽은 후에도 가능하면 육체가 썩지 않기를 바라는 것이라든지 분묘 속에 생전의 용기를 부장품으로 넣어주는 것은 죽은 사람이 지하에서도 생전과 똑같은 생활을 한다고 믿는 마음에서 나오게 된 행위이다.

죽음을 '돌아가셨다'고 하는 것도 이 세상에 살다가 늙어 수명이 다하면 저 세상으로 '돌아가서 살게 된다'는 한국인의 생사관의 반영이다. 또 분묘를 유택(幽宅) 또는 음택(陰宅)이라고 하여 이 집에는 영혼과 육체가 함께 있는 것으로 유해가 평안해야 자손들에게까지 큰 행운이 미친다고 믿었으며, 유해가 편치 못하면 자손의 꿈에 나타나 유해를 편안하게 해달라고 호소를 한다고 믿었다. 그리고 그대로 해주면 꿈에 나타나지 않고 탈 없이 지내게 된다. 또한 꿈에 나타날 때는 생전의 모습 그대로이며 공중을 자유롭게 떠다니며 시간과 공간의 제약을 받지 않고 비상한다.

한국인은 사람이 죽으면 영혼이 육체를 떠나서 어디에 머무른다고 생각했을까? 영혼이 거하는 곳을 '반함'이라고 우리 조상들의 민담에 전해온다. 반함이라는 것은 쌀을 물에 불려서 사발에 담아 버드나무 숟가락으로 시체의 입을 벌리고 세 번 넣는 것을 말한다. 이때 쌀의 뜻은 저승 갈 때 양식을 의미하며, 세 숟가락은 쌀 만 석을 뜻하며, 세 번 넣는 것은 저승까지의 노자를 의미한다. 그리고 염(殮)할 때의 시체를 다섯 혹은 일곱 매듭을 묶고 그 매듭에 창호지로 고깔을 만들어 씌우는 것은 저승의 열두 대문을 들어갈 때에 그 문지기에게 씌워주기 위함이다. 문지기의 저승사자들이 고깔쓰기를 좋아하기 때문이다. 시신(屍身)을 땅에 묻어 놓고 혼은 집에 모셔와 대상(大祥) 때까지 아침저녁으로 음식상을 차려 삭망(朔望)을 드렸다. 그런데 대상 후에는 영혼이 어디로 가는가? 산소인가 아니면 저승인가 또 저승은 과연 어디인가? 만가(輓歌)에서 들려주는 내용을 보면 '북방산 멀다더니 문턱 밖이 북방일세 앞산도 침침하고 뒷산도 첩첩한데 혼령은 돌아 돌아 어디로 가는가 황천이 어디라고 그리 쉽게 가라던가' 여기서의 북방산은 본래 중국의 수도였던 낙양 북쪽의 산 이름이었다. 그런데 한나라 이후 이 산을 묘지로 사용한 후부터 공동묘지의 뜻으로 바뀌었는데, 이것이 나중에 다시 저승의 개념을 갖게 되었다.

우리의 민담에서 저승의 모습을 묘사한 것을 보면 염라대왕이 있고 험상궂게 생긴 아흔아홉 구비의 골짜기와 동굴이 있다. 또한 점점 갈수록 험해지고 위치는 하늘 쪽이며 업적에 따른 곳간이 있는 곳으로 보아서 이와 같은 저승관은 불교의 영향을 받은 것 같다.

2. 불교

「잡아함경」(雜阿含經)이나 「구사론」(俱舍論) 등에 의하면 죽음은 이렇게 정의되고 있다. "수(壽)와 난(煖, 체온)과 식(識, 의식)을 잃고 신체가 변괴(變壞)하는 것." 이것은 생(生), 노(老), 병(病)과 함께 인생의 네 가지 상(相) 중의 하나라고 인식되기도 한다.[28] 죽음에는 두 가지가 있는데, 하나는 천명이 다해서 죽는 '명진사'요, 또 하나는 뜻하지 않는 불의의 죽음인 '외연사'이다. 불교에서는 연분을 매우 중요시 한다. 그런데 그 연분이 바깥의 좋지 않은 불의가 닥쳐옴으로 인해서 천명을 다하지 못하고 죽는 것이 일찍부터 주목되었다.[29] 요즘 같이 사고가 많은 시대는 외연사의 시대라 해야 할 것이다.

외연사와 횡사가 어떻게 구별되는지 구체적인 언급은 없지만 다음과 같은 아홉 가지 죽음을 횡사라고 하는 문구가 「약사경」(藥師經)에 나온다. 약사경은 불행한 인생을 구조하는 약사여래(藥師如來)의 공덕을 말하는 경이다. 약사란 옛날의 의사를 의미하는 말이다. 지금의 우리의 해석에 따르면 무궁무진한 공덕과 힘을 지닌 법신 부처님 즉 우주적 생명력은 중생제도를 위한 방편으로 가지가지 불(佛), 보살(菩薩), 기타 성중(聖衆), 신중(神衆)을 나누시는 분으로 세상이 어지러울 때 민중들은 이런 부처를 갈망했고, 그 갈망에 따라 이 부처는 하나의 대승경전으로 세상에 대두가 되었다.[30] 그 약사여래 공덕경에 의하면 아홉 가지 횡사는 다음과 같다. ① 병에 걸려 의약이 없어서 죽는 일, ② 국법에 의하여 사형에 처해져 죽는 일, ③ 비인(非人)에 의해서 정기(精氣)를 빼앗겨 죽는 일, ④ 불에 타 죽는 일, ⑤ 물에 빠져 익사하는 일, ⑥ 악수(惡獸)에 물려 죽는 일, ⑦ 절벽에서 떨어져 죽는 일, ⑧ 독사(毒死), ⑨ 아사(餓死) 등이다.

진리를 깨닫지 못하는 중생들에게 다섯 가지 공포가 있는데, 그 중에 하나가 죽음에 대한 공포이다.[31] 불교의 교리는 널리 알려진 대로 윤회를 주장한다. 개인이 죽게 되면 그 영혼은 계속남아 다시 다른 몸을 받아 태어나게 된다는 것이 윤회사상의 기본골격이다. 깨닫지 못하는 '한'은 이러한 탄생과 죽음의 과정을 끝없이 되풀이 되는 것이다. 이 개개인의 영혼은 전 생애 동안 스스로 행했던 행위가 얼마나 선했고 악했나에 여부에 따라서 그 다음 생에 태어날 다른 길 전통적으로 천상(天上), 인간(人間), 수리(修羅), 아귀(餓鬼), 축생(畜生), 지옥(地獄) 등 여섯 가운데 한 길을 반 강제적으로 택해야만 한다. 불교에서는 생성과 소멸의 이 순환 속에서 일어나는 일체를 고뇌로 본다. 이러한 고뇌의 세계에서 벗어나 고뇌 없는 열반(Nirvana)의 세계로 들어가는 것이 인간의 구원이요, 진리를 깨닫는 자, 즉 불타가 되는 것이 목적이다. 즉 산다는 것이 고(苦)이며, 늙는 것, 앓는 것이다. 그런데 '왜 인간에게 이런 고민과 괴로움이 생기는가?'라는 물음에 불교에서는 '멸을 통한 각'[32]에서 이 문제를 해결하려 한다.

죽음과 삶의 번뇌에서 시달리는 사람은 아직도 깨달음이 없는 사람이요, 깨달음에 이른 사람에게는 죽음이 존재하지 않거나 죽음의 삶이 차가 없는 그런 경지에 이른다고 할 수 있다. 그러므로 불교의 죽음은 도피 혹은 자기멸절로 보았다. 즉 죽음은 실존이 일으키는 모든 문제의 포기로서 이는 무아의 경지이고 여기서 진아가 되면 석가와 대아를 이룬다고 한다.[33]

이렇게 불교는 죽음을 일종의 해탈(Kenosis)로 받아들이고 있는데, 자신이 모든 사물에 대한 욕심에서 벗어나 무아가 되는 것을 죽음으로 본 것이다. 이런 강한 내세 지향적인 성향을 가진 불교의 죽음관은 기독교의 내세 지향적 성격에 편향되어 내세의 구원이 삶의 궁극 수단으로 생각했다. 그래서 역사의 변동기와 사회적 혼란과 빈궁한 삶을 살던 많은 기독교인들에게 현세의 삶을 도피해 '죽은 후 천당' 간다는 사실은 대단한 종교적 매력을 던져주며 삶을 종말적으로 이끌어간 것이 사실이다.

1) 불교의 사관(死觀)

불교는 어디까지나 석가의 가르침을 중심으로 한 종교이며, 석가가 체험한 종교체험의 결실로 발생한 것이다.[34] 그런데 석가는 죽음에 문제에 대해서 생자필멸(生者必滅)을 말하면서 체관(諦觀)을 가르쳤다.

불교의 사전에는 다음과 같은 내용을 전하고 있다.

한번은 키사고타미(Kisagotami)라고 하는 한 젊은 부인이 있었는데 그녀는 아주 부유한 남편의 아내였다. 그녀는 어린 외아들을 여의고 애통해 하다 넋을 잃고 죽은 아이의 시체를 안고 집집마다 다니며 "우리 아기의 병을 고쳐 주세요" 하고 다녔다. 동네 사람들은 실성한 이 여인에 대해서 어떻게 해줄 수가 없고 그저 애석히 여기며 보낼 뿐이었다. 보다 못해서 석가를 따르는 자들이 기원정사(祇園精舍)에 계시는 석가모니에게 가도록 권했다. 그래서 여인은 그 아이를 안고 석가모니를 찾아갔다. 석가는 조용히 그 모습을 보고 민망히 여기며 말하기를 "자매여 아기를 고치려면 개자(芥子)씨 너 다섯 알이 필요하니 마을에 가서 구해 와야 하겠소. 그러나 단 한 가지 조건이 있으니 그것은 단 한 번도 죽은 자가 없는 집에서 구해 와야만 합니다"라고 가르쳐 주었다. 그러자 아기 어미는 개자씨를 구하려고 마을로 들어갔다. 개자씨는 구할 수가 있었지만 한 번도 죽은 자가 없는 집은 한 집도 없었다. 여인이 지칠 대로 지친 모습으로 석가에게 돌아 왔다. 석가는 "자매여, 깨달으시요. 사람은 누구나가 태어났다가 죽는 것이요."라고 말했다고 한다. 그제야 여인은 깨닫고 정신을 차리고 아이의 시체를 무덤에 장사했다.[35]

그래서 동국대학교 장승석 교수는 "죽음에 대한 불교의 인식과 극복"이라는 논문을 통해서 불교의 죽음관을 설명했는데, 죽음에 대한 불교의 대응은 '불가피한 것'을 명확하게 인식하는 데서 출발한다고 주장하고 있다. 따라서 불교에서는 죽음의 공포로부터 해방되기 위한 수행법인 염사를 중시할 수밖에 없었다. 그 결과 삶의 실상을 아는 것이 곧 영원히 사는 것이 된다는 이른바 '생즉사 사즉생'(生卽死死卽生)의 논리가 나왔다는 것이다. 또한 "불교에서 말하는 죽음의 문제는 바로 마음의 문제로서 이는 무심(無心), 적정(寂靜), 열반(涅槃)로 귀결"하면서 "이에 도달하기 위해서는 현상 세계의 모습을 철저하게 관찰해야 하는데 선정(禪定)과 같은 불교의 수행도 사실은 그와 같은 관찰의 수련"이라고 분석했다.[36]

불교의 교리에 따르면 현세는 고통과 번뇌의 세계다. 그러므로 죽음이라는 것은 육신의 속박에서 벗어나는 것이며, 죽음을 의미하는 열반은 곧 해탈(解脫)을 뜻한다. 죽음이라는 사실은 인생에서 가장 큰 고통의 하나이지만 죽음을 적극적으로 직면하려고 명상하며, 생사(生死)의 일여(一如)를 깨달으며 죽음을 철저하게 인식하며 삶의 고통과 번뇌로부터 해탈하려고 하는데, 이것을 염사(念死) 또는 '습사선'(習死禪)이라 한다.

2) 불교의 내세관

극락정토(極樂淨土)와 지옥이라는 두 가지 형태의 내세를 말하며, 망인(亡人)의 영혼은 일단 죽어서 명부로 간다. 명부의 십대왕(十大王) 앞을 차례로 거치면서 현세에서 행한 생전의 선악에 따라서 심판을 받아 지선자(至善者)는 극락으로 보냄을 받아 왕생하여 영생을 누리게 된다. 그러나 악행자는 지옥으로 보내어 영원히 온갖 형벌을 받게 된다.

불교의 내세관에서 윤회설(輪廻說)을 주장한다. 이것은 B.C.E. 600년경의 우파니샤트의 문헌 아래 인도 일반의 설(說)에서 온 것인데 불교도 역시 이 영향을 입는다. 윤회라는 말은 범어(梵語)인 삼사라(samsara)의 역어(譯語)로 전생(轉生), 재생(再生), 유전(流轉)이라고 말한다. 윤회라는 것은 생명이 있는 것은 죽어도 거기서 끝나지 않고 또 바뀌어서 태어나 마치 수레바퀴가 회전하여 멈추지 않는 것처럼 생(生)을 끊임없이 되풀이한다는 사상이다. 또 불교에서는 윤회하는 세계에 삼계(三界) 육도(六道)가 있다.[37]

이 윤회 사상에 의하면, 현재 이전에 있는 전세(前世)에서 사람이었다가 바뀌어 태어날 수도 있고, 미래세(未來世)에는 인간이 짐승으로 태어날 수 있는 것으로 본다. 육도의 어느 세계에 태어나는가 하는 것은 행위의 총체인 업(業)에 기인한다. 선한 행위를 한 선업(善業)에 의하여 선의 세계에 악한 행위를 한 악업(惡業)에 의하여 악의 세계에 태어난다.[38]

3) 한국 불교의 성격

불교에 대한 많은 내용이 있지만 여기서는 한국의 불교의 성격만 다루어 보려고 한다. 한국의 불교에서 형성된 성격을 살펴보면 다음과 같다.

첫째는 화합과 일치를 지향하는 통합적인 정신에 있었다. 그 예로 고려의 의천이 각 불교 분파의 세력 다툼을 정리하여 천대종을 만듦으로써 교종과 선종의 합일을 시도하였다. 이로써 고려 불교의 면목을 세운 것이다. 조선 왕조의 휴정도 역시 종래의 교와 선의 대립을 지양하여 조계종으로 일원화하였다.

둘째는 혼합 절충주의 특징이 있다. 고려의 국사인 도세는 불교를 중국의 음향지리 풍수설과 혼합한 흔적이 보인다. 왕건 태조는 불교를 샤머니즘을 겸하여 신앙하였다. 조선 왕조의 휴정은 유, 불, 선의 세 종교가 형식상으로는 나뉘어져 있는 것이나 전미시각(轉迷示覺)의 뜻에 이르러서는 세 종교가 일치하여 다름이 없다. 도안, 정예의 고승들도 모두 유, 불, 선을 혼합하려고 하였다.

셋째, 한국 불교의 성격은 공리적(功利的) 현실 타협주의이다. 고려의 신돈은 권력과의 결합을 위해서 타협하여 호국종교로 나섰지만 그다지 좋은 일은 아니었다. 공리적인 현실 타협의 결과 결정적인 타락의 길로 가게 되었다. 결국에 한국의 불교는 타락상의 길을 걷게 되었고 민족의 앞날에 새 소망을 줄 수가 없었다.

3. 힌두교

힌두교도들의 죽음에 대한 신앙은 윤회전생(輪廻轉生)의 사상이다. 이는 인도만이 아니라 고대 이집트에도 있다. 이를 불교에서는 윤리적으로, 힌두교에서는 종교적으로 해석하고 있다.[39] 인도 고대인들에게 있어서는 샤크티, 곧 인간 존재 등을 포함한 우주적인 힘을 확신하고 있다. 이 확신이 영생으로 이어지고 이것이 윤회전생의 형태를 갖춘다. '윤회의 주체가 무엇인가?' 힌두교에서는 이러한 우주의 힘을 업(業)으로 받아들이고, 특히 지적(知的) 힌두이즘(Sanskrit Hinduism)에서는 우파니샤드나 '가바드 기이타'(Bhagavad-gita) 등을 기초로 업을 인간의 가능성이라 보고 '업의 세계를 어떻게 탈출할 수 있느냐'를 강조한다. 이에 대한 해답으로 정신적인 범(梵, 절대진리) 속에 자기를 포기함으로써 이룰 수 있다고 한다.[40) 곧 정신적 범은 신이라고도 말할 수 있으므로 이 신과의 합일로써 죽음을 극복할 수 있으며 이런 것을 영생이라고 믿는다.

1) 힌두교의 해탈

해탈(Moksha, 모크샤)이란 일반적으로는 무크티(Mukti)라고 불려지는데, 한 업보(Karma, 카르마)의 굴레로부터 인간의 영혼이 해방되는 상태를 나타내는 말이다. 사실 힌두교도들에게 인생의 최대 목표는 윤회(Samsara, Tkatkfk -삶과 죽음이 끊임없이 반복되는 것)적 업보의 굴레에서 벗어나는 것이다. 따라서 힌두교도라면 누구나 해탈을 염원하고, 일단 해탈하기만 하면 누구나 충만하고 완전한 세계에 들어가 행복하게 살 수 있으리라고 믿는다. 이러한 해탈의 경지는 죽어서 도달할 수도 있고, 때로는 살아있는 동안에 도달할 수 있는 것으로 여겨지고 있다. 대부분의 힌두교도들은 살아서 해탈하게 되기를 더 원하고 있다.[41)

2) 힌두교의 구원

영혼의 구원이 업보와 지식과 헌신의 세 가지 길 중에서 한 가지를 통해서 이루어진다고 한다.[42] 이에 대해서 Josh McDowell / Don Stewart는 다음과 같이 정의한다.

첫째는 업보를 쌓는 길이다. 이는 카르마 마르(karma marga)라고 불리는 것으로 종교적인 의무를 잘 수행함으로써 구원을 얻는 방법이다. 구체적인 실행 방법은 경전과 제사장들에 의해서 미리 규정된 의식과 의무 그리고 종교 관례들을 충실하게 이행하는 것이다. 이런 일들을 잘 수행함으로써 선한 업보를 쌓을 수 있다. 그렇게 되면 내세에는 브라만으로 태어나 해탈의 경지에 이를 수 있는 더 유리한 지위에 오르게 될 것이라고 생각한다. 한 가지 주의해야 할 것은 의식들과 관례들을 행할 때에 결코 이익을 바라는 마음을 품어서는 안 되며 반드시 깨끗한 마음으로 성실하게 수행해야 한다.

둘째는 특정 지식을 체득하는 지식의 길이다. 인간이 현세에서 고통당하고 있는 근본적인 원인은 바로 무지이다. 다시 말해서 인간의 본질에 대한 지식이 결핍 되어 있기 때문에 이 세상은 온통 문젯거리로 꽉 차 있다. 인간들이 보통 자기 자신을 독립적인 실체이자 실재하는 존재라고 생각하기 마련인데 힌두교의 가르침에 따르면 이것은 잘못된 생각이다. 사실은 온 우주를 통틀어서 유일한 실체는 브라만뿐이며, 그 밖의 실체란 없다는 것이다. 따라서 인간도 독립적인 실체가 아니라 오히려 총체적인 실체 브라만에 종속되어 있는 브라만의 일부라는 것이다. 그러므로 독립적인 자아란 환상에 불과하며 인간이 스스로 독립적인 실체로 오해하고 있는 한 그의 탄생과 죽음 그리고 재생이라는 윤회의 굴레에서 벗어날 수 없다. 따라서 인간은 자신이 독립적인 자아가 아니라는 올바른 인식을 체득함으로 오류에서 벗어나 구원을 얻을 수 있게 된다. 이러한 인식은 단순히 지적인 것이 아니라 동시에 경험적인 성격도 지니고 있다. 왜냐하면 한 개인이 올바른 지식을 습득하게 되면 윤회의 법칙과 업보의 법칙에서 벗어나 그것들이 조금도 영향을 미치지 못하는 평온한 의식 상태에 도달하게 되기 때문이다. 그러나 이런 평온하고 충만한 의식 상태는 결코 손쉽게 얻어지는 것이 아니다. 수많은 자기훈련과 고행 그리고 명상의 과정을 거쳐야만 경험할 수 있게 된다. 따라서 이 방법은 일반인들이 사용하기에는 어려운 점이 많으며 오히려 일정한 단계를 따라 고행과 명상을 실행할 시간적, 물질적 여유가 있는 소수의 지식인들에게만 알맞은 방법이다.

셋째는 헌신의 길이다. 이 방법은 바크티(bhakti)라고 불리는 것인데 연대순으로 보면 세 가지 방법 중에서 가장 나중에 정립된 것이다. 이 방법은 공적이든 사적이든 모든 예배의식을 행함에 있어서 거기에는 반드시 특정한 신에 대한 헌신이 포함되어 있어야 한다. 그런데 중요한 것은 헌신이 반드시 그 특정한 신에 대한 사랑에 기초하여 우러나와야 하며, 동시에 그 사랑과 헌신의 태도가 다른 사람들과의 관계에서도 나타나야 한다. 예컨대 헌신을 드림으로써 구원 얻는 방법은 신에 대한 완전한 의탁과 신에 뜻에 대한 완전한 복종이다. 이 방법을 강조한 경전이 바가바드기타가 있다.

4. 유교

'내세관이 없으면 종교도 없다'는 말과 같이 중국의 유교는 내세관을 갖고 있지 않기 때문에 죽음관도 확실하지 않다.[43] 유교적 입장에서 본 죽음은 그것이 인간의 운명이요, 자연의 법칙이라는 입장이고, 그렇기 때문에 지나친 고뇌와 고민 속에 빠져들지 않는다. 후에 현세 지향적인 유교는 공자의 말대로 '살아서 세상에 할 일도 많은데, 죽은 후의 일을 논의할 필요가 있겠느냐'는 태도이다.[44] 즉 공자는 신보다는 인간존주(人間存主)요, 현실주의였기에 "죽음을 말하지 말고 귀신을 이야기하지 말라"고 한 점으로 보아 유교는 죽음에 피안이 없거나 있어도 그렇게 중요한 구실을 하지 못하고 있다.[45]

경세제민(經世濟民)을 목표로 하는 유교는 천명을 받아 세상을 바르게 다스리는 것이기 때문에 죽음을 중요하게 논의하지는 않는다.[46] 인간이 태어나면 죽는 것은 자연의 이치요, 우주자연의 원리이기 때문에 그 이치와 도에 순응함이 인간의 도리라는 것이다. 유교는 수신(修身), 제가(齊家), 치국(治國), 평천하(平天下)의 윤리적 이상을 이 세상에 심어야 할 것을 강조하면서 죽음에 대해서는 크게 강조하지 않는다.[47]

그런데 조상숭배 사상을 구약에 나타나는 '스올'[48]의 개념 비슷하게 풀이한다. 인간은 혼과 백으로 형성되는데, 그 두 가지가 결합한 상태가 살아있는 현상이고, 두 가지가 분리되는 현상은 죽음이다. 즉 사람이 죽으면 혼과 백이 분리되어 혼은 공중에 떠다니게 되고, 백은 땅에 돌아가 흙으로 변한다는 것이다. 그리고 공중으로 떠다니는 혼은 캄캄한 곳을 찾아다니다가 자기가 죽는 기일이 되면 자기 집을 찾아와서 자기를 기억하고 차려놓은 제사상의 음식을 먹어야만 그 혼이 계속 존속할 수 있다는 견해를 보이기도 한다.

유교의 죽음은 조상의 넋이 매여져야만 우리들에게 실감되어 왔다. 살아있는 사람들이 웃어른을 섬겨야 했듯이 죽은 넋의 경우도

어른이거나 조상이 아니고는 문제가 될 수 없었다.[49] 여기서 조상숭배와 함께 차례를 지내는 유교의 관습이 대두하게 된다. 특히 효를 가장 중요하게 생각하는 유교에 있어서는 살아생전 부모에 효도하고 돌아가신 후에도 마치 "산 자처럼 공양한다"[50]는 윤리적 개념이 첨가되어 죽음의 문제보다는 죽은 자에 대한 조상봉사의 과제가 중요시된다. 이는 죽음을 자연의 이치로 받아들이면서도 죽음을 탄식할 것만 아니라 자손들의 번창과 번영에 보다 깊은 관심을 갖게 하여 죽음의 비극을 자손 번영으로 극복하려는 의도이다.

그러나 영원한 내세의 소망이 없는 유교의 인생관은 자손 번창에서 자기 생명의 연속을 추구하려는 것이다. 이에 대하여 정진홍 교수는 "삶과 죽음에 의해 인간의 본질이 생성, 소멸한다거나 그 인간의 대체적 존재 의미가 사라지는 것일 수 없다. 죽음과 삶을 구별하는 것은 오히려 유교의 본래적 자리가 아니다"[51]라고 했다.

1) 유교의 죽음의 개념들

유교의 죽음의 개념들을 살펴보기 전에 먼저 유교의 조상숭배와 효도에 대해서 살펴보고자 한다.

먼저, 공자시대에 이미 유행하고 있던 중국 종교의 일반적인 특징이 조상숭배였다. 조상숭배란 살아있는 후손들이 이미 죽은 선조들의 영혼을 섬기는 것이다. 살아있는 후손들은 그들 조상들이 죽어서도 혼의 모습으로 계속해 존재한다는 사실로 인해 그 조상들에게 계속적으로 관심을 기울이는 것이다. 또한 그 후손들은 그들 가계(家系)의 행과 불행을 좌우한다고 믿는다. 만일 후손들이 조상들의 필요를 채워주면 조상들은 그에 대한 보답으로 후손들에게 복을 내려줄 것이나 조상들을 푸대접할 경우 온갖 우환(憂患)들을 내릴 것이라고 믿는다. 따라서 살아있는 후손들은 때로는 죽음에 대한 두려움 속에서 지내기도 한다.

이호열 교수는 조상을 섬기는 이유를 다음과 같이 말한다.

첫째는 사람들은 그들의 조상이 죽은 후에도 이 세상에서와 같은 삶의 방식으로 살아가기를 원하고 있고 따라서 그 조상들이 필요로 하는 것은 무엇이든지 채워 주어야 한다고 믿기 때문이다. 두 번째 이유는 감추어져 있는 편인데 만일 조상들이 죽은 이후에 그들에게 필요한 음식과 무기, 그리고 도구들을 바치지 않으면 조상들의 혼령이 재난을 몰고 올지도 모른다고 생각하는 것이다. 지금도 생각하기를 후손들에게 푸대접을 받고 방황하고 있을지 모르는 조상들의 혼령을 위로하기 위해서 집의 대문 앞에 음식과 술을 차려놓는 풍습이 있다. 세 번째 이유는 조상들이 떠난 이후 오늘날은 세상이 어떻게 돌아가고 있는지를 조상들에게 알려주기 위한 것이다. 즉 이렇게 함으로써 조상 혼령들은 모든 것이 잘 되어가고 있다는 것을 알 수가 있고 따라서 그 처소에서 편히 쉴 수가 있을 것이라는 생각이다. 마지막으로 조상숭배는 조상들이 그 후손들과 재산 그리고 가계의 화목과 중요하게 여겨지는 모든 것들을 축복해 주리라는 기대 속에서 행하여지고 있다.[52]

다음으로 효도에 대한 부분이다. 오랜 세월 동안 중국에서 전통적으로 지켜 내려오던 사상이 바로 효(孝)이다. 이는 아랫사람들이

웃어른에게 복종하고 헌신하는 것으로 요약할 수 있다. 특히 효는 부자(父子)관계에서 잘 나타난다. 가족에 대한 이러한 복종과 헌신은 중국인들의 삶에서 가장 우선시되는 계율로 지켜져 왔다. 특히 웃어른들에 대한 복종을 강조하는 이러한 의무는 한 사람이 일생동안 지켜야 한다. 효경(孝經)에 '부모님 살아계실 때에는 사랑과 공경으로 섬기고, 돌아가신 후에는 슬픔과 애통으로 섬기는 것, 이것이 자식의 근본 도리이다'라며 공자는 효 사상을 강조하고 가르쳤으며 중국인들은 지금도 그 가르침을 받아 잘 지키고 있다.

이제 이 모든 것은 종합해서 유교의 죽음에 대한 다섯 가지 교리를 논하려고 한다. 유교의 교의(敎義)는 여섯 가지로 요약할 수가 있다. 곧, 황금률이 되는 인(仁), 고상한 인간을 나타내는 군자(君子), 명분을 바르게 하는 정명(正名), 덕스러운 힘을 나타내는 덕(德), 행실의 기준이 되는 예(禮), 그리고 화합을 이루는 악(樂) 등이다. 이것이 유교의 가르침의 기본 구조를 이루고 있다.[53]

인(仁)은 인간성, 선, 자비, 또는 아름다운 인간에 관계된 개념이다. 이는 황금률, 곧 인간 상호관계에 관한 규율로 자신이 원치 않는 바는 남에게도 시키지 않는다는 가르침이다. 자공(子貢)이 "평생토록 지켜 행할 일을 한 마디 무엇이라고 합니까?"라고 하자 공자가 "바로 서(恕)라는 것이다. 네가 하고자 하지 않는 일을 남에게 요구하지 말라"고 답한다. 서(恕)는 가장 고상한 덕성으로 만일 이것을 지키지 않으면 인간에게 있어서 평화와 조화는 기대할 수 없다.

군자(君子)는 고상한 사람, 진실 된 성품의 사람, 웃어른 그리고 달인(達人) 등 여러 가지 뜻으로 쓰이고 있다. 공자는 언제나 그 가르침의로 목적을 고상한 사람 곧 덕스러운 군자에게 두었다. 인간이 행할 수 있는 최선의 것은 겸양, 넓은 도량, 정직, 근면, 그리고 강직함이다. 바로 이러한 군자만이 세상을 평화롭게 만들 수 있다.

정명(正名)은 정명사상으로 명칭과 실질의 일치를 지향한 중국 전국시대의 사상으로 명실론(名實論)이라고도 한다. 정명사상은 바로 시비와 선악의 표준을 세우는 것이다. 사물의 상에 바른 이름을 붙이는 것, 즉 사물을 바르게 이해하고 판단을 바르게 하며 행위의 규범을 바르게 정하는 것을 의미한다. 온갖 복잡한 현상과 이들에 회통하는 상을 포착하여 바른 이름을 붙이는 것이므로, 정명사상과 충서사상과 일이관지는 종국적으로 같은 정신과 원리를 나타내는 개념들이다. 정명사상은 정치를 논할 때, 충서사상은 도덕을 논할 때, 일이관지는 교육을 논할 때 각기 일차적 의미를 지닌다.

덕(德)은 문자적으로 힘을 뜻하나 그의 개념은 넓은 뜻을 지니고 있다. 이 힘은 다스리는데 필요하지만 외부적인 완력 이상의 것으로 이루어져 있다. 덕스러운 치리자라면 신하들에게 반드시 복종과 모범을 보여 주어야 한다.

예(禮)는 예의범절, 공경심, 공손함, 제사 등을 뜻하기도 하고 혹은 이상적인 행실의 모범을 뜻하기도 한다. 군자는 예를 크게 존중하는 것이다.

악(樂)은 평화의 예술이다. 악은 음악, 시, 그리고 예술적인 재능 등을 포함한다. 이것은 사회 전반에 걸쳐서 실현되어야 할 덕이다. 평화의 예술을 거절하는 자는 천륜과 인륜의 덕을 거절하는 것이다.

5. 도가(道家)

사람이 죽는다는 것은 자연의 이치에 따라 당연한 것이며, 죽음 앞에 극히 담담한 자세를 지녔던 것은 도가사상가(道家思想家)들의 공통된 태도이다.[54] 도가는 중국 사상 가운데서 가장 종교적인 것으로서 다양한 변모의 발전을 보였다. 이 도가 사상은 두 흐름으로 구분된다. 하나는 신비적인 정적주의로 인간과 자연에 긍정적 조화를 꾀하는 경향이고, 다른 하나는 자연으로부터의 인간이 종말론적 모반(終末論的 謀叛)을 꾀하는 경향이다.[55]

장자의 도가적 입장의 죽음관은 아주 특이하다. 그는 몸이 내 것이 아니라 천지의 위형(委形)이요, 생명이 내 것이 아니라 천지의 위화(委和)요, 생명(生命)이 또한 내 것이 아니라 천지의 위순(委順)이요, 자손이 내 것이 아니라 천지의 허물벗음이라 하였다. 여기의 천지는 사람이 아니라 사람의 힘을 초월하는 절대자로서 신선일 수도 있다. 인간이 변신된 신선에게는 죽음 자체가 아주 없다. 다만 끊임없는 자기 정화요, 성화(聖火)된 탈바꿈으로 영생의 존재이다. 그는 만물제동(萬物齊同)의 입장에서 차별과 대립의 세계는 도를 모르는 데서 나온 소치(所致)라고 전제하고 모든 만물은 상대적이며 큰 눈으로 볼 때는 차이가 없다. 이러한 관점에서 장자는 생(生)과 사(死)도 차별이 없는 것이며 죽음을 싫어하는 것은 고행을 떠난 자가 자기 고향으로 돌아가는 것을 잊고 있는 것과 같다. 요컨대 생사가 인간에게 주어진 운명인 이상 생(生)이라 해서 기뻐할 것도 아니요, 사(死)라 해서 싫어할 것도 아니라고 했다.[56]

노자(老子)는 보신(保身)의 원리로서 생명을 너무 아끼고 죽음을 두려워하는 것은 오히려 해(害)가 된다고 하였다.[57] 그는 도덕경 생출입사장(生出入死章)에서 이르기를 "살 수 있는 환경에서 벗어나 사지(死地)에 들어갔을 때 사는 무리에 속하는 자가 열 명 중에 세 명쯤, 또한 죽는 무리에 끼는 사람도 열중에 세 명 가량 된다. 그런데 그 사람이 망령되이 움직여 사지(死地)에 빠지는 자도 열에 세 명쯤 된다. 이는 무엇 때문인가? 그것은 생명을 너무나 후하게 보기 때문이다"고 했다.

열자(列子)는 노자처럼 인간의 생사를 도의 변화로 보았다. 생(生)이 필연적인 것같이 사(死)도 필연적인 것이므로 집착하여 기뻐하거나 슬퍼할 이유가 없다. 인생은 살았을 때는 고생하지만 사후(死後)에는 휴식한다고 하였다.

도가(道家)의 사상을 요약해보면 사(死)에 대해서는 춘하추동(春夏秋冬)이 있듯이 필연적으로 존재하고 래도(來到)하는 것이고 사(死)는 하나의 휴식이며 생(生)과 사(死)가 다를 것이 없다. 따라서 사후의 세계에 대한 구체적인 확신도 소망도 없다.[58]

1) 도가의 사관(死觀)

노자의 도는 우주의 본체로서의 자연의 도를 말한다. 만물의 근원인 도가 음양(陰陽) 둘로 갈라지고 이 둘, 즉 음기와 양기에 충기(沖氣)를 합한 셋을 낳고, 충기에 의하여 셋은 화합되어 만물을 낳는데 천하 만물은 유에서 생기고 유는 무에서 생긴다.[59] 예컨대 노자의 도는 만물생성의 원리로서, 우주의 본체로서 궁극적으로는 자연 법칙에 귀속되는 것이며 인격적이고 구체적인 개념이라기 보다 형이

제3장, 죽음에 대한 타종교의 의미

상학적이고 추상적인 개념이다. 따라서 노자의 생활원리는 인간의
의사(意思)와 욕망 등을 죄악의 근본으로 보고 무엇이든지 적극적이
면 폐해가 되고, 소극적이어야 이로우며, 현상계를 떠나서 인간 본
연의 대우주에 합일(合一)하는 것이 중요한 것이다. 노자의 사상의 특
색은 무위자연(無爲自然)으로 돌아가는 것이다.

열자(列子)는 노자처럼 우주의 본체를 도(道)라고 표현하지는 않았
다. 열자도 노자처럼 유는 무에서 생긴다고 했다. 거기에 대해서 여
러 가지 사실을 들어서 설명했다. 무(無)에서 유(有)가 될 때까지는 태
역(太易), 태초(太初), 태시(太始), 태소(太素)의 4단계가 있는데 태역은
무명무형(無名無形)한 것으로서 기(氣)가 발현되지 않은 상태이다. 태
초는 천지미분시(天地未分時)에 한 덩어리로 되어 자연히 생겨나는 기
(氣)의 존재 상태로서 기(氣)의 시(始)이며 태소는 형(形)이 상이(相異)함
을 따라 그의 성질도 각각 다른 것을 이루고 있음을 말하는 것으로
질(質)의 시(始)을 뜻한다. 그래서 열자의 도(道)는 표현과 내용에 있어
서 노자의 것과 다소 다르나 본질적인 성격에는 별 차이가 없다. 따
라서 열자의 생활원리도 노자와 같이 일체의 세속적 욕망과 이해관
계를 끊고 일상생활 전체를 자연에 일임하여 절대의 도에 합치해야
한다고 주장하였고 그 방법으로는 무심망각(無心忘却)을 내세웠다.

장자(壯者)에 의하면 만물은 모두 도(道)로부터 나오고, '도'에 숨는
것이며, '도'는 우주 안의 어떤 물(物)에든지 존재하기 때문에 우리 눈
앞에 전개되어 있는 것을 죽이는 작동을 하는 것이 '도'이지만 '도' 자
체에는 죽음이 없고 생명이 있는 자에게 생명을 주는 것도 '도'이지
만 '도'에 생명이 없다. '도'는 가는 자를 가는 자로 보낼 뿐이고 오는
것을 오는 것으로 맞아들일 따름이며, 멸해가는 것은 멸해가는 대로

일임하고, 이루어지는 것은 이루어지는 대로 일임할 뿐이다. 이러한 '도'의 양상을 영령(瓔寧)이라 하는데 이는 만물을 자기에게 부딪치게 하여 생성(生成)시킨다.

한편 장자도 사람이 사망하면 휴식에 들어가 최고의 경지에 이르는 것이라고 하였다. 그리고 '생'과 '사'는 차별 없는 사생일여(死生一如)이며 죽음을 싫어하는 것은 마치 고향을 떠난 자가 자기 고향에 돌아가는 것을 잊고 있는 것과 같다고 보았다. 장자는 생사가 다 사람에게 주어진 운명인 이상 산다고 기뻐할 것도 아니요 죽는다고 해서 싫어할 것도 아니라고 했다. 그리하여 장자는 자신이 죽음 앞에서 초연하고 여유 있는 태도를 보였다.[60]

2) 도가의 내세관

도가 사상에서는 '도'를 가장 핵심적인 개념으로 생각하였고, 이 '도'를 영구불변의 우주의 본체로 보고 만물이 여기서 나왔다고 주장했지만 결과적으로 '도'는 인격성이 없는 추상적인 자연법칙을 의미하는 데 지나지 않았다. 도가 사상가들은 자연의 위대한 법칙을 발견하고 이에 혼연일체가 될 것을 생각했지만 이러한 자연법칙을 주관하는 그 이상의 존재에 대해서는 알지 못하였다. 그리고 도가 사상에 있어서는 생을 비관적으로 보는 경향을 가짐과 동시에 죽음에 대해서는 상당히 초연하여 담담한 태도를 취한다.

자연에 춘하추동이 있듯이 죽음도 필연적으로 존재하고, 도래하는 것처럼 사는 것과 죽는 것도 일반이라는 것이다. 도가 사상에는 사후세계에 대해서 구체적인 확신도 없고 소망도 볼 수 없다. 다만 조상숭배 의식과 깊이 관련된 신앙에서 내세관에 대하여 언급된 것을 보면 사람이 복을 받기 위해서는 우주적인 세력과 화합을 이루어야 하며 죽은 자의 무덤도 산세의 흐름이 음양의 이치와 잘 맞아서 조화를 이루어야 한다는 것이다. 그런데 만일 그 조화가 이루어지지 않으면 고인의 운명이 불행하게 된다는 것이다. 이것이 소위 풍수설(風水說)이다. 이와 같은 신앙 사상으로 모든 사물을 정통한 사람은 지관(地官)으로서 무덤의 방향과 위치에 대해서 자문할 수 있다고 한다.

6. 무속(巫俗)

무교에서 보는 죽음은 한스러운 것이다. 죽는 자에게는 죽음의 살이 끼어 있어 원한관계가 생기고 그 결과로 죽는 것이다.[61] 이렇게 해서 죽은 영혼은 많은 경우에 저승에 곧장 들어가지 못하고 헤매게 되는데, 그저 헤매는 것뿐만 아니라 생전에 가졌던 한(恨) 혹은 원(怨) 때문에 살아있는 가족이나 친지를 괴롭히고 자신의 순탄한 천도를 위해서 의례를 가져줄 것을 부탁한다. 따라서 무교에서 행하는 사령제의 주 목적은 죽은 자를 잘 달래고 그 살을 풀어 주어서 저승에 안착하게 하므로 후환이 없게 한다. 물론 모든 영혼이 이렇게 문제를 일으키는 것은 아니다. 한국 무교에서는 영혼을 크게 두 가지로 구분한다. 하나는 살아있는 사람의 몸에 깃들어 있다는 생령(生靈)이고, 다른 하나는 사후에 저승으로 간다는 사령(死靈)이다. 사령은 다시 조령(祖靈)과 원령(寃靈)으로 나뉘어진다. 조령은 순탄하게 살다가 제대로 죽은 착한 영혼으로 별다른 원한이 없기 때문에 저승에

쉽게 안착이 되어 문제가 되지 않는다. 반면에 원령은 하고 싶은 일을 못했다거나 불의의 사고를 당했다거나 하는 등의 일로 생전에 품게 된 원한 때문에 이승에 대한 강한 집착이 생겨 저승으로 가지 못하게 된 영혼을 말하는데 이에 무당의 중재로 천도를 받아야 할 대상이 된다.[62] 그러면 무교에서는 죽은 뒤의 영혼들이 어디로 간다고 하는 것일까?

무교의 저승관은 그 자체로는 희박한 것 같고 불교의 영향을 많이 받았던 것 같다. 무교의 저승은 불교처럼 지옥과 극락으로 크게 둘로 나뉘고, 지옥은 다시 '칼산지옥', '불산지옥', '독사지옥' 등 다양한 양상을 보인다.[63] 고유의 저승 관념이 잘 발견되지 않는 것은 무교에서 뿐만 아니라 장제(葬祭) 혹은 민담(民譚) 같은 토속적 신앙에서도 마찬 가지이다. 특히 민담의 경우를 보면 '황천기'(黃天紀)와 같은 민간설화에서도 우리 민족 고유의 저승관이 아주 모호하고 대부분의 불교의 저승관이 그대로 반영되어 있다.[64] 이것은 우리 민족이 저승보다는 이승적 현실에 더 많은 관심을 갖고 있음을 말한다. 설화에서도 저승세계에 대한 구체적 묘사 보다는 죽은 영혼이 육신을 도로 찾아 재생하는 환생(幻生) 모티브(motif)가 더 많이 발견된다. 이때 주인공은 이승에 다시 태어나는 것을 대단히 반기는데 이것이 이승 지향적 성향이다.[65]

그런데 무교의 저승관에 대한 불교의 많은 영향에도 불구하고 양자 간에 적지 않은 차이점이 발견된다. 우선, 불교의 저승관은 철저하게 인과응보 사상에 기초하고 있지만 무교의 경우는 죽은 영혼이 이승에서 닦은 공덕과 신앙 등은 별로 관심의 대상이 되지 않는다. 단지 망자의 원을 풀어 저승으로 보내 버리는 데에 더 관심을 두는 것 같다. 따라서 자연적인 결과로 불교에서는 사령제를 통해 죽은 이의 명복을 빌고 보다 나은 다음 생을 받게끔 좋은 법문을 들려주는데 비해서, 무교는 망자를 어서 저승으로 보내어 살아있는 자손들에게 해를 끼치지 않게 하는 데 주력을 한다.[66] 이 외에도 불교는 왕생극락을 하기 위해서 신자들에게 이승에서 많은 수행과 선행을 요구하는데, 비해 무교에서는 망자가 생존의 공덕보다는 죽은 뒤 타인, 특히 직계 가족들에 의해서 왕생극락이 가능하다고 주장한다.[67]

결론적으로 말해서 무교의 저승관은 생자 중심이며 저승 보다는 이승에 초점을 더 맞춘다는 면에서 현실을 더 중요시하는 것을 알 수 있다.[68]

1) 무속의 사생관(死生觀)

한국의 무속은 아득한 선사시대로부터 시작해서 현대에 이르기까지 오랜 역사를 거쳐 온 민간 신앙이다. 본래 무속 신앙은 시베리아를 중심으로 하여 널리 우랄 알타이 여러 종족 사이에 퍼진 원시종교이다. 본래 일정한 교리나 조직적 체제가 없었기 때문에 그것이 각 민족 속에 침투해 들어가면서 각기 다른 특색을 갖는다. 한국에서 무속 신앙은 민간 신앙의 바탕으로 굳어지면서 그 이후에 전래된 외래 종교들과 혼합하여 변형되어온 것이다.[69]

대체로 인간이 죽을 때 육체는 죽어도 영혼은 죽지 않으며 또 죽음이란 육체와 영혼의 분리라는 관념을 가지고 있다. 이런 것을 소위 직관적 지식(直觀的 智識)이라고 한다. 이는 누구의 증명을 요구할 것 없이 생래적으로 가지는 시간관념, 수효관념, 그리고 영혼이 사후에도 생존한다는 관념 등이 바로 이에 속한다.[70] 특히 무속신앙에서는 무속의 기능에 의하여 영혼이 특수한 과정을 거쳐 전환해 간다. 그래서 여기서 문제로 삼고 살펴보고자 하는 것은 무속에서 말하는 영혼의 기원과 사생관이다.

무속에서 존재의 근원 원질(Arche)은 '카오스'[71] 상태로 이미 있었다. 이런 '카오스'에서 스스로 하늘과 땅의 공간(空間)이 열려 코스모스(Cosmos)의 공간과 시간이 시작되고 이런 코스모스 안에 만물의 유형존재가 생성(生成)되었다고 본다.[72] 인간의 존재는 육체라는 가시적 유형존재와 불가시적 무형존재인 영혼이 이원적 결합(二元的 結合)으로 보고 가시적 유형적(可視的 有形的) 존재인 육체는 일정 기간만 지속되는 순간존재(瞬間存在)요, 불가시적 무형존재인 영혼은 불멸의 영원존재로 보았다.[73]

인간의 죽음은 가시적인 존재인 육체가 그 가시적 존재 조건인 세상에 공간과 시간의 제약을 소서(消去)하고, 존재 근원인 '카오스'로 회귀(回歸)해 가는 것을 의미한다. 카오스로의 회귀는 원래의 불가시적 영원존재원질(永遠存在原質)로의 근원 회귀여서 카오스로 회귀한 인간은 불가시적 영원존재인 상태, 즉 영혼으로 되돌아가서 영생하게 된다. 그러나 카오스는 존재 근원으로서 무한성(無限性)일뿐 성(聖)의 세계는 아니기 때문에 죽음을 통해 카오스로 회귀한 인간 영혼은 '코스모스'로 환속(還俗)하여 가시적인 존재로 환생(還生) 또는 윤회나 성(聖)으로서의 불가시적 영원존재가 된다고 한다.[74]

정령(精靈) 혹은 영혼을 숭배하는 것(Animism), 악신을 퇴치하는 것, 선신(善神)을 맞아들이는 방법으로서의 주술, 정령에 관하여 소극적인 태도의 금기, 민족 선조를 동·식물로 믿는 것 등의 현상은 원시

종교를 이루는 공통적인 요인이다. 한국 원시종교인 무속(巫俗)도 예외 없이 현저히 나타난다. 특히 무속은 우주 삼라만상의 모든 물체에는 인간과 동일한 정령이(동일시하지 않는 학자도 있다)[75] 깃들여 있다고 믿기 때문에, 하늘과 땅, 산과 물 그리고 수목(樹木)이나 암석(岩石) 등 모든 자연물을 신성시(神聖視)한다.[76] 따라서 이러한 사고로부터 여러 가지 시조신화가 나온 것이다. 그 대표적인 예가 태양신 숭배와 관계있는 난생설화(卵生說話)이다. 고대 중국의 시조 탄생설화에도 난생설화가 나오지만[77] 신라의 시조 혁거세는 알에서 태어났는데 몸에서 빛이 났다고 한다.[78] 그리고 유화는 태양의 빛이 몸에 비친 후에 임신해서 고구려의 시조인 주몽(朱蒙)을 낳는다.[79] 가락국의 시조인 수로(首露)는 하늘로부터 합(金盒)이 구지봉(龜旨峰)에 내려 왔는데 그 속에 여섯 개의 알이 들어 있었고 그 알들 속에 여섯 동자(童子)가 나왔다. 그 중에 제일 먼저 나온 동자를 "수로"라 하고, 금합에서 나왔다고 성을 '김'이라고 하였다.[80] 단군신화에는 환웅이 태백산 위의 신단수를 통해 하강하여 웅녀와 결혼함으로 단군 왕검을 낳았다.[81] 이 모두는 신화시대의 인간 존재에 대한 설화이다. 또 죽음은 육체에서 떠난 영혼은 떠돌아다니며 부유(浮遊)한다고 믿으며 부유하는 영혼은 신(神)이 아니면 귀(鬼)가 되는데 초인간적인 힘을 가진다고 믿었다.

이와 같이 무속신앙의 인간 존재와 사생관은 고대 중국에 있었던 것인데 그 영향을 받아서 현재 한국의 민간 의식(意識)에도 이런 관념이 지배적인 것을 볼 수 있다.

2) 무속으로 보는 영혼의 성질

한국의 무속에는 살아있는 사람의 영혼을 생령이라고 하지만 죽은 후 저승으로 가는 영혼을 통칭하여 사령(死靈)이라고 한다.[82] 어떤 학자는 조상신이 되기까지의 영혼을 사령이라고 칭한다. 그러나 전자와 같이 죽은 영혼을 통칭하여 사령이라고 하는 것이 일반적이다. 사령을 이분(二分)하여 조상신과 '여귀'로 나누는데, 여귀는 조상신이 되기 전까지의 사자(死者)의 영혼을 말한다.[83] 여귀는 이승에서 요절(夭折), 횡사(橫死), 객사(客死) 또는 억울하게 죽은 자의 사령으로서 현세에 대한 원한 때문에 떠돌아다니며 인간을 괴롭히는 악령적 성격을 띠게 된 영혼들을 말한다. 반대로 현세에서 평생을 유복하게 그리고 만족을 누리며 원한 없이 살다가 죽은 사람, 그리고 죽어 장례(葬禮)지낼 때 후장(厚葬)으로 장송(葬送)되며, 자손들에 의하여 제사지냄을 받는 영혼은 죽어서 선한 신이 되며 자손들에게 복을 주는 조상신이 된다. 예부터 민간 의식 속에서 귀신의 존재를 믿었다. 대개의 경우 사람들은 죽은 사람의 영혼이 귀신이 된다고 믿는다.

7. 회교(回敎)

1) 죽음 이해

회교는 정신과 육체를 서로 상반되는 두 실체로 본다. 육체는 죽음과 함께 생명을 잃고 점차 분해되어 소멸되고 정신은 계속 존재한다는 것이다. 정신이 육체와 결합할 때 육체는 살아 움직이고 정신이 육체와 헤어져 그 관계를 끊을 때 육체의 기능은 정지되지만 정신은 계속 살아있다고 한다.[84]

쿠란은 정신불멸에 관해서 언급하고 있다. "너희를 관장하는 죽음의 천사가 너희를 죽게 한 후 너희들은 주님에게 돌아갈 것이다." (32:11) 여기서 육체는 죽은 후 분해 되어 흙 속의 작은 먼지로 변해 소멸하지만 정신은 죽음의 천사가 되어서 신의 관장을 받게 된다. 즉 새로운 창조를 겪어 원인(原人)이 된다고 풀이한다.[85]

겉으로 나타난 현상만으로 보면 죽음은 한 개인의 소멸로 간주한다. 이 개인의 생애에는 태어난 날로부터 죽는 날까지 세월로 메워질 수 있다고 보지만 이슬람은 정신의 불멸을 믿고 있기 때문에 육체적 죽음은 단순히 정신적 삶의 한 단계에서 그 다음으로 옮아가는 돌변으로 본다. 즉 인간은 정신적으로 끊임없는 영원한 삶을 누리는 것이다. 따라서 죽음은 인간을 다음 단계로 이끌어주는 풀 수 없고 풀리지 않는 무명실의 매듭과 같은 것으로 본다. 다음 단계에 축복을 받게 될지 또는 고난을 당하게 될지는 죽기 전 단계의 삶에서 선행을 쌓았는지 악행을 범했는지에 따라서 결정된다고 본다.

일반적으로 무슬림은 인간의 정신적 삶은 세 단계를 거친다고 한다. 즉 이승(Dunya), 바르자흐(Barzakh) 및 천국(Jahannam)의 단계이다. 이승은 현세의 삶을 뜻하며, 바르자흐는 죽은 뒤 부활의 날까지 기다리는 단계이다.[86] 천국과 지옥은 인간의 정신이 부활한 후 최후의 심판을 받은 결과 선행을 하는 자는 천국, 악행을 하는 자는 지옥으로 떨어지는 마지막 삶의 단계를 말한다. 따라서 바르자흐는 이승의 삶과 영원한 삶 사이에 있는 중간 단계로서 이 둘을 연결시켜 주는 것으로 본다. 사람은 죽은 뒤에 즉시 이승에서의 신앙생활과 행적에 관하여 두 천사 문키르(Munkir)와 니카르(Nakir)의 심문을 받게 되며, 공정한 조사의 결과 내려지는 판결에 따라 즐겁고 축복받는 생활이나 사악하고 불행한 생활을 치뤄야 한다.

이 새로 얻는 바르자흐의 삶은 부활의 날이 올 때까지 기대 속에서 지속된다. 이곳의 삶은 수사관의 심문을 받고 있거나 재판 과정에 있는 미결수의 상황과 비슷하다. 그에 대한 심문과 조사는 그의 문서가 완결될 때까지 계속된다.[87] 바르자흐에서 삶은 이승에서의 삶과 비슷한 생활양식을 갖는다. 즉 그가 덕스러운 사람이면 알라를 가까이하는 순수한 사람들과 어울려 행복하고 풍요한 삶을 누리고 만약 그가 사악한 삶이면 갈등과 고통 속에서 길을 잃고 헤매는 자들과 한 무리가 되어 고통을 받으며 살아간다. 바르자흐의 삶은 유대교, 기독교, 특히 조로아스터교의 연옥 개념에서 많은 영향을 받은 듯하다.[88]

바르자흐 이후의 삶은 연이어서 일어나는 세 가지 진행과정으로 구성된다. 즉 부활, 심판 및 천국과 지옥에서의 삶이다. 부활에 관한 이슬람의 설명도 조로아스터교, 유대교 및 기독교의 영향을 받은 것 같다. 부활의 시간은 이승에 악이 판을 칠 때 이스라핀 천사가 첫 번째 나팔을 불면 지상 모든 생명체는 죽게 되고, 두 번째 나팔을 불면 지상에 살았던 모든 인간은 소생하게 된다. 소생은 육체적인 것이며, 태초의 창조 때처럼 흙덩이에서 재생된다. 물론 부활의 날이 언제 일어날 것인가는 오직 전지전능하신 신만이 알고 믿음에 따르면 해가 서쪽에서 뜬다든가 거창한 괴물이 등장해서 혹은 거짓 예수 (Almasihu al-Dajjal 즉 Antichrist)의 등장이다.[89]

이슬람이 천국에 갈 것인지 지옥에 떨어질 것인지의 최종 판결은 예언자 무하마드의 사명을 믿느냐 또는 믿지 않느냐에 달려 있다. 이슬람 신자는 비록 죄를 범했다 하더라도 지옥에서 영원히 고통을 받게 되지는 않는다. 얼마 동안만 지옥에서 지내게 되면 천국으로 들어가게 될 특전이 전능하신 신으로부터 베풀어진다. 무하마드의 언행록에 의하면 어느 날 지옥에는 아무도 남지 않을 것이다.[90] 물론 신의 인도를 받는 예언자는 전혀 과오가 없는 분이라는 전제에서 비신자들도 구원된다는 억지 해석을 하는 것이다.

2) 이슬람의 다섯 교리

이것은 회교의 중요한 교리이다. 모든 교도들은 이러한 교리를 믿고 받아들여야 한다.[91] 첫째는 유일하고 진실한 신은 알라신이다. 알라는 전지전능하며 최고의 심판자다. 그러나 알라는 인격적인 신이 아니다. 그는 개인적으로 인식할 수 없는 신, 즉 모든 방면에서 인간을 훨씬 초월하는 신이다. 노스(Noss)는 거기에 관해서 "알라 이외에는 신이 없다. 신은 오직 한 분이다. 다른 신과 동등시하는 것을 용납할 수 없다. 신은 홀로 존재하는 분이다. 자존하고 전지전능하다. 창조주이며 세상 멸망의 날로부터 신자들을 구원하여 낙원으로 인도할 유일한 심판자이시다. 신에 있어서 강조되는 것은 심판과 권능이다. 그는 선과 악, 모두의 근원이며 그의 뜻은 지고하다.

둘째는 천사들이다. 천사장 가브니엘은 무하마드에게 나타났고, 그에게 코란의 계시를 전달하는 일을 수행하였다. 알 사이탄은 악마이며, 타락한 천사나 신령과 같다. 신령은 선할 수도 있고 악할 수도 있는 천사와 인간의 중간에 위치하는 피조물이다. 천사는 빛으로 만들어졌기 때문에 어떤 육체적인 기능도 갖고 있지 않다(성욕, 식욕, 기타등등). 가브니엘이나 지브릴의 영감의 전달자 노릇을 하는 것처럼 모든 천사들은 각기 다른 목적을 가지고 있다. 모든 사람에게는 각기 기록하는 두 천사가 따라 다닌다. 그래서 한 천사는 그 사람의 선한 행위를 기록하고, 다른 천사는 악한 행위를 기록한다.

셋째는 경전이다. 네 개의 경전이 있는데 모세의 토라, 다윗의 시편, 예수의 복음서, 코란이 그것이다. 위에서 말하는 전자의 세 책은 유대인들과 기독교인들에 의해서 오염 되었다고 믿고 있다. 하지만 코란은 인간에게 계시된 신의 가장 최근의, 궁극적인 계시로서 다른 모든 경전들에 우선한다.

넷째는 선지자이다. 신은 많은 선지자를 통해서 각 세기마다 세상에게 말한다. 가장 위대한 선지자 여섯이 있는데 그들은 아담, 노아, 아브라함, 모세, 예수, 그리고 무하마드이다. 그중 무하마드가 모든 알라의 선지자 중 가장 위대한 마지막 선지자라고 믿고 있다.

다섯째는 최후의 날이다. 이 최후의 날은 심판과 부활의 때다. 알라와 무하마드를 따르고 복종하는 자들은 쾌락의 천당 혹은 낙원이라고 부르는 천국에 갈 것이다. 그러나 이를 거역하는 자들은 지옥에서 고통을 받게 될 것이다.

마지막으로 다섯 가지의 교리에 포함되어 있다고 생각하는 신앙의 여섯째 요소가 있다. 즉 신의 뜻 안에 있는 신앙 혹은 운명의 교리이다. 이것은 모든 선과 악이 신의 거룩한 뜻에 기인한다는 매우 엄격한 운명론의 견해이다. 이런 강한 운명론이 그들의 문화에 중심적인 역할을 담당했기에 그들은 무기력과 후진성을 면치 못하고 있다.

8. 천주교(Catholicism)

1) 죽음 이해

죽은 다음 완전히 순결한 자들의 영혼은 즉시 천당에 가지만 완전히 깨끗하지 못한 자, 즉 죄가 있고 지상에서 형벌을 받지 않는 자들은 천당에 들어가기 전에 반드시 정화의 과정을 밟아야 한다. 이곳을 연옥이라 부른다.[92] 즉 하늘나라의 지복소(至福所, Beatitude)에 들어가는 사람이 새로운 변화와 적응을 대기하고 있는 조건인데 단지 어떤 장소를[93] 지칭하는 것은 아니다. 이러한 연옥은 시련의 처소가 아니라 확실히 천국에 들어가기로 되어 있는 자들의 영혼들을 정화하여 준비하는 곳이다.[94] 그런데 그들이 연옥에 있는 기간을 미리 결정하기는 불가능하다. 그 기간은 개인에 따라 다르다. 개인의 죄와 정비례하는 것이다.[95]

또한 이 기간은 신실한 자들의 기도 및 선행과 특별히 미사에 의해 단축되며 경감될 수 있다. 이 교리를 뒷받침하는 구절은 외경인 마카비2서 12:42-45절이다. 그러나 이 교리는 죽은 자를 위한 기도의 소지를 남겨 두게 되며, 그리스도 속죄의 완전성을 부인하는 것이며, 인간의 힘이 추가하여 교황과 같은 인간의 권력을 강화하는 오류를 범하고 있다.

천주교는 연옥의 고통을 견디기 어려운 것이라 가르친다. 그 고통이 지옥과 다른 점은 오직 그 기간이 영원하지 않다는 것뿐이다. 그런데 성자들만이 연옥의 고통을 면한다. 이 교리는 천주교도들이 죽음의 공포와 비애를 조장한다. 죽음은 그리스도께서 오셔서 자기 백성을 천부의 집으로 데려가는 것이 아니라 영혼을 형언할 수 없는 수난의 처소로 압송하는 것이다. 또 이 교리는 사람이 사후에 정화되어 구원을 얻을 수 있다는 희망을 주어 죽은 자를 위한 기도의 효용성과 제사직이 이 기도를 올릴 권위가 있음을 주장함으로 교회로 하여금 구원을 돈 받고 팔게 하였다.[96]

연옥설은 결과적으로 교인들이 사제들에게 비굴함으로 굴복하게 되었고, 교인들을 도덕적으로 부패하게 하였다. 교인들은 범죄하고 돈을 지불하면 사제들은 돈을 받고 형벌을 면해 주었기 때문이다. 이에 대해 종교개혁자 깔뱅은 「기독교강요」에서 "우리는 큰소리로 젖 먹던 힘까지 다해 연옥설은 사탄이 만들어 낸 치명적인 거짓말이라고 외쳐야 한다. 연옥설은 그리스도의 십자가를 무효로 만들며 하나님의 자비에 참을 수 없는 경멸을 가하며 우리의 신앙을 뒤집으며 파괴시킨다"[97]고 혹평을 가하였다.

또한 죽음과 관계된 림보에 관한 교리가 있다. 라틴어 림부스(Limbus)는 중세에 지옥의 연변에 있는 두 곳을 가리키는데 사용 되었으니, 즉 조선림보(Limbus patrum)와 유아림보(Limbus infatum)이다. 천주교 교리에 따르면 조선림보는 구약의 성도들이 주의 부활까지 수난 없이 유치되어 있는 곳이다. 유아림보는 세례는 받지 않았으나 아무런 죄 없이 죽은 어린 아이들을 위해 천당과 지옥의 중간 단계(장소는 아니다)에 거주한다. 이 교리는 신학자들에 의해서 제기되어 카톨릭을 통해서 반드시 가르쳐지고 있지는 않으며, 일반적으로 오늘날 림보 문제는 잘된 질문에 대한 결함이 많은 답변이라 여겨져서 배척되는 경향이 있다.

제 4 장

죽음에 대한
성서적 신학적
의미

지금까지는 죽음에 대해서 타종교의 견해를 살펴보았다. 이제 죽음에 대해서 성서적이고 신학적인 의미를 살펴보고자 한다.

1. 인간의 죽음에 대한 성서적 견해

1) 죽음에 대한 어의(語義)와 어원(語源)

(1) 히브리어

מות : maveth [마베트] - '죽음'(자연적인 또는 폭력에 의한) : 구상적으로 '죽은 사람들'. 그들의 장소나 상태(스올), 상징적으로 '염병', '멸망' - 죽은(죽다), 죽음.

ממות : mamoth [마모트] - 죽을 '병' : 구상적으로 '시체' - 죽음.

(2) 헬라원어 :

$\theta \alpha \nu \alpha \tau o \zeta$: thanatos [다나토스] - (본래적인 의미로는 명사로 사용된 부사) '죽음'(문자적으로 혹은 상징적으로), '죽게 되다.'[98]

$\theta \nu \eta \sigma \kappa \omega$: thnesko [드네스코] - 보다 단순한 기본 동사.

$\theta \alpha \nu \omega$: thano [다노] - (어떤 시체들에게만 대신 사용됨) 다나토스의 강세형. '죽다'(문자적으로 혹은 상징적으로)[99]

2) 육체적 죽음에 대한 성경적 개념

죽음에 대한 기독교적 이해를 위해서는 기독교의 경전인 성경이 가르치는 죽음의 실제를 이해할 필요가 있다. 성경은 죽음을 "유한한 인간 생명의 영원화를 위한 신앙"[100]이라고 표현할 수 있다.

인간의 죽음과 죽음 이후의 영생에 대한 이해는 인간의 생명을 어떻게 이해하느냐의 다른 면이다. 성경의 인간관은 통속적인 영육 이원론적인 인간관과 근본적으로 다르다. 인간의 영혼이란 육체와 구별되어 불멸성을 지닌 실체가 아니다. 그러므로 기독교 생명관에 의하면 영혼 그 자체는 혼과 육체의 근거인 하나님의 영을 말한다.[101] 인간은 영을 지니기 때문에 생명체로 존재한다. 인간이 영을 지닌다 함은 인간이 하나님에 의하여 창조되고 유지되며 보존 된다.[102] 이러한 성경적 생명관은 그리스 철학의 영과 육, 이원론과 근본적으로 다르다. 성경적 인간론은 인간을 창조주 하나님의 피조물이라는 데서 출발한다. 이같이 생명관은 죽음의 이해, 영생의 문제에 직결되며, 인간이 죽음에 직면하거나 죽음 이후의 내세에도 하나님이 존재 근거이며 존재 희망이라는 것을 제시하고 있다.

또한 기독교의 죽음의 이해의 특색은 윤리적 성격에 있다. 즉 죽음에 대한 질문과 해답이 윤리적 차원에서 행하여진다. 기독교는 죽음이 단지 인간의 운명이며 자연적 사건이라는 데 머물 수가 없다. 왜냐하면 단순히 지적으로 죽음의 현상을 이해하는 데 그치지 않고 그에 대한 윤리적 극복을 추구한다.[103] 기독교는 우선 죽음의 현상을 죄의 결과라고 단정한다. 이 죄의 결과로 나타난 죽음은 죄의 대가를 지불한 그리스도의 십자가 죽음을 통해서만 해결의 길이 열리고 부활의 영광 속에서만 그 완전한 답이 주어진다.[104]

성경은 죽음의 문제를 앞에 놓고 몰트만(J. Moltman)의 말대로 "하나님의 정의로우심에 대한 심각한 질문"을 던지게 한다. 즉 신정론(Theocracy)의 질문이다. 왜 이 세상은 불의의 세력이 판을 치고 고난과 죽음이 하나님의 자녀를 괴롭히는가? 즉 기독교는 고난과 죽음의 문제를 신정론적인 윤리적 물음으로부터 다룬다.[105] 기독교의 신앙을 그런 각도에서 다룬다면 고난과 죽음에 대한 반항과 항거라고 말 할 수 있다.

이 세상에서는 인간의 죄가 죽음을 결과하였고 흑암의 권세가 판을 치며 의로운 빛의 자녀들을 괴롭혔지만 그리스도의 십자가와 부활은 죽음을 존재론적으로 극복했다. 기독교의 죽음은 끝이 아니라 부활, 즉 영생으로 이어지는 것으로 이해한다. 죽음은 생명의 단절이요 상실로서 영과 육의 분리이다. 우리가 일반적으로 죽음이라고 하는 것은 영혼이 육체에서 분리되는 것을 말한다.[106]

죽음은 누구에게나 공통적으로 임하는 단회적인 사건으로 기독교 신자에게나 비기독신자에게나 유신론자이건 무신론자이건 남녀노소간에 구별 없이 찾아오는 것이 죽음이다. 그러므로 여호수아는

"온 세상이 가는 길"로, 다윗 역시 "세상 모든 사람이 가는 길"이라고 표현했다.[107]

그러면 "죽음"이란 무엇인가? 과학자들은 대내외조직(對內外組織)에 대한 생리적 단계의 두절과 소멸이며, 자연 현상의 하나로 심장과 두뇌의 기능이 정지되는 상태를 말한다.[108] 철학적 사관은 인간이 죽음을 향하여 대항하지만 나약한 존재일 뿐이며, 인간의 죽음은 결국 숙명적이라고 한다.[109] 성경은 존재의 멸절이 아니라 영혼이 몸에서 분리되는 것을 의미한다.[110] 성경은 또한 인간의 죽음에 대하여 함축적인 의미로 육체적이며 영적이며 영원적인 죽음을 말한다. 육체적인 죽음은 영혼이 육체로부터 분리되는 것이고, 영적인 죽음은 영혼이 하나님과 분리됨을 말한다. 그리고 영원한 죽음은 악한 자의 재결합된 영혼과 육체가 하나님의 은총과 임재에서 영원히 분리되고 추방되어 형벌 받는 상태를 의미한다.[111] 육체의 죽음에 대한 성경의 자세한 내용을 보면 첫째 육체의 죽음을 영혼의 죽음과 구별하여 말했고,[112] 둘째로 죽음을 육체적 생명(혹은 목숨)의 종결 또는 상실로 묘사했다.[113] 그리고 몸과 영혼의 분리로 설명하였다.[114] 이것은 또한 요한복음 19:30절과 사도행전 7:59절 그리고 빌립보 1:23절 등의 여러 성경구절의 기초를 구성한 관념이다. 그러나 죽음은 결코 멸절이나 소멸은 아니다. 죽음은 존재의 종지가 아니라 생의 자연적 관계들의 분리이다.

3) 죽음의 기원과 영생 문제

성경은 죽음의 기원을 무엇이라 말하는가? 죽음에 대한 성경의 해답을 얻으려면 창세기 2:16-17절(창3:6-24참고)을 연구해야 한다. "여호와 하나님이 그 사람에게 명하여 가라사대 동산 각종 나무의 실과는 네가 임의로 먹되 선악을 알게 하는 나무의 실과는 먹지 말라 네가 먹는 날에는 정녕 죽으리라"[115] 이 계약의 내용을 살펴보면 계약의 당사자는 하나님과 전 인류를 대표하는 아담이고 계약의 약속은 영생을 말하고 있다. 왜냐하면 "네가 먹는 날에는 정녕 죽으리라"고 한 말에서 그 계약을 지키면 '살리라'라는 뜻이 내포되어 있기 때문이다. 그 계약의 조건은 절대 순종이다. 순종하면 사는 것이다. 그러나 만일 순종하지 않으면 형벌로서 죽는 것이다. 하나님께서 인류를 창조하시고 그를 처우하심에서 계약의 원리로서 일관한다. 위에서 말한 것과 같이 그가 아담을 상대로 계약하신 것은 행위계약이니, 곧 하나님과 맺은 계약을 순종하면 죽지 않고 영생하는 것이다. 계약은 계약 당사자 쌍방이 지킬 의무가 있는 것이다. 계약 불이행자는 계약의 내용대로 처벌을 받아야 한다. 그런데 하나님께서는 지키셨으나 인류의 대표인 아담이 계약을 어긴 것이다. 아담은 하나님께서 "먹지 말라"고 하신 것을 먹었다. 그러므로 아담은 본질적으로 계약 위반의 죄를 지었다. 그리고 아담은 전 인류를 대표한 계약 당사자이므로 아담의 죄로 말미암아 모든 사람이 죄인이 되었고 죄로 말미암아 모든 사람이 사망에 이르게 된 것이다.[116]

　그런데 아담이 죄를 범했을 때 그 육신은 바로 죽지 않았다. 그러나 범죄로 말미암아 그 영혼이 창조주시며 생명의 근원이신 하나님과의 관계가 즉시 단절 되었다. 즉, 아담의 죽음은 영적 사망이다.[117] 푸른 잣나무를 베어 눕히면 잣나무의 생명은 죽은 것이지만 금방 푸른 나무가 말라 버리지 않는다. 그것처럼 하나님과의 관계가 끊어진 아담과 그 후손인 모든 인류의 영적 생명은 이미 죽은 것이고 육체도 결국 죽게 되었다. 이와 같이 영적 죽음과 육체의 죽음은 죄와 관련 되었는데 영적인 죽음은 특별히 일반적 종말론에서 고찰하게 된다. 그것은 마지막 심판대에서 예수 그리스도를 구주로 영접하지 않는 자, 곧 그 이름을 믿지 않는 자가 영원히 하나님과 분리된 형벌을 말한다. 펠라기우스파와 소니시안파는 주장하기를 사람은 가사적(可死的)으로 창조되었다고 한다. 이것은 사람이 죽음에 삼켜질 가능성이 있다는 의미가 아니라 사망하기로 정명(定命)되었다는 의미이다. 이는 아담은 죽음의 가능성을 가졌을 뿐 아니라 타락하기 전에도 죽음에 굴복하였다는 것이다.[118] 이 견해를 따라 어떤 초대 교부들과 후대 신학자들(월벌톤과 레들로 등)은 주장하기를 아담은 가시적 즉 해소(解消)와 사멸(死滅)의 법칙에 굴복하게 창조되었다는 것이다.

다만 이 법칙이 그의 경우에 실제적으로 효력을 발생한 것은 오직 그가 죄를 범했기 때문이었다는 것이다.[119] 물론 이 견해도 육체의 죽음이 죄의 형벌이라는 뜻을 가지고는 있지만 성경에 부합되지 않는다. 첫째 하나님이 사람을 하나님의 형상으로 창조하셨으니 그 형상이란 본래 완전 상태를 의미하는데 어찌 그 속에 해소(解消)와 사멸(死滅)의 씨를 지닐 수 있겠는가? 둘째로 성경은 분명히 죽음은 죄로 말미암아 인간 세계에 개입되었다고 시종일관 말하고 있다.[120] 이것을 박형룡 박사는 다음과 같이 요약한다.

"하나님은 엄정한 공의로 인간이 범죄한 직후에 그에게 충분한 의미의 죽음의 형벌을 내리실 수 있다. 그러나 하나님은 자기의 보통으로서 죄와 죽음의 공작(工作)을 재제(制裁)하고, 그리스도 안에 있는 특별 은혜로서 이들 적성세력(適性勢力)들을 정복 하셨다.[121] 그 결과로 그리스도를 믿는 자들이 하나님과 교통을 회복하게 되고 영원한 생명의 기업을 받게 된 것이다.[122]

4) 기독교 신자들의 죽음의 의의

성경은 육체의 죽음을 형벌 곧 '죄의 값'이라고 한다. 그러나 그리스도를 믿는 자는 믿음으로 이미 사죄 받고 의롭다 함을 얻어 죄책에서 벗어났는데 어찌하여 죽음을 맛보아야 하는가가 문제가 된다. 에녹이나 엘리야처럼 하늘로 직접 휴거 되지 않고 왜 신자들이 여전히 사망에 굴복하여야 하는가? 여기에 대한 답은 다음과 같다.

첫째 신자들에게 오는 죽음은 형벌이 아니라는 사실이다.[123] 뻘콥은 "그들이 정죄 하에 있지 않기 때문에 죽음이 그들에게 형벌이 될 수 없는 것은 분명한 일이다"라고 하였다.[124] 예수 그리스도의 대속의 공로를 의지하여 사죄 받은 그리스도인들에게도 여전히 죄의 유혹이 있고 범죄하게 된다. 그러나 그리스도인들에게 있어서 죄는 이미 무력해져 버린다. 마찬가지로 죽음도 불신자들에게는 죄의 형벌, 즉 저주로서의 의미를 가지게 된 것이다. 그러면 하나님께서 왜 그 백성들에게 두려운 죽음의 고통을 겪게 하셨는가?

둘째로 하나님께서 죽음을 두시는 것은 그 백성을 성화시키기 위한 방편으로 두시는 것이다. 이에 대해서 뻘콥은 다음과 같이 말하고 있다.

"죽음과 관련, 죽음으로 인한 가족과의 떠남, 질병과 고난은 죽음의 선구자라는 감상 그리고 죽음이 가까이 왔다는 의식 등의 모든 것들은 하나님의 백성에게 비상한 유익을 주는 것들이다. 이것들은 교만한 자를 겸손케 하며 육욕을 억제케 하며 속념을 저지하며 영적 성장을 촉진케 하는 것들이다."[125]

셋째로 그리스도인들에게 죽음은 천국으로 들어가는 관문이다. 그리스도인에게 죽음이 인생의 마지막이 아니라 고통과 죄악의 세상에서 싸우다가 죽음을 통하여 하나님과 영원히 영생복락을 누리는 새로운 삶이 시작이다. 그러므로 "주 안에서 죽은 자는 복이 있다"고 한다.[126] 채필근 박사는 보통 사람이 죽음에 임했을 때 사람들이 취하는 태도는 다음과 같이 나타난다고 한다.

첫째는 제일 많이 나타나는 유형인데, 최후 죽는 순간까지 살려달라고 발버둥치는 형이고, 둘째는 공의와 명예를 위하여 죽지 못하는 한을 안고 죽는 무사적(武士的) 죽음의 형태이며, 셋째는 인생의 정하신 운명인데 참고 가야 하는 길로 알고 죽는 철학자의 숙명적인 죽음이다. 넷째는 소망 가운데 새 세계를 바라보면서 믿음으로 죽는 승리의 죽음 곧 찬미와 기쁨이 있는 죽음이다. 기독자에게는 부활과 영생의 소망이 있다. 그래서 기독자는 죽음을 두려워 하지 않고 죽음을 긍정적으로 받아들인다는 것이다.[127]

그리스도인은 죽음을 통해서도 유익을 얻는다. "내가 그 둘 사이 (사는 것과 죽는 것)에 끼었으니 떠나서 그리스도와 함께 있을 욕망을 가진 이것이 더욱 좋다".[128] 여기서 "떠난다"는 말은 헬라어로 아나루

에인($\alpha\nu\alpha\chi\mu\varepsilon\iota\nu$)인데 이 말은 세 가지 경우에 사용된다. 첫째로 텐트의 로우프를 풀고 말뚝을 뽑고 캠프를 걷어치운다. 둘째로 정박한 배가 로우프를 풀고 닻을 올리고 출항한다. 이는 죽음이란 영원한 천국과 하나님께로 향하여 떠나가는 항해와 같다. 셋째로 문제를 푼다. 사람은 현세에 살면서 너무도 많은 신비 속에 살았다. 우주의 심오한 진리와 인생을 사는 삶 속에서 풀지 못한 문제들, 그리고 영의세계와 천국 등의 문제가 죽음을 통과하면서 풀리게 된다.[129]

하나님은 택한 백성이 이 세상에 사는 동안에 추방당하고, 궁핍과 핍박 그리고 사별(死別)을 통하여 겸손하게 하며, 세상의 비참함과 공허함과 정함이 없음을 알게 하여 세상에 소망을 두지 않도록 하시는 것이다. 그리하여 하나님 나라를 더욱 사모하게 하시는 것이다. 세상과 천국을 비교할 때 비로소 세상을 박차 벌릴 수 있다. 그리고 구속의 날을 간절히 사모하는 것이다.

2. 구약에 나타난 죽음 이해

초기시대에는 죽음과 죄악의 관계에 대한 이해가 분명했다.[130] 곧 생명과 죽음이 하나님의 손에 달렸다는 일방적인 확신이 있었다.[131] 구약성서에서 생명은 하나님과의 관계를 맺고 있는 것을 뜻하며, 죽음은 하나님과의 관계가 끊겨진 상태를 의미한다. 즉 하나님을 떠나 하나님의 영향력이 더 이상 미칠 수 없는 단절된 상태로 묘사된다. 죽음은 죄와 긴밀한 관계를 가지고 있으며, 죄 여부에 따라 생명과 죽음의 관계가 형성된 것이다. 하나님과의 친교 안에서 죄를 멀리하는 생명의 삶이라면, 반대로 하나님과의 단절은 죄와 결탁된 죽음이다. 아담의 범죄로 인한 죽음이[132] 그 대표적인 예이다.

구약성서에 죽음은 하나님의 계명을 어긴 인간의 반항과 죄의 결과였다. 다른 문화권에 있어서도 죽음은 일반적으로 종교적 신앙과 깊은 관계를 가지고 있다. 신은 생명의 힘을 소유한 존재요, 죽음은 악마의 한 특징처럼 되어 있다. 구약성서에 있어서도 예외는 아니다. 인간은 죽음의 공포에 사로잡혀 있으며[133] 죽음의 공포에 노예가 되어 일생을 고민하는 존재이다.[134] 구약에서는 영원한 생명과 부활사상이 신앙만큼 뚜렷하지는 않다.[135]

죽음이라는 용어는 성서에서 다양하게 사용하고 있다. 첫째는 역사적 생명의 종말로서 생물학적인 죽음. 이것은 생명의 자연적 일부로서 특별한 두려움의 대상이 아니다. 어떤 사람이 존경받고 기억될 가족과 공동체의 맥락 가운데 죽는 것은 그것으로 충분한 일이다. 그는 죽어서 분리되는 것이 아니고 공동체의 일원으로 죽는 것이다.[136]

둘째는 하나의 힘, 행위자, 원리로서 신화적인 죽음. 이스라엘을 둘러싼 지역에서는 죽음을 야웨와 전투를 벌이는 개체적이고 인격적인 행위자로서 나타낸 신화를 가지고 있었다. 역사적 사건들 가운데서 다스리시는 야웨의 통치를 투쟁적 측면에서 사용한다.

셋째는 하나님의 뜻으로 인한 부요하고 희락이 넘친 존재의 상실로서 상징적인 죽음. 그러므로 이때 '생명'은 총체적인 행복을 언급하는 것이며, 죽음은 총체적인 행복의 상실을 말한다. 의심할 여지 없이 죽음의 상황 가운데서 이스라엘은 다른 민족들이 그랬던 것처럼 죽음에 대하여 두려움과 불확실성을 부여하고 또한 주변의 제 문화 및 종교의 자료와 전제로 죽음과 투쟁하는 유혹을 받았던 것이다.(신26:14, 레19:27-28, 20:6) 그러나 이스라엘의 규범적인 자세는 계약신앙의 용어에 의해서 비로소 이해할 수 있는데 이는 이웃 민족의 습성 및 신앙 형태와는 날카롭게 대조된다.

그러나 신앙은 이스라엘의 행복이 야웨께 대한 순종적 관계 속에서 찾아져야 할 것임을 확언하고 있다. 그러므로 만일 그러한 관계가 깨질 경우에는 공공적인 실패나 개인적인 곤고함과 재앙 같은 어려움이 닥쳐왔다.[137] 이렇게 볼 때 이스라엘에게 있어서 최선의 길 곧 '생명'은 육체적인 장수가 아니라 계약을 준수하는 것이었다. 생명은 때로 역사적 생본을 의미하지만 한편으로 그것은 계약의 유익과 행복을 뜻하기도 한다.[138] 이스라엘의 신앙은 위에서 언급한 인간에 대하여 전체적인 관점을 취하는 심리학과 공공적 사회학의 가정에 근거하여 이러한 방식으로 죽음을 규정할 수 있다.

이스라엘은 존재의 육체적인 증언을 두려움의 대상으로서가 아니라 자연적인 사건으로서 완전히 받아들였다. 이스라엘은 그것을 '그 열조와 함께 자다'는 방식으로 인식했다.[139] 그러한 구절은 죽은 사람에게 어떤 일이 일어나는지에 대해서는 거의 관심을 두지 않았음을 반영한다.

오랜 생명 끝에 다가오는 죽음은 단지 하나의 정해진 사건일 뿐이다. 궁극적으로 생명이나 죽음의 문제가 아니라 야훼의 통치이다.[140] 이런 죽음은 그 자체에 대한 함축적 의미를 지니고 있다.

1) 죽음의 허무성

죽음은 구약시대의 사람에게 전혀 이상한 것으로 여기지 않았다

"나는 이제 온 세상의 길을 떠난다"[141] 즉, 죽음에 대한 담담한 의사가 내포 되어 있다. 그래서 구약성서에서는 죽은 자를 위하여 슬퍼하는 의식과 장례식에 대한 애도의 기사를 거의 발견할 수 없다. 그러므로 구약성서의 죽음은 일반적으로 생명의 유한성을 나타내는 것이며 이는 하나님으로부터 오는 것이며 죽음의 권세를 나타낸다.[142]

2) 죄의 대가로서 죽음

구약에서는 죽음을 죄와 벌로 연관시켜 생각했다. 구약에 나타난 죽음의 관념을 아담의 죄 때문에 인간에게 주어진 벌로서 이해할 수 있다. 하나님은 죽음을 만드시지 않았으며 불멸불사하도록 인간을 창조하셨다. 그러나 아담의 불순종한 죄로 인해서 죽음이 세상에 왔으며 이 세상에서 죄악을 범한 인간은 죽음이란 벌을 받게 되었다. 그러므로 죽음이란 우리가 범한 죄 때문에 겪어야 하는 형벌인 것이다. 이를 지혜자는 "악을 따르는 자는 자신의 죽음을 향해 걸어가는 자이며",[143] "어리석은 여자의 유혹에 자신을 내맡기는 자"[144]라 하였다.

이런 의미에서 죄인들의 죽음은 자연적인 운명으로서가 아니라 신이 인간에게 부여한 가장 귀한 선물의 성격을 지닌다. 결국 죽음은 이 세상에서 죄를 짓는 자가 당연히 받아야 할 벌이다. 이것은 인간이 하나님을 향한 의무를 포함한 하나님의 선물로서의 자기 생명을 이해하지 않고 하나님 없이 살고, 자기 삶을 스스로 성취하려는 자의 결과이다.[145] 그래서 죄인에게 죽음은 두려움의 대상이며 절망적인 공포의 대상이 되는 것이다.

3) 축복으로서 죽음

구약성서에서 이상적인 죽음은 노년기의 죽음으로 되어 있다. 예를 들어 하나님의 계명을 따라 아브라함의 죽음으로 "아브라함이 백발의 노년에 이르러 늙고 만족하게 산 다음 죽었으며 자기 조상들에게로 돌아가 함께 있었다."(창25:8) 이런 죽음은 성취된 인간의 마무리로서 누구나 죽어야 할 죽음이지 특정한 인간의 죽음만은 아니다. 그래서 이삭과 다윗과 욥도 만족한 죽음을 주었으며[146] 그들은 죽음을 음울한 결말이 아니라 평화로운 성취였다. 즉 고령과 장수는 하나님의 축복이었다. 이와 같은 죽음은 인생의 마지막 행복한 성취일 수 있으며 풍성한 축복의 생애에 대한 보상이었다.

이상과 같이 구약에 나타난 죽음의 의미를 생각해 보았다. 정리해 보면 우선 죽음은 일반적인 자연스러운 경계선이며 생명의 유한성은 생명을 주는 하나님께로부터 오는 것이며 이 죽음은 누구나 겪는 보편성을 지닌다.[147]

3. 신약성서에 나타난 죽음

이 부분에서는 4복음에 나타난 죽음은 다루지 아니하고 오직 바울신학에 나타난 죽음에 대한 부분만 다루고자 한다.

신약성서의 이해는 예수 그리스도의 죽음과 긴밀한 관계를 맺고 있다. 예수 그리스도의 죽음 이전까지는 죽음이 구약성서의 사상 아래서 이해되어 왔다. 즉 죄의 결과로서의 죽음이었다. 모든 인간은 아담의 범죄로 죽음을 얻게 되어 죽게 되었고 죽음이 세상을 지배하게 되었다.

인류는 이러한 죽음으로부터 해방을 갈구하게 되었다. 구약성서에서 강조되었던 죽음은 실재한다는 객관적인 사실이다.

1) 절망을 넘는 죽음

신약의 죽음관은 희망의 죽음이다. 이 희망은 그리스도를 통해서 전달된 부활의 희망인 것이다. 그레사케(Greshake)는 "형제들아 그리스도의 공동체와 사람에게 봉사하기 위해서 자기 자신을 다 소비하여 없애는 것이 죽음이며 생명을 버리는 길"[148]이라고 했다. 이런 의미에서 죄의 벌로서 조명된 구약시대의 죽음과는 상당한 차이가 있다. 수잔 데 디트리히는 옛 하나님의 백성이 모세와 합하여 세례를 받는 것 같이 새 하나님의 백성들도 그리스도와 합하여 세례를 받았고 그에 의하여 죽음에서 생명으로 종살이에서 자유로 옮겨진 것으로 본다.[149]

따라서 신약의 죽음 이해는 이미 우리는 죄와 옛사람에 대해서 죽었기 때문에 또 다른 죽음이 우리를 예속하지 못하고 죽음은 희망을 가져오는 제2의 출발로 말하고 있다.

2) 바울서신에서의 죽음 이해

바울서신에서는 죽음의 기원과 죽어야 할 수밖에 없는 인간의 실존이 있다. 나아가서 예수의 죽음이 갖는 의미와 세례의식과 부활로 증명되는 죽음의 극복 등이 잘 나타나 있다. 바울은 생명과 죽음이 서로 대립되는 것이 아니라 하나님이 구원의 경륜 속에 있는 한 실제로 보았다. 죽음이란 철저히 상대화 되고, 죽음은 그 쏘는 가시의 권세를 잃게 된다.[150]

첫째, 바울은 죽음의 기원과 죽음의 지배 하에 있는 인류를 말한다. 인류의 시조 아담과 하와의 잘못으로 인하여 이 땅에 죄가 들어왔고 그 죄의 벌로서 죽음이 주어졌으며 온 인류는 죽음의 그림자에서 벗어날 수 없다.[151]

둘째, 바울은 그런 죄로 인하여 죽음에 놓인 인간을 위하여 직접 죽음을 취하시고 십자가를 지신 예수 그리스도를 말한다. 그리스도는 율법의 형벌로서 자기의 죽음을 받아들이셨다. 그는 "율법 아래서 나셨고",[152] "죄 많은 인류의 모습을 몸소 취하신"[153] 것으로 온 인류와 유대를 같이 보시고 인류가 받은 형벌을 대신 지신 사랑의 죽음을 나타내신 것이다. 예수는 무죄하시지만 모든 인류의 죄 때문에 죽음을 맛보게 되는 것으로[154] 그리스도의 십자가 사건은 결국 하나님 안에서 일어나고 있는 피조물의 죄와 죽음의 역사가 어떠한 것인가를 보여준다.

셋째, 바울의 죽음에 대한 이해는 죄와 죽음 사이의 관계를 세례 의식을 통하여 표시하고 있다. 로마서 6:3절과 빌립보서 3:10절에는 그리스도의 죽음에 연합되는 세례를 받으므로 우리는 그분과 함께 죽음에 묻히며 그분의 죽음에 합치된다. 우리는 이미 죽었고 우리의 생명은 그리스도와 함께 하나님 안에 감추어져 있다. 이것은 구원의 은총에서 본 그리스도와 함께 하나님 안에 감추어져 있다.

바울은 "십자가의 도가 멸망하는 자들에게는 미련한 것이요 구원

얻은 우리에게는 하나님의 능력이라"(고전1:18)고 한다. 처음부터 예수의 부활로부터 그의 십자가를 분리시키는 것은 형식적인 절차에 불과하다는 것이다. 그 이유는 예수의 부활이 죽음으로부터 분리되어서는 아무 의미를 갖지 못하는 것과 똑같이 그의 부활에 의해서 알려지기 때문이다. "곧 우리가 원수 되었을 때 그 아들의 죽으심으로 말미암아 하나님과 더불어 화목되었은즉 화목된 자로서는 더욱 그의 살으심을 인하여 구원을 얻은 것이니라"[155] 바울이 예수의 십자가를 설명하고 그 십자가의 의미를 주는 분은 예수 그리스도이시다. 예수의 십자가의 사건과 부활의 사건이 서로 유기적 관계임을 기억해야 한다.[156]

하나님이 인간을 구원하기 위해서 그리스도의 죽음 안에서 행하신 것을 알리기 위해서 바울은 많은 은유를 사용하였다. 즉 그것은 노예를 속박에서 풀어줌 같이 대가를 치른 구원이요 몸값을 치른 구원이다.[157] 하나님과의 친밀한 관계를 회복시키기 위한 적절한 희생이다.[158] 인간의 영혼을 빼앗으려고 경쟁하는 악마들의 세력들에 대한 승리이다.[159] 옛사람의 종말이며 새사람의 시작이다.[160] 우리를 하나님의 사랑에서 끊을 수 없는 지속적인 사랑[161]과 영광 중에 완성될 궁극적인 구원이라는 것이다.

그리스도의 죽음은 하나님의 인간의 죄 됨을 처리하시는 방법이며 우주적이고 완전한 것이다.[162] 결국 그리스도의 죽음이 하나님의 용서의 의미를 나타낸다. 그리스도의 죽음은 죄에 대한 대가로 이해되었고, 그리스도 안에서 나타난 하나님의 활동에 큰 희생적인 특성을 보여준다. 하나님과 인간의 막힌 담이 그리스도에 의해서 제거 되었다. 그리스도는 하나님의 사랑의 행위로 우리 위해 죽으셨다.[163]

그리스도의 죽음은 죄에 대한 죽음이다.[164] 또한 그의 죽음은 하나님의 행위의 의미를 드러내는 것이며, 죄가 정복되어진 것이다. 그리스도의 죽음과 관련된 언급들이 바울서신 곳곳에 나타나 있다.[165]

따라서 그리스도의 죽음은 바로 이 세상에서 죽음의 권세가 나타내는 모든 사물의 질서에 대한 죽음이다. 즉 죄에 대하여 우리의 옛사람에 대한 죽음이며 육과 율법에 대한 죽음이고 세상의 모든 원리에 대한 죽음을 의미한다.

4. 신학적인 죽음 이해

1) 서론

죽음의 신학은 일반적으로 교의학상 그 중요성에 비추어 합당하게 다루어지고 있다. 그러나 죽음 역시 필연적으로 그 자체 안에 인간의 모든 신비를 담고 있는 문제이다. 기독교는 한 특정한 인간의 죽음을 구속사와 세계사에 있어서 가장 근본적인 사건으로 말한다. 궁극적으로 죽음이란 많은 다른 것들과 나란히 인간에게 우연히 발생하는 그 무엇이 아니다. 죽음이란 그 안에서 인간 바로 그 자체가 최종적인 자아가 되는 사건이다. 죽음은 인간과 전체적으로 관계하여 발생하는 사건이다.[166]

죽음의 불가피성이 인간의 실재를 지배하는 필연적인 세력 가운데 하나가 될 것이며 나아가서 죽음은 결코 폐지 될 수 없다는 확실성을 제공해 준다.

2) 죽음에 대한 신학적 이해

죽음이란 인간이 가져야 할 관심이며 극복해야 할 영원한 과제이다.[167] 죽음은 인간에 있어서 가장 본래적이고 확실한 것이지만 경험하지 못한 영역이다. 죽음이란 인간 삶의 본질적인 문제이다. 그러나 이 죽음이 나와는 상관없는 것 같이 생각하며 살아가는 경우가 많다. 죽음의 문제를 '신학적으로 어떻게 이해하여야 할 것인가'는 매우 중요하면서도 많은 논란의 대상이 되기도 한다. 어떤 신학의 관점에서 죽음을 보느냐는 문제가 제기되고 그 응답이 달라진다.

조직신학적 관점에서 볼 때 죽음이란 한 마디로 정의 될 수 없는 다중적 개념이다.[168] 죽음의 문제는 대개 개인적 종말론의 영역에서 다루어지는 경우가 많으나 그 영역이 일반적 종말론과 연계시켜 논의할 주제이다.

(1) 죽음의 현상

죽음의 원인에 대한 전통적 기독교의 입장은 죽음은 죄로 말미암았다는 것이다. 성경은 죄의 값은 사망이라고 가르치며 인간의 타락은 인간의 죽음이 자연적 죽음의 상태가 아니라 죄 아래 있는 상태가 되게 하였다. 죽음이란 실제로 인간들에게 '하나님의 심판'의 표시가 되었다. 죽음이란 인간에게 있어서 보편적 현상이기는 하지만 결코 자연적인 현상은 아니다. 그러나 일부 신학자들은 죽음을 하나의 자연적 현상으로 보는 경향도 있다. 교리사를 고찰해 보면 주후 5세기경 펠라기우스(Pelagius)의 제자인 켈레스티우스(Celestius)는 죽음을 하나의 자연적인 현상으로 보고 유한하게 창조된 아담은 그의

죄와 상관없이 죽음을 경험했을 것이라 주장하였다.[169]

이와 비슷한 경향은 종교개혁시대의 합리주의자들인 소시니안 파에게 나타나고 현대 신학자들 가운데서는 바르트(K.Barth)와 라인홀드 니버(R.Miebuhr)에게서 찾을 수 있다. 이들의 공통적 주장은 "육신적인 죽음은 죄의 결과가 아니다. 그것은 인간의 본질에 속한 것이며 하나님의 선하신 창조의 일부분이다. 따라서 죽음이란 그 본질상 자연스러운 일이다."[170]라는 것이다.

신학자 박윤선 박사는 바르트에 대해서 다음과 같이 말한다.

> 바르트는 말하기를 "죽음은 인간의 본연이며 창조질서에 속하도록 하나님이 규정하신 것인 만큼 그것은 좋은 것이다. 그러므로 인간 존재는 끝나도록 되어 있고 죽도록 되어 있다"고 하며[171] "인간이 죽은 뒤에는 인간 존재의 계속이란 것은 있을 수 없다"[172] 하였다. 그런데 바르트는 계시록 20:14절을 근거로 하여 "인간이 죄로 인하여 둘째 사망을 당하게 되었는데 다만 그리스도의 속죄로 인하여 인간이 영원화(永遠化)된다"고 하였다.[173] 그러나 바르트의 사관(死觀)에서 몇 가지 의문을 지적할 수 있다. 첫째 그는 인간의 죽음을 '인간의 본연' 즉 자연스러운 것이며 하나님의 창조 질서에 속한 것이니 좋은 것이라고 했다. 그것은 우선 창세기 2:17절 말씀에 어긋나는 말이다. "선악을 알게 하는 나무의 실과를 먹지 말라 먹는 날에는 정녕 죽으리라"고 하였으니 분명히 아담이 그 실과를 먹지 않았으면 죽지 않고 영생할 수 있었던 것이다. 그러므로 죽음은 인간의 본연이거나 창조 질서에 속한 것이 아니고 인간이 죄를 범함으로 인하여 형벌로 받게 된 것이 분명하다.[174]

그리고 성경은 죽음을 표현하여 '쏘는 것'이라 했으니 어찌 죽음이 자연스러운 것이라고 할 수 있겠는가. 둘째로 바르트는 요한계시록 20:14절에 언급된 '둘째 사망'을 인간의 죄값이라 했는데, 둘째 사망은 인간의 몸 밖에 있는 객관적 실재인 '불못'을 가리킨다. 그런데 그것을 인간의 신상(身上)에 붙여 언급한 것은 석연치 않은 해석이다. 셋째로 바르트가 말한 '영원화' 문제이다. 그는 인간이 죽은 후에는 인간 존재의 계속성이란 없다고 했으니 그가 말한 영원화는 분명히 성경이 보여준 영생의 교리(믿는 자가 죽은 후 그리스도 안에서 하나님을 모시고 천국생활을 계속한다는 교리)를 그대로 말하지 않는다.[175]

성경이 가르친 죽음은 펠라기우스나 바르트가 말한 사람에게 자연스러운 그 어떤 것이나 단순히 이상에 미치지 못한 상태를 가리키지 않고 인간 생활에 극히 이물(異物)이며 적개(敵愾)를 가진 것으로 지적되었다. 시편 90:7,11절을 보면 죽음은 하나님의 진노로 표현되었고, 로마서 1:32절은 하나님의 심판이라 했으며, 갈라디아서 3:13절에는 죽음을 저주라고 했다. 그리고 히브리서 2:15절은 "죽기를 무서워하므로 일생에 매여 종노릇하는 모든 자들"이라고 했다.

그러면 사람이 어떻게 하면 죽음의 문제를 해결하고 영생을 얻게 되는가? 사망이 죄로 말미암았으니 죄악 문제만 해결되면 영생 문제는 거기에 따라 해결된다. 하나님의 아들 예수 그리스도께서 우리의 죄악을 담당하시고 십자가에 못 박혀 죽으셨다가 다시 살아나심으로 그를 믿는 자들에게 영생을 주신다.

자연적 죽음의 개념은 철학자 루드빅 포이헤르바하(Ludwig Feuerbach, 1804-1872)의 무신론적 사상 체계와 관련하여 발견된다. 1830년 출간된 그의 저서 「죽음과 불멸에 관한 상념」에서 그는 인간의 조기사망을 재앙으로 또 비자연적인 것으로 간주하였다. 노환의 경우 임종자가 이 세상에서 충만한 삶을 살았다면 이제 그는 생물학적으로 볼 때 인간이면 누구에게나 불가피하게 주어진 소여성(所與性)으로서의 죽음을 거부하기 보다는 오히려 자연스럽게 받아들이며 또 그렇게 될 수 있다. 포이헤르바하는 불의의 사고나 질병 등으로 인한 조기사망이 아닌 한 인간의 삶이 거의 끝날 무렵인 노년기에 자연스럽게 맞는 죽음을 '자연적 죽음'이라 부른다. 조기사망이나 비명횡사가 아닌 '자연적 죽음'에 대한 이론은 조기사망의 무의미성을 상기하고 전쟁이나 기아와 질병 그리고 지진 등의 천재지변으로 생기는 폭력에 의한 죽음에 대항하기 위해 인류가 동원해 낼 수 있는 모든 힘들에 대해 호소할 수 있는 중요한 기능을 담당하고 있다. 그러나 죽음에 관해 특히 노년기의 죽음에 관해 자세히 고찰해 보면 '자연적 죽음'이란 존재하지 않으며, 또 어느 누구를 막론하고 죽어가는 사람이 죽음과 화해 한다는 것은 불가능함이 드러난다.

죽음이란 죄의 결과다. 이것이 자연스런 죽음이 될 수 없으며 하나님의 창조 구조에서도 비본래적인 것이다. 죽음이란 영혼의 해방이 아니라 하나님의 원수이다. 하나님의 심판의 표식으로서의 죽음은 인간의 본성이나 인간의 선에 속하지 아니한다. 성경은 죽음이 하나님의 명령에 대한 순종 여부와 직결 된다는 사실을 교훈하고 있다. 성경에서 죽음에 문제에 대해 처음으로 언급하는 부분은 다음과 같다. "선악을 알게 하는 나무의 실과는 먹지 말라 네가 먹는 날에는 정녕 죽으리라"(창2:17) 이 말씀에서 죽음이란 하나님의 금령을 어긴 데서 온 결과라는 사실을 알 수 있다.

(2) 죽음의 본질

성경은 죽음을 분리(Separation)로 본다.[176] 성경은 죽음을 존재의 폐기나 중지로 다루지 않는다.

최용석 교수는 오르(Orr)의 성경에 나타난 죽음을 세 가지로 나누어 언급하고 있다.

첫째는 육적 죽음이다.[177] 육체에서 영혼이 분리되는 것을 일반적으로 죽음이라고 한다. 죽음 이후에도 육체의 성분을 이루고 있는 부분들 곧 혈액, 골격, 근육 그리고 신경조직은 그대로 남아 있다. 그러나 무엇인가 빠져 나가 버린 것이 있는데 그것은 생기가 없다는 것이다. 일종의 분리 현상이 일어난다. 실제로 한 인간이 생명에서 이탈하는 것이요 다만 잠시 생명이 붙어 살았던 몸에서 떠나는 것이다. 둘째 영적 죽음이다.[178] 이 죽음은 인간이 하나님으로부터 분리 되어 버리는 것을 말한다. 원시 인간인 아담과 하와는 거룩한 하나님과 더불어 복된 친교와 완전한 조화를 이루며 살았다. 이 사이에는 어떠한 불화도 존재하지 않았고 죄도 없었다. 그러나 인간의 범죄로 말미암아 하나님과의 교제도 단절되고 조화의 관계도 파괴되고 말았다. 그래서 죽음이 발생했고 하나님과 피조물 사이의 단절이 생겼다. 셋째 영원한 죽음이다.[179] 영원한 죽음이란 보통 지옥이라고 불리우는 불못에 영원히 던짐을 받는 것을 말한다. 이 죽음에도 본질적인 단절이 수반되고 있다. 이 단절은 본질적 분리(本質的 分離)를 말하는데 곧 빛으로부터, 사랑과 생명으로부터, 교제와 행복으로부터 축출 당하는 것을 의미한다. 이 죽음은 인간에게만 해당되는 것이 아니라 사탄과 그의 사자들에게도 임한다(마25:41).

오르(Orr)가 말한 죽음의 말한 죽음의 세 가지 형태 모두 아담의
범죄, 즉 행위 언약의 파기에서 온 결과이다. 원래 상태에서 인간이
하나님께로부터 금단의 열매에 관한 명령을 받은 뒤 신-인(神人)관계
는 언약관계이다.

그 이유에 대해서 최흥석은 다음과 같이 설명하고 있다.[180]

첫째, 언약관계가 아니고서는 결코 참된 종교가 성립 될 수 없다.
만일 하나님께서 높이 초월해 계시기만 한다면 하나님과 교제하는
것으로서의 종교는 존재할 수도 없고 기대할 수도 없다. 교제가 없
는 한 주종관계일 뿐이다. 사랑의 관계 혹은 친근 관계가 성립되려
면 적어도 신-인 관계에 있어서 언약 이외의 다른 방법이 없다. 언
약을 통해 하나님은 높이 초월해 계시면서도 언약의 관계를 통해
자신을 비하시키시며 우리 가운데 거하신다.[181] 둘째, 창세기 13
장에 '언약'이라고 하는 명시적 표현이 발견되지 않는다 하더라도
금단의 명령을 받은 이후 이루어진 인간과 하나님의 관계는 성격
상 언약적(言約的)이라고 할 수밖에 없다. 하나님과 인간 사이의 언
약을 성립시키는 본질적 요소들-언약의 당사자(삼위 하나님과 아담), 언
약의 약속(순종), 언약의 형벌(죽음), 언약의 인호(생명나무)-을 창세기
13장에서 완벽하게 발견된다. 셋째 구원을 도리를 제시하는 신약
의 몇몇 부분들이 원래 상태에서 신인 관계를 언약적인 것으로 암
시하고 있다. 특히 고린도전서 15:21-22절에 나타난 '대표적인 원
리'에서 더욱 분명하다. 아담이 지닌 대표성의 근거는 자연적 관계

와 계약적 관계라는 두 가지 측면에서 발견된다.

이러한 면에서 볼 때 죽음이란 '하나님과 인간 사이의 언약'과 관련되어 있다. 이 언약 관계는 죄로 말미암아 파기 되었고 이러한 파괴가 죽음의 본질을 규정하는 결정적인 요소다.

죽음이란 단순히 자연적 현상이 아니라 죄에 대한 형벌이요,[182] 하나님이 정하신 것이다.[183] 죽음이란 본질상 분리이다. 불신자에게 있어서는 그것은 단순한 몸과 영혼의 분리 그리고 지상에서 그와 친했던 모든 이들과 분리만을 가리킬 뿐 아니라 이 지상에서 불신자까지도 사랑의 대상이 되었던 하나님의 인자하심의 나타남으로부터의 분리이다.[184] 신자에게 있어서는 그 분리는 완전한 분리가 아니다. 사실 이 분리에 있어서의 중요한 요소는 완전히 빠져있다. 하나님의 인자하심과 사랑은 영광에 이르도록 신자와 동행한다.[185]

죽음이란 생명의 근원이신 하나님으로부터의 단절에서 파생된 것이다. 이것을 아담의 범죄의 결과이며 아담의 대표성에 따라 모든 인류들이 겪어야 할 현상이다. 그러나 죽음이란 단지 존재의 다른 양태로 옮겨지는 것이지 결코 존재의 멸절이 아니다.

3) 죽음의 정의

기독교의 전통은 '몸과 영혼의 분리'라는 용어로서 잠정적으로 서술하고 있다. 이 말이 함축하는 바는 인간 안의 생명에 대한 영적 원리, 곧 '영혼'은 죽음에 있어서는 우리가 일반적으로 '몸'이라고 부르는 바와 상이한 관련성을 갖는다. 죽을 때 몸과 영혼이 분리되는 것이 세계에 대한 이러한 관계의 완전한 결여, 즉 영혼이 우주와의 관계를 전적으로 떠나서 내세에 가게 됨을 뜻하지는 않는다. 즉 세계의 만물이 서로 간에 영향을 끼치고 교통하는 우주의 통합성의 영역과 아주 가깝고 보다 친밀한 관련성 속으로 들어가는데, 이것은 영혼이 더 이상 개인의 몸의 구조에 묶여 있지 않기 때문에 완전히 가능한 것이다.

정화에 의하여 영혼은 그 신체 구조를 넘겨 준 후까지도 자유로이 행사되는 자기 결정 안에서 객관적으로 올바른 세계질서와 보다 명백하고 예리하게 조화를 이루거나 부조화를 이루기도 하며 역으로 그러한 세계 질서를 결정하는 데 기여하게 된다.

죽음에 대한 또 하나의 정의로서 죽음이란 인간존재의 종말이 아니며 그렇다고 실재의 한 형태로부터 본질적으로 그것과 공통된 어떤 것 즉 잠정적 기간의 무한한 연속에로의 단순한 변화도 아니라는 견해가 있다. 오히려 죽음은 영원의 시작이라는 것이다. 이때의 의미는 '시작'이라는 용어가 전적으로 이러한 영원성에 관하여 진실로 사용하게 되는 한에 있어서 그러하다.

인간에게 있어서 죽음은 수동적으로 겪게 되는 사건이며, 한 인격으로서 자신의 밖에서부터 도래하는 이러한 죽음을 무력하게 직면하게 되는 것이다. 죽음 그 자체는 인간이 죽음을 향하여 선택하는 하나의 태도일 뿐 아니라 죽음에 대하여 외부적으로 남아 있는 태도로서의 행위이다.

그러므로 영적 인격으로서의 인간의 종말인 죽음은 인격 스스로에 의해 초래된 안으로부터의 능동적인 성취이며, 인간이 스스로의 생을 통해 이룩한 결과를 구체화하는 성숙한 자기실현이며, 인격의 총체적인 자기소유의 달성이며, 자아 실재적 수행이며 자유롭게 창출된 인격적 실재의 충만함이다. 인간의 죽음은 자신의 통합성 안에서 이루어지는 것임과 동시에 생물학적 생명의 종말이기도 하다. 인간의 본질적인 통합성과 그 관점에서 볼 때, 하나의 죽음을 영혼과 육체의 두 면으로 단순히 구분하는 것은 가능하지 않다.

이러한 모호한 이원성 때문에 죽음은 본질적으로 애매한 것이다. 인간의 관점에서 보건대 죽음에 다다른 생명이라는 말의 최종적인 의미가 실재에 있어서 하나의 인격으로서 이러한 사건을 겪는 개인의 공허함과 무익함을 비로소 드러내는 것을 뜻하는 것은 아닌지 혹은 죽음의 명백한 공허함이 참된 풍요함의 외적 양태로서 인격의 참된 본질을 풀어놓아 자유롭게 하는 것인지에 대해서는 구체적 사례를 들어 확실하게 말하기는 어렵다. 하나님의 불가항력적 신비는 죽음으로 인하여 인간이 모든 것을 빼앗길 때 가장 근본적으로 나타난다.

4) 그리스도의 죽음

예수 그리스도는 아담의 타락한 혈통을 이어 사람이 되시어 '죄 있는 육신'을 취하심으로[186] 인간의 삶의 정황으로 들어오셨다. 결과적으로 그는 사물의 기초질서에서 죽음이 모두에게 타락한 상태를 표명한 것이기 때문에 스스로 그것을 떠맡으신 것이다. 그는 그의 인간의 삶을 신성화시켰던 하나님의 은혜의 계시와 행위로서의 절대적 자유 가운데서 이를 행하셨으며, 필연적으로 그에게 속한 신적 인격에 따라서 행하셨다. 인간의 구체적 자유에 의해 명백하게 입증된 은혜가 전우주의 결정적 특징이었다.

결국 신앙과 성례의 삶을 통해서 이루게 될 그리스도의 죽음과의 일치는 인격적으로 성취되는 것이며, '주 안에서 죽는'[187] 최후의 상태가 되는 곧, 그 안에서 종말의 체험이 완전한 성취의 새벽이 되는 것을 의미한다.

5. 죽음은 창조의 질서다

성경은 죽음을 어떻게 정의하는가? 이러한 죽음의 기원은 무엇이었는가? 이러한 질문에 대해서 신학자들 사이에도 논란이 있다.

죽음은 하나님께서 만드신 자연 창조질서 가운데 하나이기에 그것은 죄로 말미암은 것이 아니라고 주장하는 이단의 신학자 그룹이 있다. 또한 인간은 원래 영원불멸하는 존재로 지음을 받았는데 아담과 하와의 죄로 인하여 이 세상에 죽음이 스며들게 되었다고 주장하는 학자 들이 있다. 이들은 죽음이 선도 아니며, 악도 아니고, 죄의 결과도 아닌 것으로 본다.

성경적인 죽음의 개념을 설명할 때는 죽음을 바라보는 신학자들의 시각에 따라 서로 다르게 정의하고 있다. 첫째는 죽음을 인간의 범죄로 말미암아 하나님께 받는 형벌로 이해하는 학자들이다. 그들은 다시 인간의 죽음을 영과 육의 분리로 파악하는 학자와 전인으로서의 영과 육의 죽음을 말하는 학자로 나눌 수 있다. 둘째는 인간의 죽음을 창조의 질서의 하나라고 말하는 신학자들이다. 성경에서의 죽음을 바라보는 견해에 대해서는 학자들의 견해를 성서적으로 살펴 논하고자 한다.

로마 천주교나 신교의 많은 신학자들이 인간의 죽음이 죄의 결과의 하나라고 가르쳐 왔음에도 불구하고 일부에서 다른 것을 가르쳐왔다. 펠라기우스의 제자인 셀레티우스는 아담이 유한적으로 창조되었고 그가 죄를 짓든지 짓지 않든 간에 죽음을 맛보게 되었다고 가르쳤다.[188]

칼 바르트도 죽음이 죄의 결과가 아니라고 했다. 사실상 바르트는 인간의 죽음이 인간의 죄와 죄책과 관련되어지며 따라서 죽음은 인간의 삶을 향한 하나님의 심판의 표징이라고 말한다.[189] 그는 죽음의 심판이란 측면과 자연적인 죽음의 측면을 구별하고 있다. 계속해서 이것이 의미하는 바는 죽음이란 인간의 본질 속에 속하는 것이며, 하나님의 선한 창조에 의해서 결정되어지고, 작정되어진 것으로 죽음이란 옳고 선한 것이다. 또한 인간은 필연적으로 죽을 유한한 존재이다. 그러므로 죽음이란 본질적으로 부자연스러운 것이 아니라 인간의 삶에 예정된 삶의 과정을 향하여 달리고 있는 것이다. 이처럼 인간의 삶은 기울고 시들어 가며 따라서 앞을 향한 제한선을 갖고 있다.[190] 바르트에 의하면 인간의 죽음은 인간의 죄로 말미암은 것이 아니라 하나님의 선한 창조의 한 부분이다. 하나님은 태초로부터 인간의 생명이 끝을 갖도록 계획하셨다고 한다. 바르트에 있어서 인간은 무존재로부터 나와서 제한된 횟수를 땅 위에서 지내다가 다시 무존재 속으로 되돌아가도록 하나님에 의해 예정된 존재인 것이다.[191]

Gordon J.Wenhan도 WBC(Word Biblical Commentary) 주석에서 창세기 2:4-3:24절을 주석하면서 Skinner와 Westermann 등이 이러한 견해를 가지고 있다. 즉, 스키너는 "죽음이란 만물의 자연 질

서의 부분이다. 인간이 땅에서 취함을 받았기에 땅으로 돌아가는 것은 불가피하다"고 말하고 있으며, Westermann은 "죽음은 인간의 범죄에 대한 처벌이 아니다. 인간의 노동에 대한 한계점 일뿐이다"라고 한다.[192]

쿠일만 교수는 그의 「기독교 백과사전」의 제2판에서 다음과 같이 쓰고 있다.

> "하나의 생물학적 현상으로서의 죽음이 인간타락 이전에도 있었는지의 여부는 고대 동식물학에 의해서 이미 제공된 증거의 토대 위에서 살펴볼 때 긍정적으로 답변 되어진다. 이런 영역에 관한 조사연구를 통해 우리는 생물학적 죽음이 인간이 창조되기 이미 오래전에 일어났다고 생각하게 된다. 이런 종류의 생물학적인 죽음은 최초의 인간 한 쌍의 죄로 인해 그 형벌로서 세상에 들어온 죽음과 동일시되어서는 안 될 것이다"라고 말하고 있음을 보게 된다. 즉 생물학적인 죽음은 인간의 타락이 있기 전 인간이 창조되기 전에서부터 이 세상에 자연스럽게 존재하고 있었음을 그는 고대 동식물학의 연구의 결과로 밝혀주고 있다.

그라사케도 다음과 같이 말한다.

> 그의 종말신앙 이라는 저서에서 인간의 삶 자체가 한 조각의 죽음이라고 말한다. 죽음은 다양한 형태로 삶 속으로 파고드는데 질병, 고독, 실패, 늙음, 이별 등 이 모든 것이 죽음 의 표징이나 예고일뿐 아니라 삶 자체 내에 실재하는 죽음의 형태로 파악한다.

죽음이 삶 속에 있는 것과 같이 죽음 속에는 삶이 현존한다고 본다. 죽음이 삶을 궁극적인 형태로 이끌어 간다. 죽음이 오기전의 삶은 잠정적일 뿐이며 수정될 수 있고 아직 형성이 가능한 상태로 개방되어 있다. 그러면서 그는 위에서 인용한 적이 있는 카우프만의 말을 인용하면서 임박한 죽음은 오히려 삶의 깊이를 더한다는 것이다. 죽음의 참된 극복은 우리 삶으로부터 죽음을 제거함으로 생기는 것이 아니라 죽음을 초월한 희망을 통하여서 일어난다.[193]

우리는 죽음으로 말미암아 삶은 아주 당연한 것이 아니라 선물임을 깨닫게 된다. 이러한 죽음을 생각하면서 그라사케는 "죽음이 죄의 결과로 말미암았음을 이야기해 왔는데 이러한 진술의 의도는 살아계신 분이며 생명을 부여하신 분이신 하나님이 악과 생명의 적대적 실재의 원조가 될 수 없으며 되어서도 안 된다는 것 때문이다"[194]고 전통적인 견해를 소개하며 이를 분별없이 이어 받을 수는 없지만 이 의도는 보존돼야 한다고 말한다.[195] 하지만 죽음은 인간이 생성되어 왔고 생활하게 되어 있는 진화적 세계 구조에 필연적으로 속하여 있는 것[196]으로 진화적으로 성취해 나가는 세계 속에서 죽음 없는 삶은 전혀 생각할 수 없다. 그러므로 인간의 죽음이 지상의 삶을 한정된 시간적 의미를 지니는 죄의 한 결과일 수는 없다. 다만 죽음을 체험하는 인간의 유형 양식은 죄의 결과라고 말한다. 이러한 죽음은 삶의 무의미하고 어두운 단절로서 의문투성이고 위협적으로 인간을 공포로 무시무시한 실재로 체험되어진다.[197] 죄인의 죽음 체험, 즉 인류의 죽음 체험은 죄에 의해서 철저히 규정되어 있다. 죽음은 더 이상 중립적인 것이 아닌 지상생애의 시간적 결말이며 위협과 공포로써 체험되어지는 것이다. 그라사케는 이런 의미에서 죽음은 죄의 결과라고 말한다.

하임은 한 생명이 생존하려면 반드시 타자의 죽음을 필요로 하는 것이 자연적인 것이라고 한다. 즉 육식동물은 자신의 존재를 위하여 다른 약한 초식동물의 죽음을 필요로 하고, 그 초식동물은 자신의 생존을 위하여 식물의 죽음을 필요로 하는 자연적인 질서가 있다. 이러한 자연의 질서에 인간도 자연스럽게 포함 될 수밖에 없음을 말한다. "그러므로 인간에게만 아니라 자연만물에게 있어서도 이미 죽음은 자연적인 것으로 내재되어 있는 것이라고 보는 것이 타당할 것 같다"라는 것이다.

김균진 교수는 "성서는 죄의 대가를 '사망'이라고 말하는데 하나님이 인간에게 약속한, 또 성서가 말하는 죽음이란 무엇인가를 질문하면서 이 죽음을 인간이 나이가 들어서 당할 수밖에 없는 자연적인 죽음을 말하는 것이라는 데 동의하지 않는다."[198] 인간이 타락하기 이전에도 죽음이 이 땅에 존재하였음을 기본으로 하여 계속하는데 "타락하기 이전에 인간은 하나님과 함께, 하나님 안에 있었으며, 하나님을 위하여 존재하였다. 하나님과 함께 하나님 안에 하나님을 위하여 존재하는 사람에게 죽음은 결코 심판이 아니며 죄에 대한 벌이 아니다"[199]라고 주장한다. 그러므로 타락하기 이전의 세계에 있어서 죽음은 죄에 대한 벌이나 하나님의 심판이 아니라 하나님의 창조질서에 속하였다.[200] 그리고 평화로운 죽음을 맞이한 아브라함과 이삭과 야곱과 모세를 예로 든다. 하지만 인간은 죄된 존재이며 죄된 세계 속에서 살고 있다. 죄인으로서의 인간은 하나님 없이 살다가 하나님 없이 죽는다. 그러므로 그는 자기의 죽음을 죄의 대가로 경험한다. 그에게 있어서 죽음은 죄악된 삶에 대한 벌이요 심판이라고

하여 인간의 죽음에 대한 두려움과 공포를 설명하고 있다.

또한 성서가 말하는 죽음을 첫째로 불안과 삶의 무의미, 양심의 가책, 절망, 죽음 이후의 것에 대한 불확실성 가운데서 이루어지는 죄된 인간의 죽음, 둘째로 하나님 없는 인간의 삶 전체로 파악한다. [201] 본래의 인간의 삶이 하나님과의 사귐이라면 죽음은 먼저 하나님과의 관계의 단절이다. 다음은 자기 자신과 이웃과 세계로부터의 관계의 단절을 의미한다. [202] 그래서 그는 결론적으로 성서에 있어서 인간은 유일한 시간을 가진 존재이며, 그러기에 언젠가 죽어야 할 존재로서 죽음 그 자체는 하나님의 심판도 아니고 죄에 대한 벌도 아니다. 하지만 인간이 그의 죄로 인하여 죽음과 같은 세계 속에서 죽음과 같은 삶을 살아간다. 죽음으로 제한되어 있는 삶 속에서 죽음의 삶을 살다가 죄된 인간은 자연적인 죽음을 하나님의 심판과 저주로 경험하게 된다는 것이다.

죽음이 있음으로써 인간의 삶은 더 풍요로워지고 더한 삶의 열정을 가지게 되는 것임에 틀림없다. 이러한 인간적인 면에서만 아니라 크리스천에게 있어서의 죽음이 가지는 의미는 무엇일까? 하이델베르크 교리문답 제42번은 "그리스도가 우리를 위하여 죽으셨다면 우리가 또 죽어야 하는 이유가 무엇인가?"를 질문하면서 이에 대한 대답으로 "우리의 죽음은 우리의 죄를 위한 보상이 아니라 다만 죄에 대하여 죽고 영생에 들어간다는 것이다"고 정리하고 있다.

후크마도 크리스천의 죽음을 다음과 같이 정리한다. [203]

첫째로 죽음은 죄 짓는 날을 끝내게 한다. 둘째로 우리의 죽음은 영생에 들어가는 것이다. 셋째로 이상의 모든 것이 의미하는 바는 우리의 최후의 적인 죽음이 그리스도의 사역을 통하여 우리의 친구가 되었다.

앞으로 밝히겠지만 우선적으로 우리는 성경에서 신자들의 죽음은 죄악된 이 세상에서의 삶을 끝내고 영원하신 하나님의 처소에서 그리스도와 함께 하는 삶이 시작되는 것이다.[204] 우리의 지상에서의 생활로 인해서 하나님으로부터 의의 면류관을 받는 귀한 순간이다.[205] 또한 그리스도께서 죽음의 가시를 제하셨고 죽음에서 승리하셨기에 우리들에게 있어서 죽음은 영생으로 들어가는 문에 불과한 것이다.

6. 죽음은 인간의 죄의 결과다

고대로부터 주장된 학설은 인간의 죽음이란. 최초로 인간인 아담과 하와가 하나님의 명령에 불순종하여 뱀의 꾐으로 선악과를 따 먹은 결과로 우리들에게 오게 된 것이라는 견해이다.[206] 이러한 견해를 주장하는 학자들은 영혼관에 따라 두 가지로 나눈다. 한 부류는 죄의 결과로 인한 인간의 전인의 죽음을 의미하고, 다른 부류는 인간의 육체의 죽음만을 범죄의 결과로 보고 있다.

먼저 후크마는 셀레티우스와 칼 바르트의 견해에 반대하며 죽음은 하나님은 선한 창조의 한 부분이 아니라 인간의 타락의 결과 중의 하나라고 주장하며[207] 그 증거로 창세기 2:16-17절의 말씀을 사용하였다.[208] 그는 "그 날에"라는 표현을 "정녕히, 확실히"라는 의미로 이해하며 "네가 이 과실을 먹는 바로 그 날에 네가 죽으리라"는 뜻이라기보다는 오히려 "네가 이 과일을 먹는 만큼이나 확실히 너는 죽으리라"고 해석이다. 아담과 이브가 금단의 열매를 먹던 바로 그 날에 육체의 죽음을 맛보지 않는 것에 대한 문제를 해결한다.[209] 그리고 "네가 정녕 죽으리라"의 죽음에 대한 이해로서 히브리어 동사 muth의 일차적이고 분명한 의미가 육체의 죽음임을 들어 이 죽음은 육의 죽음이라고 결론한다. 그러므로 창세기 2:17절은 인간은 세상에서 일어나고 있는 육체의 죽음은 인간의 죄의 결과라고 이해했다. 더 나아가 죽음은 단순히 인간의 육체의 죽음 그 이상을 의미한다고 말한다.[210] 인간은 그의 존재에 있어서 육체적인 면뿐만 아니라 영적인 면도 가지고 있는 전인이다. 그러므로 죽음의 가장 깊은 의미는 하나님으로부터의 분리라고 본다.

후크마는 그의 이론을 뒷받침하는 증거를 "여호와 하나님이 가라사대 보라 이 사람이 선악을 아 는일에 우리 중 하나같이 되었으니 그가 그 손을 들어 생명나무 실과도 따 먹고 영생할까 하노라 하시고 여호와 하나님이 에덴동산에서 그 사람을 내어 보내어…"(창3:22-23)와 로마서 5:12절 등[211]을 들어 죽음이 인간의 죄의 결과로 말미암았다고 강조한다. 즉 죄를 범한 인간의 죽음이 육체에 뿐만 아니라 영혼에도 미치기 때문에 인간의 죽음은 전인적인 죽음으로 이해했다.

벌 코프는 육체적인 죽음은 죄에 대한 형벌이 아니라 인간의 신체 구조상으로 지극히 자연스러운 결과라고 말하는 일단의 부류들이 있음을 말하면서 이것은 '비성서적'이다. 이러한 견해는 "어린 아이의 고통과 죽음에서부터 유추 되는바 원죄의 증거를 회피해 보고자 하는 욕망에 자극된 사람들"의 주장[212]으로 일축하였다. 낙원에서 인간에게 경고하신 형벌은 인간의 죽음이며, 이 죽음은 몸의 죽음만을 의미하는 것이 아니라 전인으로서의 죽음은 오해의 소지가 있다. 벌콥은 영혼의 죽음을 말할 때 실질적인 영혼의 죽음을 말하는 것이 아니라 인간의 영혼이 하나님과의 관계에서 단절되어진 상태를 인간 영혼의 죽음으로 파악하고 있음에 주의를 기울여야 할 것이다. 즉 성경적인 죽음의 개념을 3가지로 설명하는데 첫째는 하나님과의 분리로서의 영적인 죽음, 둘째는 이 세상에서의 삶에서 초래 되어지는 모든 고통, 셋째는 인간의 육체적인 죽음을 합하여 성경이 말하는 죽음으로 보는데 이 죽음은 몸과 육체의 분리라고 설명한다.[213]

그리고 "육체의 죽음은 결코 소멸이 아니다. 하나님께서는 당신의 피조물 중 어떤 것도 없애지 않으신다. 죽음은 존재의 중지가 아니라 생명과 자연과의 관계의 단절이다. 삶과 죽음은 존재와 비존재로서 대립 되는 것[214]이 아니라 단지 서로 다른 존재의 양태로서만 대립되는 것이라고 한다.

그리고 4가지 이유를 들어서 인간의 죽음이 죄의 결과임을 설명한다.[215] 첫째로 인간은 하나님의 형상을 따라 지음을 받았으며 태초에 하나님의 형상이 거하던 완전한 상태를 고려해 볼 때 인간이 하나님의 지음을 받았다는 이 사실이 해체와 사멸의 씨앗을 자기 속에 가지고 있었을 가능성을 배제한다. 둘째는 육신의 죽음을 영적인 죽음의 결과로 제시하고 있다.[216] 셋째는 죽음은 죄로 인해서 인간의 세계에 들어온 어떤 것으로서 죄에 대한 적극적인 처벌이다.[217] 넷째는 죽음은 인간의 삶에 이질적이며 적대적인 어떤 것이다. 즉 죽음은 하나님의 진노의 표현으로[218] 심판으로[219] 정죄로 저주로 그리고 사람들의 마음을 두려움과 공포로 채우는 것으로 표현되고 있다.

이렇게 죽음의 원인을 설명한 후, 그는 하나님께서는 특별한 은혜를 통해서 죄와 죽음의 작용을 제한하였고 예수 그리스도 안에서 특별 은혜를 통해서 이를 정복하셨다고 설명함으로 인간에게 있어서 신자에게 있어서 죽음은 아무 것도 아니라 한다. 그리스도 안에 있는 사람은 이 세력에서 자유하다. 이제 죽음이 그 과업을 완수할 수 있는 것은 단지 예수 그리스도 안에서 제시된 바 죽음으로부터 구원을 거절하는 사람들의 삶 속에서 뿐이다.

7. 죽음이 주는 의미

죽음에 대해서 우리가 내릴 수 있는 결론은 무엇인가? 죽음은 죄의 결과인가 아니면 인간의 삶에서 하나님의 창조의 질서로서 자연적인 것인가?

성경은 하나님께서 인간을 창조하신 후에 인간을 보시고 좋았더라고 기록하고[220] 있는데 유한한 인간을 창조하신 하나님께서 이러한 말씀을 하셨을 수가 있을까? 만약 하나님께서 인간을 창조하실 때 유한한 존재로 창조하셨다면 그 이유는 무엇이었을까? 이런 의문을 제기할 수 있을 것이다. 하나님께서는 인간을 자신의 영광을 나타내는 거룩한 존재로 완전하게 창조해 주셨고, 그 코에 생기를 불어넣어 생령이 되게 하셨다. 인간을 불완전하게 유한하게 창조하실 이유가 없는 것이다. 또한 사도 바울은 그의 서신들 속에서 인간의 범죄로 인하여 이 땅에 죽음이 왔음을 밝히고 있다.[221] 그러므로 인간은 타락하기 전에는 영원불멸한 존재로 지음을 받았다. 이는 Rahner의 주장에서도 볼 수 있다. "원조가 받았던 불사불멸이라는 선물은 낙원에서 인간의 은총으로 입었던 신화에서 동시적으로 발생한 결과이고 원조가 받았던 은총에 속하는 것이다."[222] 하지만 이러한 불멸하는 존재가 죄로 인하여 죽는 존재가 된 것이다.

인간에게 다가온 죽음이 인간의 범죄의 결과라는 사실을 인정하면서 하나의 걸림돌이 있음도 발견한다. 이는 하나님께서 에덴동산에 선악과와 함께 영원히 살 수 있는 생명의 실과를 주신 것이다. 만약 인간이 영원히 사는 존재로 지음을 받았다면 다시금 영원히 살 수 있는 생명나무의 실과를 선악과와 함께 동산의 중앙에 주신 이유가 무엇인가?

제 5 장

죽음에 대한 예수 그리스도의 복음신학

1. 예수 그리스도

1) 예 수

예수($I\eta\sigma\sigma\upsilon\varsigma$)는 히브리어의 여호수아(יהושע)의 헬라어이다. 사도행전 7:45절과 히브리서 4:8절에는 눈의 아들 여호수아가 예수로 기록되어 있다. 그리스도($\chi\rho\iota\sigma\tau\sigma\varsigma$)는 메시야의 히브리어(משיח) 즉 '기름 부음 받은 자'의 헬라어 역이다.[223] 예수란 "여호와는 구원이시다"라는 뜻이지만 분명한 것은 마태복음 1:21절의 말씀과 같이 "자기 백성을 죄에서 구원할 자"[224]라는 뜻을 가진다.

(1) 자기 백성을 죄에서 구원할 자

"아들을 낳으리니 이름을 예수라 하라 이는 그가 자기 백성을 저희 죄에서 구원할 자이심이라 하니라"[225]

인류의 구세주로서 예수의 이름은 구약의 히브리어 '여호수아'[226]에서 온 것으로 '여호와는 구원이시라'는 뜻이고, 이는 신약에서 "자기 백성을 저희 죄에서 구원할 자이심이라"[227]로 구체화 되었다. 즉, '예수'는 '구주', '구세주'라는 의미를 헬라화한 이름이다. 또한 예수의 이름은 천사에 의하여 주어진 구속사적인 의미가 있다. "아들을 낳으리니 그 이름을 예수라 하라"[228] 천사의 수태고지는 요셉의 아내 마리아에게도 있었다.[229] 아브라함,[230] 사라,[231] 이스라엘,[232] 요한[233] 등 천사로부터 받은 이름들은 모두 하나님의 구속사역에 깊이 관련된 사람들에게 주어졌다. 하나님의 구속사역이 완성단계에 들어섰을 때, 하나님은 천사를 통하여 성령으로 잉태되어 처녀 마리아에게서 낳을 구세주에게 '예수'라는 이름을 주신 것이다. "자기 백성을 저희 죄에서 구원할 자"[234]라는 이름보다 더 적합한 '구세주'의 이름은 없다.

구세주의 인성적인 이름은 '예수'다. 우리가 예수의 이름을 흔히 '예수 그리스도'라 부르는 것은 그가 인성과 신성을 동시에 겸비하신 분이기 때문이다. '예수'나 '그리스도'는 모두 구세주라는 의미이나 '예수'는 인간으로서의 구세주의 사적, 육적 이름이며, '그리스도'는 히브리어의 '메시야'를 헬라화한 이름으로 구세주의 공적이며 신앙적인 이름이다. 그리스도라는 뜻은 '기름부음을 받은 자'라는 뜻이다.[235]

그러므로 '인자 예수', '하나님의 아들 그리스도'라고 부르는 것이 자연스럽다. 예수 그리스도의 인성과 신성이 하나로 함축된 '임마누엘'(하나님이 우리와 함께 계시다)[236]이란 이름은 매우 신학적이며 복음이다.

(2) 성육신(成肉身)

성육신은 하나님이 사람의 몸을 입으셨다는 말이다. 이를 때로는 화육신(化肉身)이라고도 한다. 화육하신 말씀으로서의 인자로, 말씀으로 선재하신 '하나님의 아들'이 '사람의 아들'로 이 땅에 오셨다. "말씀이 육신이 되어 우리 가운데 거하시매…은혜와 진리가 충만하더라"[237] 예수께서 '인자'라 하실 때 그것은 '말씀'으로서 하나님과 함께 선재해 계셨으나(요1:1),[238] 작정하신 때가 이르매 육신을 입으시고 사람의 아들로 이 세상에 오셨다는 뜻이다. 이는 본래는 '하나님의 아들'이신데 하나님의 뜻을 이루기 위해서 사람의 몸을 입으신 분이라는 것이다. 그러므로 그 '인자'에게는 하나님이 사람이 되셔서 인간을 구원할 '은혜'와 '진리'가 충만하게 부여되어 있는 것이다.

또한 하나님의 독생자로서의 인자로 "우리가 그 영광을 보니 아버지의 독생자의 영광이요"[239]라고 기록되어 있다. 예수께서 성육신하여 인자가 되심은 '독생자'로서의 인자이심을 포함하고 있다. '독생자'란 독특한 방법으로 인간이 되신 단 하나의 영원하신 하나님이 사람의 몸을 입었다는 뜻이다. 그는 '성령으로 잉태'[240] 되어 '여자의 후손'[241]으로 태어나신 하나님의 아들이다. 하나님의 유일하신 아들이 육신을 입고 사람이 되신 것, 그것이 '독생자'로서의 '인자'이며, 하나님의 성육신이라 하는 것이다.

이종성 박사는 성육신 사건의 본질을 두 가지 측면에서 말한다.

첫째로 바울은 그리스도가 스스로 겸허하게 되어 사람의 몸을 입었다고 한다(빌2:7). 겸허라는 말은 희랍어 '케노오'에서 온 말로서 겸비한 마음으로 자기의 권리를 주장하지 않고 자기에게 불리한 자리에 머문다는 것이다.

둘째는 그리스도는 성육신 사건에 있어서 사람이 되셨다는 것이다. '오히려 자기를 비워 종의 형태를 가져 사람들과 같이 되었고 사람의 모양으로 나타나셨으매' 그는 죄가 없고 복종하고 구속적인 기능을 가지고 있는 육체였다고 말한다.[242]

여기서 바로 그리스도가 스스로 겸허하게 하여 사람의 몸을 입으실 때는 성자로서의 존재와 능력이 모든 것을 가지고 나타내셨다. 그리스도는 성부와의 관계를 유지하면서 인간의 구속에 필요한 방법을 사용하면서 성육신의 목적을 수행한 것이다.

황승룡 교수는 조직신학에서 다음과 같이 언급하고 있다.

칼빈은 하나님의 아들의 성육신에 관해서 주장하기를 거룩하신 하나님과 죄를 범한 인간 사이에서 확립 되어야 하는 교통을 위하여 하나님께서 인간에게 내려오셨다는 것은 불가피한 일로 본다. 인간은 결코 스스로 하나님께로 올라 갈 수 없기 때문이다.[243]

칼빈에게 있어서 성육신의 사건은 인간 구원을 위한 필연적인 사건이므로 이를 통해서 인간은 구원에 이르게 된다. 손병호 박사는 다음과 같이 말한다.

예수 그리스도는 성육신하신 하나님이시다. 우리와 같은 사람들과는 다른 존재이시다. 예수 그리스도를 선지자들이나 교부들이나 개혁자 같은 사람으로 보면 안 된다. 아브라함이 있기 전부터 하나님과 함께 계시며 하나님과 창조를 하신 분이다. 예수 그리스도를 모세 아래 두거나 이사야 아래 두거나 바울 아래 두거나 칼빈 아래 두어서는 안 된다. 결코 그들과 동등시 해서도 안 된다. 그들보다 얼마든지 격상은 되어도 격하시키는 것은 절대로 안 된다.[244]

인간의 몸을 입고 인간을 구원하시기 위해서 이 땅에 오신 예수는 구약의 선지자나 혹은 교부와 개혁자의 한 사람으로 보아서는 안 된다. 또한 이 땅에 이미 존재한 그 어떤 사람과도 비교할 수 없으며, 그 사람들 아래 두어서는 안 된다. 오직 예수는 성육하신 하나님의 아들이다.

(3) 말 씀(λογος)

예수는 말씀이라는 뜻으로 성경은 '육신을 입으시고 이 세상에 오신 하나님'임을 증거한다. 요한복음 1:1절과 창세기 1:1절 보면, '말씀'이신 예수는 곧 '창조주 하나님'을 의미하고, 창조주께서 이 땅에 오셨다는 것을 말한다. 보여진 하나님의 말씀이 예수요, 쓰여진 하나님의 말씀이 성경이다. 그러므로 말씀으로 불리는 예수 그리스도께서는 '육신을 입고 이 땅에 오신 하나님이요 창조주'라는 복음적인 의미가 담겨져 있다.

성육신에서 말씀(요1장)이라 불리는 빛과 생명이신 예수는 본래 말씀으로 계셨다. 이는 성육신함으로 본래의 실재가 중지되거나 한 인간으로 변화 되었다는 것이 아니다. 그 본성에 있어서 성자는 성육 전이나 후에나 변함없이 동일한 것이다. 그것은 그가 신성에다 육체와 영혼을 구성한 완전한 인간이 되셨다는 것을 의미한다.[245]

하나님은 이스라엘을 택하셔서 온 나라와 민족을 구원하시고자 하셨다. 그러나 이스라엘은 하나님의 세계적이고 우주적인 구원의 도구로서의 역할을 감당하지 못하였다. 이에 하나님은 친히 육성으로 새 백성들의 택하여 하나님의 나라를 이루시는 것이다. 하나님의 나라는 바로 예수로 인하여, 예수 그리스도로부터 시작되었다. 예수 그리스도는 새 나라로서 그의 사도들을 택하시고 온 인류를 향한 생명과 진리의 복음을 선포하셨다. 예수 그리스도의 성육신은 온 인류를 구원하시어 하나님 나라를 계획하신 하나님의 능동적이고 적극적인 사건이다. 곧 왕국적이고 제국적이며 기업적인 유대교와 이스라엘, 바벨론, 페르시아, 헬라제국, 로마제국의 정치나 종교적 원리가 아닌 온 인류가 다 함께, 더불어 들어가는(entering) '하나님의 나라'가 이 땅에 임하는 사건이다. 이에 예수는 곧 하나님의 뜻과 의지가 담겨있는 말씀 자체인 것이다.

(4) 참 신, 참 인간

예수는 누구인가? 이는 예수 당시와 초기 교회에 최고의 관심사였다. 이에 대한 성서적이고 신학적이고 역사적인 대답은 '하나님이 사람이 되셨다는 성육신 사건은 신성(神性)과 인성(人性)을 동시에 지니신 예수 그리스도라는 것'이다. 하나님이 인간이 되신 것은 둘이 하나가 된 것이다. 또한 인간의 구원에 있어서도 영과 육의 분리가 아닌 통합된 전인적인 구원이다.

성경은 유일한 구원자로서 예수를 말한다. "다른 이로서는 구원을 얻을 수 없나니 천하 인간에 구원을 얻을 만한 다른 이름을 우리에게 주신 일이 없음이니라"[246] 오직 '예수'의 이름으로만 구원받을 수 있다. 즉 구원은 하나님의 뜻과 리듬으로만이 가능하다는 것이다. 그러므로 윤리나 도덕적인 선을 행한다거나 구제와 봉사와 덕을 많이 쌓는 것으로 이룰 수 없다. 곧, 성인군자의 이름으로도 인간은 죄에서 구원받을 수 없다. 오직 '예수'만이 유일한 구원자이다. 그가 하나님의 아들이요, 하나님의 말씀이요, 인간의 생명과 빛의 근본으로서 이 세상에 오신 '독생자'[247]이시기 때문이다. 그에게는 구원자로서의 영광과 은혜와 진리가 있다.[248]

유일한 구원자로 독생자이다. '독생자'란 헬라어의 "모노게네스"로서 '유일한', '종류'라는 뜻으로 '유일한 형태' 또는 '독특한 아들'이라는 의미이다. 그러므로 '독생자'로서의 예수는 화육하신 말씀, 육신으로 오신 하나님, 인간으로 태어나신 하나님의 아들을 의미한 이는 오직 예수에게만 적용되는 유일무이한 독특한 지칭이다. 구약성서는 장차오실 메시야 예언에 있어서 이에 대한 증거를 제공하고 있다.[249] 또한 신약성서의 증거는 보다 풍부한데 요한복음은 다음과 같은 여러 구절에서 예수 그리스도를 증거하고 있다. 1:1-3, 14,18,25-27, 11:41-44, 20:28. 그리고 우리는 바울서신과 히브리서 그밖에 서신들에서도 그리스도에 관한 동일한 표현을 발견하게 된다.[250]

대속 사역에 유일한 구원자이다. "인자가 온 것은 섬김을 받으려 함이 아니라 도리어 섬기려 하고 자기 목숨을 많은 사람의 대속물로 주려 함이니라"[251] 이는 예수께서 유일한 구원자라고 함에는 그가 모든 인류의 죄를 대신 짊어지고 십자가 위에서 대속제물이 된 단 한 분의 구세주이기 때문이다. 아무도 인류를 위해서 자신의 몸을 십자가 위에서 희생 제물로 드린 사람은 없다. 오직 예수만이 이 대속 제물이 되신 유일하신 분이다. 인류를 살리기 위해서 자신의 생명을 대신 희생하는 것은 피 흘림이 없이는 사함이 없기 때문이다.[252] 하나님의 공의의 요구를 충족시킴으로써 죄인들을 구원할 수 있기 때문이다. 오직 복음이 있는 곳에 구원이 있다.

성육신은 하나님이 인성을 취하셨다는 것이다.[253] 인간으로서의 예수는 아브라함과 다윗의 자손으로서의 예수이다. "야곱은 마리아의 남편 요셉을 낳으니 마리아에게서 그리스도가 칭하는 예수가 나시니라"[254] 예수는 아브라함과 다윗의 자손으로 처녀 마리아에게서 나셨다. 예수는 스스로 사람의 아들을 칭하는 '인자'라는 호칭을 자주 사용하셨다.[255] 또한 스스로 '사람'이라고 하셨다.[256] 세례 요한도,[257] 베드로도,[258] 바울도,[259] 예수를 '사람'으로 표현하고 있다. 예수는 사람으로서 굶주리셨으며[260] 피곤하셨으며[261] 시험을 받으셨으며[262] 아버지 하나님께 심한 통곡과 눈물로 기도하셨으며[263] 그는 하나님의 아들이셨지만 완전한 사람으로서 살았다.

예수 그리스도는 참 신이시며 참 인간이다. 이는 구원자로서 예수는 죄가 없음을 의미한다. 죄인이 죄인을 대속할 수 없기 때문이다. 그에게는 인성과 신성의 본질적인 연합이 있었기 때문에 인간의 몸을 입으셨으나 처녀의 몸에서 출생함으로 인간의 계보에 출생한 다른 이들과 같지 않았다. 이에 보르캄은 '죄를 범하지 않을 뿐 아니라 범할 수도 없었다'[264]고까지 했다. 또한 무죄한 참 인간으로서의 예수를 '그에게는 죄가 없느니라'(요일3:5)고 증거한다. 예수는 사람에게서 태어난 사람 중에 유일하게 무죄한 사람이었다.[265] 무죄한 자로서 죄인을 위하여 구원자가 되신 것이 복음이다.

2) 그리스도^(Christ)

그리스도(Χριστιανός)는 구약의 메시야를 헬라어로 번역한 것으로 '기름부음을 받은 자'라는 의미이다. 히브리인 문화에 기름을 부어 세우는 세 직분은 왕, 제사장, 선지자로서 성별하기 위한 표시였다. '메시야'와 같으며 고유명사 예수와 결합하여 예수 그리스도라는 구주의 총칭으로 되었다. 성경은 예수를 메시야로,[266] 예수 그리스도로,[267] 그리스도[268]로 기록하고 있다. 그리스도로서 예수는 자기 백성을 죄에서 구원할 자이시며 그리스도는 왕과 선지자와 제사장으로 정치와 종교와 사회를 구원할 자이시다.

예수 그리스도의 인격과 사역에 관계는 뗄 수 없다. 예수 그리스도는 사명에 완전히 헌신하시며 사명과 하나가 된다. 그분은 보내심을 받은 분이며, 우리를 위하여 헌신한 분이며 사랑 안에서 자체를 내어 주었다. 예수 그리스도에게는 전통적인 메시야관으로 왕직과 제사장직과 선지자직이 있다.

(1) 왕^(王)

예수는 그의 성육신과 구원 사역 이전에도 왕으로 계셨다. 그리고 그는 하나님의 아들로서 인간의 구원자로서 주권자이며 왕이시다. 그는 하늘과 땅 위의 있는 모든 만물의 질서를 창조하며 이끄시는 왕이다. 구원과 구속 사역을 완성하심으로 한층 더 완전한 상태의 주권자로 드러내어 주셨다. 그는 하나님으로서 인간의 구속자로서의 주권자이며 왕이다. 그리스도는 왕으로서 모든 피조물에 대한 하나님의 통치를 행사한다.[269]

하나님의 아들이신 예수는 자연적으로 모든 피조물 위에 가지시는 하나님의 주권에 참여하신다. 이 왕권은 그의 신성에 기초를 두고 있다. 본래 통치권은 하나님에게 속해 있는 권리이다. 그리스도의 영적 왕권은 그의 백성과 교회에 대한 통치를 의미한다. 이 왕권은 교회를 모으심과 통치하심과 보호하심과 완성하심에서도 행사되고 있다.[270]

'예수가 주님이시다'는 고백 속에서 그리스도론의 모든 것이 다 들어있다. 이는 그의 주권이 가장 대표적으로 나타나 있다.[271] '예수를 주님이시라.' '하나님께서 예수를 죽은 자 가운데서 다시 살리셨다는 것을 믿는 사람은 구원을 받을 것이다.' 그 외에도 성서적 근거에서 우리는 그리스도의 왕으로서의 사역 곧 하나님의 주권을 세우는 일에 대해서 말하고 있다(욥20:28, 고후4:5 등). 예수께서 세상에 오신 목적이 하나님의 주권을 세우는 데 있으며, 그의 왕으로서의 사역은 예언자와 제사장의 사역 못지 않게 중요하다. 이와 같은 중요성을 가진 왕으로서의 예수의 하나님의 주권에 핵심적 요인은 정치적인 구원도 결코 간과할 수 없다.

복음서에서 예수는 하나님의 주권으로 하나님의 나라를 선포한다. 그러나 예수가 선포한 하나님의 주권은 예수 자신을 통해서 예수 자신의 말씀과 행위 속에서 현재화된다. 하나님의 나라는 예수와 그의 복음이 선포되는 곳에 있다. 예수는 하나님의 나라가 여기 있다 저기 있다고 말하지 않으신다. 이는 하나님의 나라는 바로 너희 (인간의 삶) 속에 있기 때문이라고 하신다.

죄와 죽음이 지배하는 이 세계에서 하나님의 주권은 예수 그리스도의 중재 행위를 통해서 이루어진다. 이 중재의 행위와 함께 하나님께 대한 예수의 순종이 반영되어 모든 사람들이 예수의 형제가 된다. 예수 그리스도로 인하여 새롭게 시작되는 하나님의 나라는 하나님의 주권을 바로 세우는 나라요, 그 중심에는 왕으로서 통치하시는 예수 그리스도가 있다. 따라서 왕으로서 예수의 사역은 하나님의 주권을 확립하는 것이다.

예수 그리스도의 왕권은 현재의 역사 안에서 점차로 확산되어 가고 있다. 공간적으로 수적으로 또한 수평적으로 점점 증가되고 있다. 목표는 오직 창조적인 질서를 회복하고 복음으로 보완해서 총괄해야 한다. 그는 만왕의 왕이시므로 우리의 왕이 된다.

황승룡 교수는 그리스도 왕국의 특징을 네 가지로 정리하고 있는데, '첫째는 왕국은 그리스도의 구속적 은혜에서 기인한다고 말하며, 두 번째는 영적인 왕국을 말한다. 셋째는 현재적이고 미래적인 왕국을 말하고 있으며. 마지막으로는 그리스도의 왕국은 교회와 밀접한 관계가 있다'[272]고 한다. 이는 첫째로 예수 그리스도가 대제사장으로서 대속하신 구속적 은혜를 말하고, 둘째는 하나님은 영이심으로 영적으로 다스리심을 말한다. 셋째는 현재적 미래적인 지상에 있는 모든 왕국을 하나님의 나라로 통치하심을 말하며, 마지막으로는 하나님의 나라를 "뜻이 하늘에서 이루어진 것 같이 땅에서도 이루어지게" 하는 사명이 교회에 있음을 말한다.

또한 그리스도는 승천하시기 전에 제자들에게 다음과 같이 말씀하셨다. '하늘과 땅의 모든 권세를 내게 주셨으니'[273]라고 말씀하셨으며 이와 동일한 진리는 역시 마태복음 1:20-22절과 고린도전서 15:27절에서 볼 수 있다.

(2) 제사장(祭司長)

제사장에 사용되는 히브리어는 코헨(Kohen)이다. 제사장은 원래 거룩하신 하나님과 인간 사이의 만남을 위해서 '중보사역'을 맡은 사람이다.[274] 특히 예수의 사역에 대한 신학적인 용어이다.

유대인들은 죄와 타락에서 제사를 지냄으로써 하나님의 구원이 오는 것으로 믿었다. 이처럼 제사종교는 제사가 절대적이다. 제사와 관련해서 '제사장'이라는 말이 구약성서에 700회 이상, 신약성서에 80회 이상 나오는데, 그리스도에게는 '제사장'이라는 뜻이 포함되어 있다. 구약성서는 장차 오실 그리스도가 모든 죄를 도말하는 제사장으로 언급하고 있다(시110:4, 슥6:13). 특히 이사야 53장에서 '고난 받는 주의 종'으로 제사적 표현을 볼 수 있다.[275] 즉 그리스도는 대제사장일 뿐 아니라 대속제물을 의미하고 있다.

전통적인 신학이 말하는 그리스도의 제사장 직분은 하나님과 인간의 화해의 사역이다. 현대 신학에서도 그리스도의 가장 중요한 사역은 화해에 두고 있다. 이 화해는 제사장직과 연관되어 있다. 그러므로 그리스도의 제사장직은 하나님과 인간의 화해 사역이 가장 중요한 일이다. 하나님을 배반하고, 어긋난 일을 행하며 하나님의 대적자로 살던 인간의 결국은 멸망이다. 이에 하나님께서 친히 성육신과 고난을 통하여 관계를 회복하고 새로운 피조물로 거듭나서 하나님의 나라를 들어가며 하나님의 뜻을 따라 사는 하나님과 인간의 화해가 기독교의 중심이다.

그러므로 화해론은 기독교와 교회와 신학의 중심이다. 요약하면, 하나님을 떠난 인간의 멸망의 자리로 향하는 역사는 죽음일 뿐이다. 그러나 하나님께서 친히 인간의 구원 문제를 자기 자신의 문제로 삼으시고 해결한 사건이 친히 성육신하시어 능동적으로 고난당하시고 적극적으로 이루신 구원을 이루신 과정이 예수의 제사장적 직분이다. 이를 통하여 하나님과 인간이 화목되고, 인간과 인간이 화목하며 하나님과 인간과 모든 피조물이 화해하고 화목하는 구원을 이루신 것이다. 이 하나님께서 우리와 함께 계신다. "우리와 함께 계시는 하나님"은 "하나님과 함께 있는 우리"를 말할 수 있는 복음이 바로 예수의 성육신이며, 심판의 하나님이 아닌 사랑의 하나님이시며, 심판이 아닌 구원하시는 하나님께서 십자가에서 이루신 구속의 사건이다.

예수가 대제사장으로서 하시는 일은 제사 종교의 완성이시다. 그리고 한 번에 모든 인류의 역사를 구속하시므로 제사의 멍에를 없이하여 주신 것이다. 그리고 영이신 하나님께서 구약에 대제사장들이 하나님 앞에서 백성의 연약함을 도와주어 하나님께 나아가게 했듯이 '성령'으로[276] 자기 백성을 보호하시고 인도하여 늘 하나님과 동행하도록 돕고 있다는 것이다.

(3) 예언자(預言者)

구약에서는 예언자를 나타내기 위해서 세 가지 용어를 사용하고 있다. 나비(nabhi), 로에(roeh), 호제(chozeh)이다. 나비의 근본적인 뜻은 분명하지는 않으나 하나님으로부터 메시지를 가지고 사람에게 오는 자를 뜻하였다.[277]

로에와 호제는 하나님으로부터 특별한 환상적 계시를 받은 자를 말한다. 헬라어에 예언자(prophet)는 앞에(pro)와 말씀(phemi)의 결합이다. 여기서 앞(pro)은 시간이 아니라 위치와 역할적인 의미로 '앞서 말하다'가 아니라 '하나님의 말씀을 드러내는 것'이다. 그러므로 예언자란 하나님으로부터 말씀을 받아서 하나님의 사자로서 하나님의 일에 봉사하며 그의 뜻을 말하는 사람이다. 이 같은 예언자의 직분은 두 가지 요소가 암시되어 있는데 수동적인 것과 능동적인 것 즉 수용적인 것과 산출적인 것이다. 이 중 예언자들에게는 수동적, 수용적인 것이 중요하다.

성경은 여러 가지 방법으로 그리스도의 예언자직을 증거하고 있다. 구약성서는 선지자로서 그리스도의 내림(來臨)을 예언하셨다(신18:15). 이는 예수 그리스도에게 적용된 것이다(행3:22-23). 예수는 자신을 선지자로 칭했다(눅13:33). 더 나아가서 성부에게서 받은 메시지를 전하는 것이며,[278] 미래의 일을 예언하시는[279] 독특한 권위로 말씀하신다.[280] 그의 사역은 그의 메시지를 확증해 준다. 그 가르침은 능력을 소유하고 있었기에 사람들이 놀랐다. 이러한 사실을 미루어 볼 때 그를 선지자로 인정한 것은 기이한 일이 아니었다.[281], [282] 그의 가르침에 대해서 사람들은 '새로운 교훈' 혹은 '권세있는 교훈'이라고 했다. 그의 입에서 나오는 말들은 모두에게 충격과 놀라움을 주었고, 그는 지금까지 고착 되어 있는 율법 앞에 복음의 불꽃을 일으켰다.

이 모든 점에서 미루어 볼 때 백성들이 그의 예언자로 인정하였음은 당연하다.[283] 그는 예언자로서 제자들을 선택하고 부르고 가르쳤다. 또한 그의 가르침은 인간의 자유를 얽매고 있는 모든 것을 거부하며 하나님의 정의는 생명을 보호함을 전하였다.

특별히 유대의 정치와 종교 그리고 사회 즉 바리새인들과 사두개인 그리고 제사장과 장로와 서기관들을 향해서 율법에 대한 권위 있는 새로운 해석과 함께 율법의 본래적인 뜻을 분명하게 선포하면서 회개할 것을 말하는 예수는 생명과 사랑의 복음을 선포했다.

예수의 예언자적인 사명으로는 오직 신언(神言)을 선포한다. 황승룡 교수는 "예수 그리스도의 예언자적인 사역은 일반 예언자들의 사역과는 구별된다. 구별되는 그 첫째는 그는 하나님 말씀 자체이시다. 둘째는 예언자로서 그리스도는 하나님의 말씀을 전파하고 선포한다. 셋째는 예수 그리스도는 지금도 교회 안에서 설교와 성만찬 예배를 통해서 신언을 계속 선포한다"[284]고 말한다. 이는 첫째는 하나님께서 말씀으로 오셨다는 말이고, 둘째는 그 말씀이 주인이 되어 주체가 될 때 선포하게 되는 것이고, 셋째는 선포될 때 그 말씀 속에서 성령으로 하나님이 역사하신다는 것이다.

하나님의 말씀을 전파하시는 그리스도이다.[285] 선지자의 가장 큰 임무는 백성들에게 하나님의 말씀을 전하는 것이다. '나와 같은 선지자 하나를 너를 위하여 일으키시리니 너희는 그들을 들을지니라' (신 18:15). 이는 구약의 가장 큰 선지자인 모세가 선민 이스라엘에게 '예언'한 것이다. 그 '선지자'에 대한 예언은 바로 그리스도를 가리키는 것이다.[286] '선지자' 혹은 '예언자'는 인생들에게 하나님과 그분의 뜻을 전달해 주는 계시의 전달자 역할을 했다.[287] 예수는 도덕과 철학을 고양시키려고 오신 분이 아니다. 오직 하나님 아버지와 그분의 생각과 계획을 우리 인류에게 온전히 가르치시려고 오신 '영원한 선지자'이다. 이와 같은 활동의 목적은 백성이 죄를 깨닫고 회개하여 하나님께 돌아오게 하며 또 하나님의 뜻을 행하게 하는 데 있다. 예수의 복음의 내용은 '하나님의 나라'였고, 그 교훈 '회개하라 천국이 가까 왔다'는 것이다.

그러나 유대인들은 예수께서 하나님의 힘과 권능과 술수로 로마 정부를 때려 부수고 다윗 왕국과 같은 이스라엘 나라를 재건해 줄 것을 기대했다. 그들은 하나님의 나라를 현세적으로 행복과 욕구를 충족시켜 주는 나라로 오해했다. 그러나 예수는 서로 사랑과 용서와 진리로 온 인류가 함께 더불어 사는 근본을 말하였다. 이에 자기들만의 구원을 바라는 유대인들은 예수를 십자가에 못 박아 죽이게 되었다. 예수의 하나님 나라는 먼저 인간의 마음에서부터 시작한다. 하나님의 말씀을 외면하고 죄악을 따르는 인간의 마음을 회개하지 않고 하나님의 통치를 받아들이지 않는 한 인생의 진정한 행복은 기대할 수 없으며 복음을 깨달을 수가 없다.

예수는 지상에서 하나님의 나라를 선포하시며 이에 따르는 이적을 통해서 그의 선지자적인 사역을 수행하셨다. 그는 사도들의 설교를 통하여 성령의 역사로 선지자의 일을 계속 하셨으며[288] 오늘날도 복음의 선포와 선교를 통해서 듣는 이들의 마음을 깨닫게 하시고 결단케 하시는 사역을 계속하고 계시는 것이다.

3) 예수 그리스도

(1) 하나님의 아들

우리는 앞에서 인자(人子)를 약간 언급하였으나 이 장에서는 보다 새로운 차원에서 하나님의 아들로서 예수를 살펴보고자 한다.

'하나님의 아들'이라는 이름은 구약성서에서 여러 가지로 사용되었다. 그것은 한 민족으로서의 이스라엘에게와[289] 다윗의 집에 약속된 왕에게와[290] 천사들에게와[291] 일반적으로 경건한 사람들에게[292]

적용하였다. 예수는 이 명칭을 자신에 대하여 사용하였다. 그것은 인간되신 예수 자신과 메시야로서 직분의 의미, 그리고 삼위일체의 의미로 사용되었다.[293]

구약에 다니엘은 인자에 대한 환상을 보았다(단1:13). 인자에 의해 하나님의 나라가 임하는데 이는 하나님의 나라를 부인하는 세상과 대조를 이루고 있다. '인자 같은 이'는 세상을 구원하실 메시야, 즉 그리스도를 의미한다. 이는 그리스도의 성육신으로 임하고 성취될 하나님 나라, 즉 메시야 왕국의 영원성과 초월성의 성격을 띈다. 하나님께서 '인자'에게 권세와 영광과 나라를 주시고, 모든 백성과 나라들로 그를 섬기게 하신다. 신약시대에는 많은 하나님의 사람들이 이 같은 사실을 깨뜨린다며 임박한 종말을 준비시켜서 회개할 것을 선포한다.

예수는 스스로를 '인자'라 표현했다. '메시야' 의식을 전제한 것이다. 또한 '하나님의 아들'을 전제로 하신 '인자', 즉 신성을 전제로 하신 예수의 인성인 것이다. 천사 가브리엘이 마리아에게 수태고지를 할 때에 '성령이 내게 임하고 지극히 높으신 이의 능력이 너를 덮으시리니 이러므로 나신 바 거룩한 자는 하나님의 아들이라'[294]는 말씀은 태어날 예수에 대한 증언이다. 여기서 예수 '하나님의 아들'로 증거하고 있다.[295]

인간이신 예수가 하나님의 아들이 될 수 있을까? 누가 그것을 증거했을까? 하나님의 아들로서의 그의 신성적 이름이 어떤 것들이 있는지 살펴보고자 한다.

제5장. 죽음에 대한 예수 그리스도의 복음신학

① 하나님의 아들로서의 예수 그리스도

예수께서 세례 요한에게서 세례를 받으시고 물에서 올라오실 때 하늘로부터 하나님의 아들 되신 증거를 친히 들으셨다. 변화산에서는 예수와 함께 올라간 제자들이 듣게 되었다.[296] 이는 하나님이 친히 하나님의 아들로 예수에 대하여 증언하신 경우이다. 예수는 하나님의 증거로 자기 정체성이 분명하셨다. 그러므로 '나는 사람에게서 증거를 취하지 아니하노라.'[297] '내가 나를 위해 증거하는 자가 되고 나를 보내신 아버지도 나를 위하여 증거하시느니라.'[298] 예수는 자기를 돌로 치려는 유대인들에게 "아버지께서 거룩하게 하사 세상에 보내신 자가 나는 하나님의 아들이라 하는 것으로 너희가 어찌 참담하다 하느냐"[299]고 하신다. 예수는 12살 때 이미 하나님을 아버지로 인식하였다.[300] 공생애 기간 동안에 예수께서 하나님을 아버지로 증거하신 일은 수없이 많다.[301]

복음서는 제자들의 경험을 통한 고백을 기록하고 있다. "주는 그리스도시요 살아계신 하나님의 아들이시니라."[302] 이것은 베드로의 고백이다. 귀신들도 '당신은 하나님의 아들'[303]이라고 고백했다. 세례요한도 예수께서 하나님의 아들로 증거했다.[304] 사도 요한은 예수 그리스도가 하나님의 아들이심을 부인하는 자가 적그리스도라 했다.[305] 사도 바울도 그가 전도하는 각처에서 예수는 하나님의 아들이라 증거했다.[306] 예수를 십자가에 못 박은 로마군의 백부장과 예수를 지키던 무리들도 "이는 진실로 하나님의 아들이었도다 하더라"[307]고 고백했다.

예수께서 하나님을 아버지로, 그리고 인자로서 하나님의 아들되심에 대하여 유대인들은 분노하고 대적하였다.

② 성부의 독생자(獨生子)로서 예수 그리스도

독생자라는 말은 유일하신 하나님의 아들로 오직 한 분을 말한다. 이 땅에는 그 누구도 독생자가 될 수 없다. 아브라함도 모세도 바울도 독생자가 아니고, 오직 예수만이 하나님의 독생자이다. 독생자가 죄에 대한 희생으로 그의 업적을 언급하고 있으며[308] 인간의 구원자를 포함한다. 오직 하나님의 아들만이 독생자다. 예수는 유일한 아들이며 독생자다. 이 독생자는 유일하며 하나님의 마지막 계시이고 최종적인 복음이며 하나님의 궁극적인 말씀 자체로 그분은 오직 예수이다.

삼위일체 하나님의 2위로서의 성자로 '나와 아버지는 하나이니라.'[309] 예수 그리스도는 자신이 하나님의 아들이시면서 아버지와 자기는 동일하다고 증명한다. 그리스도인들이 믿는 하나님은 삼위일체 하나님이다. 그 삼위 가운데 예수 그리스도는 성자 하나님으로서 2위에 계시는 분이다. 그는 성부와 함께 성령을 보내신 자다.[310]

성부의 독생자로서 '네가 내 아들이라 오늘날 내가 너를 낳았다'[311] 하신 예수 그리스도는 하나님의 '독생자'다. 독생자란 하나님의 아들로서 누구에 의해서도 조성되지 않았으며 무엇으로도 지음 받지 아니하고 다만 성부에게서 영원히 발생하신 것이다. 독생자란 또한 단 하나의 아들로 하나님의 외아들 즉 독자임을 의미한다. 모든 성도가 하나님의 아들들인데 그들은 '양자'로서의 아들이라고 표현할 수 있다.[312] 따라서 독생자란 육신을 입으시고 이 세상에 인간으로 출생한 영원한 아들이다. 그는 하나님의 아들이며 동시에 사람의 아들이다.

③ 임마누엘의 예수 그리스도

예수 그리스도는 영원 전부터 하나님과 계셨고[313] 하나님의 창조에 동참하셨으며[314] 육신을 입고 이 땅에 오신 하나님이시다. 그는 종말적 말씀의 계시자이며, 하나님은 예수로 말씀하신다. 인류는 예수를 통하여 하나님을 보며, 하나님의 말씀을 듣는다.

임마누엘의 히브리어의 '함께'라는 '임'(Im)과 '우리'라는 의미의 '마누'(Manu)와 하나님이라는 의미의 '엘'(El)이 결합된 형태로 "하나님이 우리와 함께 계신다"는 의미이다. 이 뜻이 예수 그리스도를 잘 말해 주고 있다.[315]

임마누엘이신 예수는 사람 가운데 계신 하나님이다. 그것은 하나님이시면서 인간인 자만이 가능한 것이다. 바로 임마누엘로 오신 하나님의 아들만이 그렇게 될 수 있는데 그분이 바로 예수 그리스도다. 바르트는 이 임마누엘 그리스도의 명제를 다음과 같이 표현하고 있는데 '예수 그리스도 안에서 우리는 하나님 없이 스스로 만족하는 인간과 관계하지 않는다. 인간과 무관한 신성 안에서 즐기는 비인간적인 하나님과 만나지 않는다. 그 안에서 인간과 하나님이 만나고 공존하는 역사와 대화가 성립된다. 여기서 진정한 대답은 예수 그리스도 안에서 알려지는 저 공존과 계약의 성취이다.[316] 바로 이것이 임마누엘 사건이다.

바르트는 이 사건을 일곱 가지 조항으로 분석하여 그 의미를 다음과 같이 밝히고 있다.[317]

첫째 '하나님이 우리와 함께'는 일반적인 관찰이나 이론이 아니며 그것은 사건이다. 임마누엘의 힘과 진리는 우리와 함께 있고 우리를 위해서 구원의 역사를 지금 이루는 하나님의 존재, 삶, 행동 자체이다. 자신의 역사와 우리의 역사를 한 공동의 역사로 일어나기 때문이다. 둘째는 삼위일체 하나님이 스스로 뜻하고 행동하는 것은 '하나의 특별하고 유일한 행동'을 목표로 한다. 인간의 창조자와 지배자로서 하는 모든 것은 바로 이 특별한 행동 안에서 근원을 갖는다. 셋째는 이 사건의 특수성은 '인간의 구원 문제다.' 하나님의 구원의 은총은 창조와 보존 그리고 지배의 은총 이상이다. 넷째는 하나님은 인간을 계약의 동반자로 삼아야 할 의무를 갖고 있지 않다. 그것은 하나님의 은총의 결과이다. 다섯째는 '하나님이 우리와 함께'라는 주제에서 하나님과 맺은 계약을 위반한 인간이 문제다. 인간은 구원에 대해서 등을 돌렸다. 여섯째는 임마누엘의 사건은 인간의 죄에도 불구하고 하나님의 구원의 뜻을 성취하신 사건이다. 그리스도는 우리의 평화이다. 마지막 일곱 번째는 임마누엘 예수 그리스도가 하나님과 우리 사이에 평화를 세우고 구원을 보증하고 선사함으로써 우리는 하나님의 존재, 삶, 행동에 참여할 수 있기 때문이다.

바르트는 첫째는 하나님께서 우리와 함께 계시는 것은 그 어떤 이론적인 것이 아니라 사건으로 실제로 오늘 우리의 삶의 현장 가운데 나타나고 있으며, 둘째는 오늘 모든 것이 우리의 뜻과 생각대로 되는 것이 아니라 하나님의 뜻대로 되는 것이고, 셋째는 모든 것이 다 하나님이 돕는 은총 가운데 있으며, 넷째는 하나님께서 우리와 언약한 내용은 반드시 다 이루어질 것인데, 다섯째로 인간 스스로가 이 약속을 스스로 포기하는 경우가 있다는 것과 아울러, 여섯째는 그럼에도 불구하고 하나님은 친히 언약하시고 약속하신 것을 인간들의 행동과는 관계 없이 이루어 주신다는 것이며, 일곱째는 그 하나님은 우리에게 늘 평안과 축복과 구원을 약속하시며 늘 우리와 함께 하신다는 것이다.

(2) 주(主 , Lord , $Kυριος$)

'다윗이 그리스도를 주라 하였은즉 어찌 그의 자손이 되겠느냐 하시더라'[318] 예수의 또 하나의 칭호는 '주'라는 말이다. 성경에서 '주'라는 칭호는 매우 다양하게 사용되었다. 이 '주'라는 칭호는 많은 경우에 있어서 연소자가 연장자에게 존경의 칭호로 사용되었다. 또한 종이 상전에게 소유주로서의 칭호로 사용되기도 하였다. 그러나 하나님과 예수 그리스도를 '주'라 부를 때에는 이런 의미 이외에도 창조주요, 구주라는 의미가 더 강조된다.

신약성서에서 그리스도에게 적용되는 주(主)라는 이름은 몇 가지 의미를 내포하고 있다. 어떤 경우에는 이 명칭이 단순히 정중하고 존경하는 인사의 형식으로 사용되었다.[319] 다른 구절에서는 이 명칭을 소유권과 권위를 표현하고 있을 뿐 그리스도의 신격이나 영의 영원적 사상에 대한 그리스도의 권위에 대해서는 아무것도 내포하고 있지 않다.[320] 그리고 이 명칭이 그리스도의 인격과 그의 최고의 영적 권위를 표현하고 있다.[321] 특히 이 명칭은 그리스도께서 부활하신 후 그에게 적용된 이름으로 그가 교회의 소유주요, 통치자라는 사실을 지시하기 위해서 사용되었다.[322]

① 언어적 의미

헬라어의 '주'라는 단어는 히브리어에서는 아돈(Adon)이고, 아람어는 마르(Mar)이다. 아돈은 보통명사로 홀로 쓰지 않고 어느 주를 의미하는지를 지시하기 위해서 다른 명사 또는 접미사와 함께 쓴다. 예를 들면 '나의 주' 또는 '모든 땅의 주'처럼 사용된다. 유대인들은 야웨라는 말을 쓰는 대신 '아도나이'(Adonai)를 사용하였다.

이 칭호는 그리스도께서 영광을 받으사 하나님 우편에 계셔서 이제는 그 아버지 앞에서 사람들을 대신하여 중재하신다는 뜻을 나타내는 것으로 다른 칭호들이 나타내지 못하는 뜻을 나태내고 있다.[323] 예수가 '주'가 되심은 과거의 구속자일 뿐 아니라 그는 살아계신 분으로 현재 우리와 관계를 맺고 계시며 지금도 계속 사역하신다. 그리고 부활 후 승천하신 예수는 '주'로서 하나님 우편에 앉으셔서 모든 피조물의 주가 되신다.

'주'라는 칭호가 나타내는 뜻은 첫째로 예수 그리스도가 주가 되심은 주권을 뜻하는 말로 예수가 '주'라는 고백 속에는 이 세상의 구주가 되심을 말한다. '주'라는 말 자체는 지배자, 통치자, 다스리는 분이라는 뜻으로서 예수 그리스도는 이 세상을 다스리고 지배하고 계신다. 교회의 주권과 세상의 주권이 예수 그리스도에게 속해 있는 것이다.[324]

둘째는 예수의 현재성이다. '주'라는 말은 부활하시고 승천하신 주이신 예수 그리스도는 우리와 항상, 지금, 여기에서 같이 계시므로 현재적 주님으로서 우리 속에 거하신다.[325] 이 모든 구절은 예수 그리스도가 현재적 '주'가 되심을 뜻한다. 이는 하나님 우편, 즉 하나님의 절대권의 자리에 계시다는 것이다.

셋째는 하나님과 동등됨을 말한다.[326] "너희는 이같이 내 주에게 고하라."[327] 이것은 야곱이 하란 땅에서 20년 동안 지내다가 거부가 되어 고향으로 돌아오다가 형 에서에게 사자들을 보내면서 형에 대하여 쓴 경칭이다. 아론은 형이면서 동생 모세에게 '주'라 불렀다.[328] 아내가 남편에게,[329] 신하가 왕에게,[330] 백성이 선지자에게,[331] 제사장에게[332] 또한 딸이 아버지를 '주'라 부른 일도 있고[333] 여자가 남자에게도 불렀다.[334] 존경하는 모든 대상에게 '주'라고 부른 것은 예의에 속한 것이다. 이것은 존경의 칭호에 속한 것이고 그 외에도 소유주로서의 '주'에 대한 내용도 있다. "집 주인의 종들이 와서 말하되 주여 밭에 좋은 씨를 심지 아니 하였나이다"[335] 종들은 주인의 소유물이었다. 종은 주인의 재산 목록의 하나로 그들에게는 어떠한 자결권도, 재산의 소유권도, 그들이 낳은 자식까지도 주인의 것이었다. 그리스도인들이 예수 그리스도에 대하여 스스로를 '종'이라고 부르는 것은 영적인 의미에서의 자칭이다.

그리고 또 신적인 절대자로서의 '주'가 있는데, 예수의 탄생을 알리는 천사의 말이다(눅2:11). 여기서 '구주'와 '그리스도' 그리고 '주'를 동일한 지위로 부르고 있다. 이 경우에 주는 실제적인 절대자이며 구세주의 주임을 뜻한다. 신약에 예수를 구주로서 '주'를 사용하였다.[336]

② 모든 사람의 주님

인생들을 창조하신 창조주로 "여호와여 주는 우리 아버지시니이다. 우리는 진흙이요 주는 토기장이시니 우리는 다 주의 손으로 지으신 것이라."[337] 예수는 하나님과 함께 인생들을 창조하신 창조주이며, 모든 인간들의 아버지이시다. 그러나 이 자녀들이 탕자와 같이 아버지를 떠나 잃어버린 자들이거나 아버지와 함께 있으면서도 그 뜻을 거부하는 아들과 같이 되었다. 예수는 '잃어버린 자'를 찾으시기 위해서[338] 이 땅에 오셔서 십자가를 지시기까지 구원 사역을 완성하시어 모든 인류를 구원하셨다. 그러므로 예수 그리스도는 모든 인간의 '주'이시다.[339]

더욱이 인간들을 양육하시며 다스리시며 섭리하시는 섭리주로 '그는 우리를 지으신 자요 우리는 그의 것이니 그의 백성이요 기르시는 양이라'[340] 하나님은 개개인의 출생과 생애의 전반을 주관하고 계시고,[341] 성공과 실패를 조장하시고,[342] 필요를 충족 시켜주시며,[343] 모든 것을 친히 관장하고 계신다. 이 모든 것을 통해서 하나님의 영광을 드러내시기를 원하시며 인생들을 죄와 죽음과 사망에서 친히 구속하시는 구속주이시다. 그가 구속주가 되셨다는 것은 생명의 주인이 되셨다는 것을 의미한다. 주님은 죄인들을 위해서 십자가를 지셨고 주님의 친히 지신 십자가는 온 인류를 위한 구원에 대해서 주님은 깊은 관심을 가졌고 그를 위해서 친히 죽으심으로 저들을 빛으로 인도하신 것이다.

4) 예수 그리스도의 성육신과 구원 사역의 목적

구약성서에서는 유랑과 절망을 거듭해 오면서 야웨 신에 대한 변치 않는 믿음으로써 고난을 감수하고 극복하려는 이스라엘 민족의 역사의 내용을 담고 있다. 그들은 절망 속에서도 미래의 희망을 가지고 있다. 그들에게 예언자를 통해서 다윗 왕국을 재건하려는 왕을 보내시겠다는 약속을 야웨 신으로부터 받아왔기 때문이다. 그 왕을 메시야라 부르고 있다.

이스라엘 민족은 그들이 당한 민족적이며 개인적인 고난 가운데서도 하나님께서 보내 주실 메시야에 대한 대망과 희망에 의해서 살았다. 바로 예수 그리스도가 그 메시야인 것이다.

이종성 박사는 다음과 같이 말하고 있다.

> 그의 저서에서 이사야는 희망적인 예언을 하고 있음을 소개하고 있는데 이사야 7:14절에 '한 아기가 우리에게 낳고 한 아들은 우리에게 주신바 되었는데 그 어깨에는 정사(政事)를 메었고 그 이름은 기묘자(奇妙者)라 모사(謀事)라 전능하신 하나님이라. 영존하시는 아버지라 평강의 왕이라 할 것임이라' 그러면서 축복과 희망을 성취할 메시야를 보내주실 것을 약속하시는데 미가서 5:2절에 '베들레헴 에브라다야 너는 유다 족속 중에 작을지라도 이스라엘을 다스릴 자가 네게서 네게로 나온 것이라' 마태와 요한은 이 예언이 예수 안에서 성취되었다고 본다.[344]

예수가 이 땅에 오신 이유를 설명하면서 이미 구약에 예언된 대로 오셨으며, 그분을 평강의 왕으로 또한 성취할 메시야로 표현하고 있다. '나는 하늘로서 내려온 산 떡이니 사람이 이 떡을 먹으면 영생하리라 나의 줄 떡은 곧 세상의 생명을 위한 내 살이로라 하시니라'[345] 이 말은 예수가 왜 이 땅에 오셨는가에 대한 증거이다. 그러나 그들은 예수가 이 땅에 오신 이유를 잘 알지 못하고 깨닫지 못하므로 결국 그를 십자가에 못 박았다. 이에 예수께서 이 세상에 오신 이유를 바르게 알아야 한다.[346]

예수 그리스도는 세상의 구원의 빛으로 자기 백성들을 위하여 이 땅에 오셨다(요1:9-13). 저희들을 꾸짖거나 심판하기 위해서 오신 것이 아니다. 오히려 저들이 그리스도를 영접할 수 있는 능력이 없음을 이미 알고 계셨으며, 이제 저희들을 고치고 구원하시기 위해서 하나님의 말씀인 복음을 선포하시고, 십자가에 죽으시기까지 하나님의 사랑을 보여주시기 위하여 세상에 오셨다.[347] 죽기까지 사랑하시는 길밖에 인류를 구원할 길이 없기에 저항하지 않고 오히려 용서하시며 죽음의 길을 가신 것이다. 이 길만이 인류를 하나님과 하나로 묶는 방법이었다. 그러나 그 당시 바리새인들이나 종교 사회지도자들은 자만과 고집으로 자기 의를 보이고자 외식하고, 오만하였으며 하나님 앞에 방자하였다. 심지어 사람들을 차별하여 '죄인'을 규정하고 자신들은 그들과 다른 의인임을 자처하며 교제를 거부했다.

그러나 그들의 열정은 하나님을 향한 열심이 아니라 타락한 인간 중심의 열심이었다. 그들은 자신들을 의인으로 드러내기 위하여 형식적 종교인이 되었고, 다른 사람에 대하여 비판적이고 자신을 향해서는 관대했다. 그들은 하나님 앞에 모두가 죄인임을 깨닫지 못했다. 오히려 이웃의 허물을 찾기에는 열심이었기에 예수님은 이들을 향해서 책망하셨다. 예수는 오직 자신이 죄인인 것을 자각하고 겸손히 예수님께로 나오는 모든 자를 하나님의 자녀로 받아 들이셨다.

예수께서 하늘로부터 그의 영광이 보좌로부터 이 낮은 땅에 오신 것은 그 자신의 영광의 위엄을 자랑하거나 메시야로 섬김을 받으러 오심이 아니었다. 오히려 오직 섬기는 자로서 오셨다. 즉 주님 자신이 '하늘로서 내려온 산 떡'으로 저희들의 굶주린 영혼을 먹여 주셨고, 죄와 허물로 병든 자들을 보혈의 피로 씻어 정결케 하시고, 수고

하고 무거운 짐진 자들을 쉬게 하셨으며, 예수님 자신을 왕으로 삼으려고 하는 자들을 피해서 홀로 산으로 들어 가셨다.[348] 금식 후 마귀에게 세 가지 시험을 받으셨을 때 자신을 위해서는 기적을 행하지 않았다.[349]

예수께서는 섬기기 위해서 이 땅에 보내심을 받았으며 그 보내심대로 섬기는 삶을 살았다. 또한 그는 믿음을 가진 사람들을 통해서 자신을 본받아 섬기는 삶을 살게 하기 위해서 세상으로 보냈다.[350]

궁극적인 진리는 하나님이시다. 따라서 성육신하신 유일하신 예수와 그의 복음 역시 진리이시다. 예수 그리스도를 통하지 않고는 하나님의 뜻을 온전히 알 수 없다. 예수는 하나님이 진리 되심과 진리의 말씀을 증거하시기 위해서 이 세상에 오셨다. 또한 진리가 저들에게 적용되어 열매를 맺을 수 있도록 십자가의 죽음을 택하셨다. 그러므로 오늘날 십자가를 통하여 하나님의 사랑에 순복하여 모든 사람들을 그가 증거하신 진리를 깨달을 수가 있으며 그 진리로 말미암아 죄로부터 참 자유를 얻을 수가 있었다. "진리를 알지니 진리가 너희를 자유케 하리라"(요8:32)

이종성 박사는 하나님께서 예수를 보내신 것에 대해서 설명하면서 온 민족을 죽음과 죄로부터 구출하시기 위함과 더불어 하나님 나라를 만들기 위해서 오신 것으로 그는 다음과 같이 밝히고 있다.

절망과 상황에 빠져있는 인류에게 야웨 신은 그리스도를 구주로 보내 주셨다. 그는 정치적인 구주로 오신 것이 아니라 인류가 가지고 있는 모든 문제를 해결해 주고 인류를 신의 백성으로 삼아 역사와 지구와 우주 전체를 신국(神國)으로 만들기 위해 오셨다. 이 목적을 달성하기 위해서는 주로 그리스도는 3가지 면에 역사하셨다. 그 첫째는 그리스도는 그의 백성을 죄에 죽음에서 구출하는 일을 하셨다(마1:21). 둘째는 그리스도는 사람의 몸의 구주가 되셨다(엡5: 23). 셋째는 그리스도는 구속하기 위해 오셨다.[351]

이 모두를 종합해서 볼 때 분명하게 단언할 수 있는 것은 예수 그리스도의 이 땅에 오심은 죄인 한 사람 한 사람을 친히 구원하셔서 그들에게 참 기쁨과 소망을 주시기 위함이다. 주님께서 몸소 섬기심의 삶을 본 보이시면서 백성들을 섬기기 위해서 오셨다. 더 나아가서는 율법의 완성을 이루시기 위한 내용으로 하나님 사랑과 이웃 사랑과 원수 사랑의 복음을 선포하셨다. 오직 진리를 증거하시므로 진리 안에서 참 자유함을 주시기 위해서다. 아울러 이 모든 것은 백성을 구원시켜서 죄와 죽음과 사망의 자리에서 승리와 축복과 소망과 영광과 능력과 복음에 자리로 인도하시기 위함이었다.

(1) 율법의 완성

예수 그리스도는 복음을 전하기 시작한 때부터 이미 바리새인과 서기관들 그리고 장로와 제사장들로부터 수없이 많은 환난과 함께 핍박을 받고 적대감을 당하게 되었다. 예수의 복음이 반발에 부딪치게 된 것은 저들과 타협하지 않고 복음의 길을 걷고 있기 때문이다. 율법과 성전종교 그리고 회당종교에 대해서 정면으로 하나님 나라와 복음을 제시하였다.

저들을 향해서 주님은 선포하신다. "내가 율법이나 선지자를 폐하러 온 줄로 생각지 말라 폐하러 온 것이 아니요 완전하게 하려 함이로라", [352] "진실로 너희에게 이르노니 천지가 없어지기 전에는 율법의 일점일획이라도 반드시 없어지지 아니하고 다 이루리라."[353]

예수는 저들이 듣든지 안 듣든지 복음을 늦추지 않고 오직 율법 밖에 모르고 율법에 얽매여 있는 유대인들과 바리새인들과 사두개인들과 제사장들과 서기관들과 장로들을 향하여 선포한다.

그럼 이제는 율법에서 복음으로 바뀌어야 될 부분들을 말씀을 통해서 몇 가지 살펴보려고 한다.

누구든지 살인을 하면 심판을 받는다는 것이 율법이다. 그러나 예수의 복음은 살인 이전에 노하는 자마다 심판을 받는다.[354] 복음은 인권의 존중과 인격의 보호인데 이 복음이 아직도 무시되고 변절되고 있다. 또한 고소와 재판과 화해를 살펴보면 고소와 재판은 율법이다. 그러나 복음은 화해이다. "먼저 가서 화목하라"[355]고 하신다. 율법이 고소와 고발을 하면서도 화해가 없는 예배를 드리고 있다면, 복음은 예배 이전에 화해(和解)와 사화(私和)인 것이다. 화해가 율법에 예속 되어서는 결코 안 된다.

예수는 율법이나 전통이나 전승의 형식에 메이지 않으셨다. 율법이 안식일에 병 고치는 것을 금지하였으나 안식일에 환자들을 고쳤다. 이 일에 관해서 서기관들이나 바리새인들은 예수를 유전과 율법의 파손자로 정죄하였다. 그러나 예수는 율법을 폐하러 온 것이 아니라 율법을 완성시키러 오셨다.[356] 즉, 율법의 참된 의미를 나타내기 위해서 이 세상에 오신 것이다. 율법의 참된 의미는 하나님께 대한 경외와 이웃과 인간에 대한 경외와 존경이다. 예수 그리스도는 의식에 치우치지 않고 자비와 사랑을 몸소 십자가의 사랑으로 실천하셨다. 율법은 "네 이웃을 사랑하고 네 원수를 미워하라"고 하였으

나 복음은 "너희 원수를 사랑하며 너희를 핍박하는 자를 위해서 기도하라"고 한다.[357]

바리새인들은 자신들의 종교적인 행위와 신앙의 행위를 과시하기를 좋아하는 자들이었다. 은밀하게 해야 할 일도 뽐내고 자랑했다.[358] 그리고 모든 평가와 판단을 형식으로 하였다. 율법의 본질은 바로 행위 위주였다. 구제를 할 때나 외식할 때 저들은 자신들이 영광을 얻으려고 회당과 거리에서 나팔을 불었다. 저들은 하나님보다 사람에게 잘 보이기를 원했다. 하나님보다 인간을 더 의식하는 것은 복음이 아니다. 신앙생활에 있어서 중요한 것은 기도생활인데, 율법에 사람들은 형식적이고 외식적인 기도생활[359]을 하고 있었다.

금식에 대해서[360] 주님은 원칙적으로 설명한다.

주님은 하나님의 나라를 이루려는 사람들에게 재물에 대해서 말하고 있는데 분명한 것은 "하나님과 재물을 겸하여 섬기지 못하느니라."[361] 복음은 하나님의 사람으로서 재물이나 보물이나 돈을 다스리며 그것으로 봉사하는 신앙을 말한다. 또한 복음의 사람은 "그 나라와 그 의를 먼저 구한다."[362] 여기서 말하는 의는 바로 복음의 핵심이다.

"비판을 받지 않으려거든 비판하지 말라."[363] 율법의 사람은 남을 비판하면서도 자기는 비판을 받지 않으려 한다. 또한 자신에 대하여는 매우 관용적이고, 타인에 대하여는 비관용적이다. 남을 비판하면 자기도 비판을 받기 마련이다.

분명한 것은 하나님의 복음이 바르게 전파되지 못하는 것은 율법적인 거짓선지자들 때문이다. 복음서는 예수께서 율법의 완성자로 증거하고 있다.

(2) 하나님의 나라

예수 그리스도의 복음의 중심은 '하나님의 나라'인데 그것은 뜻이 하늘에서 이루어진 것 같이 땅에서도 이루어지는 하나님 나라이다. 예수의 하나님의 나라는 유대인들이 원했던 하나님 나라와 다르고, 세례요한이 생각했던 하나님의 나라와도 차이가 있다.

예수는 60여 번이나 '하나님의 나라'를 말씀하셨다. 유대인들이 바라는 하나님 나라는 다윗 왕과 같은 메시야가 나타나서 유대나라를 강력한 왕국을 다시 일으키는 것이었다. 세례요한은 곧 임할 하나님 나라가 예수의 심판과 징벌로부터 시작될 것이라고 했다.

예수의 복음은 하나님 나라에 초점을 맞추고 있다. 제자들에게 뜻이 하늘에서 이루어진 것 같이 땅에서도 이루어지게 하라고 가르치셨다. 군림하고 통치하는 왕국이나 제국이 아니라 서로 사랑하고 섬기는 하나님의 나라이다. 사람에 의하여가 아니라 오직 하나님과 그의 말씀이신 예수의 복음에 의하여 이루어지는 구원하는 나라를 말한다.

예수의 '하나님 나라'는 가시적으로 '여기 있다 저기 있다고도 못 하리니' "너희 안"(entos)에 이미 임한 나라이다. 이는 "너희 가운데" (Among) 있다는 말과는 아주 다른 뜻이다. 주님이 친히 하신 말씀 가운데는 '너희 안'이라는 말에는 시간과 공간의 개념이 아니다. '하나님 나라'는 시차적으로 오는 것이 아니다. 온 인류가 소망하며 함께 더불어 느끼며 받아 들이는 보편적이고, 세계적이고, 우주적인 나라이다. 누구든지 사랑하고 용서함으로 오늘 함께 하는 나라이다.

교회와 하나님 나라의 목적은 '유대나라'나 '우리나라', '우리교회'가 아니다. 종교적인 데 있는 것이 아니고, 화려하거나 왕궁 같은 규모나 외적인 웅장함에 있는 것이 아니다. 이제는 모두가 '자기의 나라'에서 나와서 '하나님의 나라'로 들어가는 것이다. 예수가 선포한 하나님 나라는 하나님의 왕권에 의한 하나님께 속한 하나님의 말씀이 통치하는 나라이다. 이것은 인격적(人格的)인 절대적으로 하나님의 뜻과 말씀에 의한 통치되는 것을 의미한다.

예수의 하나님 나라는 예수 그리스도를 통해서 오는 나라를 말한다. 이는 예수의 오심과 예수의 복음에 의해서 이루어지는 나라이다. 하나님과 인자(人子)된 그리스도인 예수 자신을 통한 하나님 나라를 말한다.[364] 인자 사상에는 반드시 유대의 민족적인 차원만이 아닌 범세계적인 차원을 포함하고 있다.[365]

영적으로 말씀하신 하나님 나라는 미래적으로 도래하는 말씀과 동시에 현재의 충만한 하나님의 나라를 말한다. 예수의 하나님 나라 중에는 현재 완료형이 많다. 특별히 주님의 복음사역 현장에는 언제나 현재적인 하나님의 나라가 동반되고 있으며 현재성을 띠고 있으며[366] 예수의 메시야되심과 인자임을 밝히고 있다.

예수의 종말론은 현재적인 하나님 나라와 매우 관계가 깊다. 심은 대로 거두며, 행한 대로 갚으시는 심판과 종말이다. 오늘을 중요하게 여기지 않는 한, 내일이 우리에게 중요한 모습으로 다가오지 않는 것이다.

결과적으로 주님이 말씀하신 하나님의 나라는 어느 한 민족에게 제한된 하나님 나라가 아니라 전 우주적이며 전 국가적인 것이다. 뜻이 하늘에서 이루어진 것 같이 땅에서도 이루어지는 나라이다. 하나님께서 통치하시고 예수의 복음을 통해서 이루어지는 현재적이고 실재적인 나라이다. 그 나라는 종말적인 나라로 현재의 하나님 나라와 매우 밀접한 관계를 갖고 있다.

(3) 교회

이 예수께서 말씀하신 교회는 어떤 교회인가? 예수는 "뜻이 하늘에서 이루어진 것 같이 땅에서도 이루어지기"를 원하신다. 기독교와 교회는 이제 더 이상 인간적이고, 관습적이고, 율법적이어서는 안된다. 진정 하나님의 뜻이 땅에서 이루어지는 교회로서의 사명을 감당해야 한다. 이제는 모든 관심의 초점을 '예수와 그의 복음인 하나님의 나라에 연관되어야 한다.

예수의 사역은 2년이 채 못가서 위기에 봉착하게 되었다. 유월절을 전후해서 유대인들은 예수를 잡아 죽이려고 한다. 예수는 이런 위기 상황에 사도들에게 정황을 이야기하고 그들이 중심이 된 새로운 공동체가 어떠한 것인가를 가르치셨다. 그리고 그들에게 사명을 맡기셨다. 이것이 바로 교회의 출발점이다. 예수 그리스도의 교회는 신약에서도 미래형으로 언급되어 있는데 큰 의미가 있다. 그러므로 주님의 교회를 사도들이 가시적으로 조직하기 시작했다.

주님이 말씀하신 교회나 사도들이 조직한 교회는 성전종교와 회당종교, 제사종교와 다르다. 성전종교와 회당종교의 목적은 유다나 이스라엘의 왕국인데 비해서 주님의 교회의 목적은 '하나님 나라'이다. 주님이 말씀하신 교회는 성전이나 회당이 결코 될 수 없다. 당시 유대교가 예수 그리스도를 배척하고 죽였듯이 성전종교와 회당종교는 예수의 교회를 원치 않는다. 그러므로 오늘의 교회에 성전적, 회당적, 율법적인 부분이 있다면 과감히 복음으로 정리해야 진정한 예수의 교회가 살아나게 된다. 그리고 전통과 전승과 유전을 버려야 예수의 복음인 하나님의 나라가 이 땅 위에 이루어질 것이다.

교회는 복음으로 새롭게 시작해야 한다. 교회는 성전과 회당이 바라는 이스라엘 왕국의 회복이나 확장이다. 온 민족과 온 나라와 온 세계가 포함되는 하나님의 나라를 위한 교회이다.

물론 초기의 원시 기독교회에는 성전종교나 회당종교와의 절충이 없지 않았다. 마치 출애굽을 시작한 이스라엘이 율법을 사전 복음(pre-Evangelism)으로 받았듯이 교회에서도 성전적인 것과 회당적인 요소가 있었다. 그러나 얼마가지 못해서 율법과 복음은 나뉘게 되었고, 예배도, 신앙도, 고백도, 주일도 다르게 지키기 시작했다.

기독교와 교회는 유대교와 같은 종교가 아니며, 성전과 같은 교회가 아니며, 안식일과 같은 주일이 아니며, 제사와 같은 예배가 아니고, 왕국과 같은 나라가 아니다. 오직 예수의 복음 안에 이루어지는 하나님의 나라 선포와 완성으로서의 기독교와 교회이다.

(4) 사랑과 용서

예수 그리스도의 복음의 중심과 핵심이며 구심점이고 원심적인 것이 사랑과 용서이다. 이는 모든 사고와 행동의 원리이고 원칙이며 근본이다. 사랑과 용서는 어떤 역사나 종교 혹은 정치나 관계에 근본으로 처음과 나중이며 복음의 주체인 것이다.

하나님의 나라는 하나님의 사랑과 용서가 실현되는 곳이다. 사랑과 용서는 하나님의 세상을 향하신 자세요, 요구이다. 사랑과 용서를 통하여 하나님 나라에 들어가게 되며, 실천을 통하여 하나님의 나라가 이 땅에 임하는 것이며, 사랑과 용서의 관계 속에서 하나님의 나라의 현존을 경험하게 된다. 예수는 이러한 하나님의 나라가

"너희 안에 있다"고 말씀하신 것이다. 그러므로 예수의 복음의 '사랑과 용서'는 하나님 나라이다.

예수 그리스도는 구약의 모든 율법와 선지자의 대강령을 두 가지로 요약했는데 하나님 사랑과 이웃 사랑이다. 이에 예수의 복음은 하나를 더 말씀하시는데 그것이 '원수 사랑'이다. 이것이 바로 예수 그리스도의 복음의 핵심이고 구심이며 원심으로 이것을 가리켜서 우리는 주님의 '복음의 사랑에 삼위일체'라고 부른다. 주님은 친히 이것은 '새 계명'(New Commandment)이라 하셨다.

이 내용은 이미 하나님께서 이미 택한 백성들에게 오래전부터 하신 말씀이지만 그들의 '하나님 사랑'은 종교적인 것이었으며, '이웃 사랑'도 자기 가족, 자기 계파, 자기 민족들만의 사랑이었다. 그들에게 있어서 '원수 사랑'은 상상하기 어려운 것이었다.

예수는 '하나님의 나라'에 실현되는 사랑을 이 삼위일체적으로 말씀하신다. 인류가 가장 하기 힘든 '원수 사랑'367)을 하지 않고는 사랑의 완성은 될 수 없으며, 인류의 다툼과 분쟁은 끊이지 않을 것이다. 예수의 복음은 유대인에게 있어서 제사장이나 레위인의 자기 중심의 이웃이 아니라 그들이 원수로 여기는 사마리아 사람이다.

이제 주님이 친히 말씀하신 "사랑의 삼위일체"에 대해서 더 자세하게 살펴보려고 한다. 예수의 복음의 핵심은 사랑이다. 사랑은 사람에게 위로와 소망과 생명과 능력을 주는 원동력이다. 사랑은 창조주 하나님의 본성이시며, 인간을 구원하시고자 하시는 하나님의 능력이다. 이 사랑에 의해서 하나님은 자기 종들을 보내시다가 자기와 본체(本體)이신 아들을 보내셨으며 그 아들은 아버지의 사랑을 인간들에게 말씀(로고스)으로 증거하셨다. 기독교의 하나님은 친히 세상을 사랑하시고, 사랑을 실천하시며, 가르치시고, 증거해 주셨다. 우리는 이것을 복음 혹은 사랑의 복음 또는 복음의 사랑이라고 한다.

이것이 예수의 복음이다. "새 계명을 너희에게 주노니 서로 사랑하라 내가 너희를 사랑한 것 같이 너희도 서로 사랑하라 너희가 서로 사랑하면 이로써 모든 사람이 너희가 내 제자인줄 알리라"[368] "나의 계명을 가지고 지키는 자라야 나를 사랑하는 자니 나를 사랑하는 자는 내 아버지께 사랑을 받을 것이요 나도 그를 사랑하여 그에게 나를 나타내리라"[369]

이제 구체적으로 예수의 사랑의 복음을 분석해 보고자 한다. 예수는 크게 셋으로 나누어 말씀하셨다.

① 하나님 사랑

예수는 하나님을 아버지로 가르쳐 주셨다. 이전에는 인간의 세상과 분리된 저 높은 곳에서 계시는 분 혹은 능력이 없는 자들에게는 심판과 진노의 하나님이었다. 그러나 이제는 가정과 같은 세상, 하나님은 부모님과 같은 분으로 가르쳐 주셨다. 또한 하나님을 아버지로 부르도록 하셨다. 그 아버지는 사랑의 아버지이시다. 집나간 탕자를 이미 용서하고 기다리는 아버지, 그 아들을 받아들임을 못 마땅히 여기는 아들을 설득하시는 아버지이다.

예수께서 말씀하신 하나님은 인간을 사랑하사 구원하시며 영생케 하시는 사랑의 하나님이다. 이것은 하나님께서 인간을 대하시는 기본관계를 말한다. 인간은 이미 먼저 행하시는 하나님의 사랑에 대하여 감동하고 감사하며, 은혜에 보답하는 마음으로 하나님을 사랑하는 것이다. 고마우신 사랑의 하나님에 대해서 자녀로서의 사랑을

말한다.[370]

주님은 하나님을 아버지라 부르셨다. 그리고 모든 사람들은 누구나 다 하나님을 신으로 보다 아버지로 믿고 따르고 사랑하기를 바라셨다. 주님은 인간과 하나님 사이를 부자지간(父子之間)의 관계로 보여 주셨다.

그러므로 그를 믿는 자들은 그를 사랑하는 것이다. 두려움의 대상이었던 하나님을 예수는 아버지로 부르며 아버지를 사랑하듯이 아들과 아버지가 다 사랑하는 데 이르게 하신 것이다. 그러나 안타까운 것은 간혹 기독교인 가운데 유대인들과 같은 사고로 하나님을 사랑하는 일이다. 이제는 하나님의 이름도 유대인 식으로 부르지 말아야 한다. 또한 유대인들과 같이 심판하시는 하나님으로 보지 말아야 한다. 중요한 것은 하나님의 사랑은 전 우주적이며 전 세계적이다. 어느 개인이나 민족, 나라만이 아니라 만민을 향하신 사랑의 하나님이시다. 하나님께서 독생자를 보내신 것은 모든 나라와 국민과 세계와 이웃을 동시에 생각하는 하나님의 사랑을 선포하셨다.

이 사실을 바르게 알지 못하기에 유대인들이 율법적이고, 종교적이며, 형식적으로 하나님을 사랑한 것이다. 그러나 모든 것은 하나님의 사랑으로 '하나님을 사랑하는 것'이다.

② 이웃 사랑

인류는 하나님을 믿거나 사랑하면서도 이웃끼리 서로 사랑하기보다는 서로 다투고, 싸우고 죽이는 역사를 반복하고 있다. 예수는 '하나님 사랑' 안에 있는 자들이 이웃을 서로 사랑하므로 서로 죽이거나 죽는 멸망이 없기를 말씀하셨다. 그러나 기독교 국가에서 1,2

차 세계대전을 일으켰다. 인간이 서로 사랑하지 않으면 서로 생존할 수 없음에도 불구하고 싸우고 죽이고 있다. 그러나 이제 이웃 사랑하기를 내 몸과 같이 하는 날이 반드시 와야 한다. 그 이유는 하나님 사랑과 이웃 사랑만이 평화를 이룰 수 있기 때문이다.

예수는 구약을 두 가지로 요약하셨다. 그 첫째가 하나님 사랑이다. "네 마음을 다하고 목숨을 다하여 주 너희 하나님을 사랑하라" 이는 신명기 6:5절 말씀이다. 하나님은 인간을 사랑하는 데 대해서 사람들이 해야 할 사랑은 마음을 다하고 목숨을 다하고 뜻을 다하는 것이다. 하나님께 드리는 예배도 신령과 진정으로 하라 하셨다.[371] 하나님 사랑은 정신적이며 사상적이며 영적인 것이다.

둘째로 이웃 사랑이다. 성전과 회당을 통한 하나님 사랑만 생각하는 자들에게 "네 이웃을 네 몸같이 사랑하라"는 것이다.[372] 이 두 계명의 사랑이 온 율법과 선지자의 핵심이다.[373] 그러나 사랑이 율법과 선지자의 강령이라는 말씀에 유대인들이 쉽게 납득될 수 없었다. 당시의 율법이나 선지자들은 하나님으로부터 의롭다함을 얻는 길은 인간들의 공의(公議)나 선행(善行)으로 믿었다. 율법은 이렇게 선행이 실적이었고 선지자들 또한 공의를 공적(功績)으로 보았는데 이런 일이 중세교회까지 계속 되었다.

이들을 향하여 주님과 바울 그리고 사도들이나 개혁자들은 공적이나 실적이 종교적 선행이 아니라 하나님께서 사랑해 주시며 의롭다 인정해 주시는 의인(義人)을 말씀하셨다. 자기 사랑에 있는 자는 결코 남을 사랑하지 못한다. 이런 부류의 사람들은 하나님 사랑도 자기의 유익과 복락을 위하여 기만적이며 위선적으로 하는 것이다. 아무리 듣고, 보아도 깨닫지 못하였다.[374] 유대인들이나 율법주의자들은 하나님 사랑에서 이웃 사랑을 자기들끼리의 사랑으로 끝을 내었다. 이런 사랑은 누구나 할 수 있는 사랑이다.

예수는 "너희가 서로 사랑하면 이로써 모든 사람이 너희가 네 제자인줄 알리라"고 하셨다.[375] 독선적이거나 이권적인 이웃 사랑이 아닌 근본적인 이웃 사랑을 말씀하셨다. 이런 사랑에 대해서 바리새인이나 사두개인이나 제사장들이나 장로들이나 서기관들은 쉽게 납득하지 못하고 있다.

예수의 복음에 나타난 이웃 사랑은 '네 몸과 같이' 사랑하라는 것이다. 이를 통하여 하나님 나라의 임재를 경험하게 되는 것이다. 이웃 사랑이 없는 하나님의 나라는 불가능하며 이웃을 자기 몸과 같이 대하지 않는 곳에서는 공존이 불가능하다.

이웃 사랑은 자기 사랑에 빠져 이웃 사랑이나 타인 사랑을 저버리고 있는 인간들에게 주시는 말씀이다. 이웃도 사랑하고 남도 사랑하며 자기처럼 남을 대하는 사랑을 말씀하신 것이다. 오늘날 개인주의와 이기주의적인 사회 속에 있는 교회에 이웃에 대한 구원과 이웃에 대한 영생에 관심을 촉구하는 말씀이기도 하다. 예수의 복음이 있는 곳에는 공존(共存)과 공생(共生)과 공영(共榮)이 함께 존재하고 함께 살며 함께 영화로운 자리에 이르자는 것이다.

인류의 역사에 영생의 길은 하나님 사랑과 서로 사랑에 있다. 이것이 예수의 복음 신학이다.

③ 원수 사랑

사랑의 실천에 있어서 궁극적인 사랑이 '원수 사랑'이다. 하나님의 원수사랑은 하나님을 떠난 인류의 역사에 오신 사건과 예수 그리스도의 십자가의 죽으심이다. 주님은 율법과는 달리 자기들이 좋아하는 이웃을 향한 '이웃 사랑'에서 한걸음 더 나아가 '원수 사랑'을 말씀하시므로 인류의 종말적인 구원의 길을 제시하셨다.

십자가를 통한 원수 사랑은 전투나 전쟁을 말하는 것이 아니며 복수와 타도의 승리를 말하는 것도 아니다. 정치, 사회적 그리고 종교적으로 하나님의 나라가 이 땅에 임하게 하는 증거와 봉사와 사랑을 말하는 것이다. 이로 인해서 오는 핍박과 환난은 인내로 참고 견디며, 심지어 대적하며 죽일지라도 차라리 십자가를 지며 용서하는 것이 원수 사랑이다.

우리는 지금까지 종말적인 복음은 곧 사랑인데 그 첫째는 하나님 사랑이며, 둘째는 이웃 사랑이라는 것을 살펴보면서 이제 한걸음 더 나아가서 '원수 사랑'을 살펴보고 있는데 예수의 사랑의 절정이 바로 여기에 있는 것이다.

바울은 원수된 하나님과 인간의 사랑과 원수 된 인간과 인간의 사랑을 위해서 오신 예수 그리스도를 증거한다.[376] 사랑의 능력은 원수까지 사랑할 수 있는 것이다. 사랑은 사람을 감동하게 하고 감화시켜서 변화시킨다. 성신적(聖神的)인 충만 때문에 복음적인 충만이 외면당해 왔으나 사랑의 복음으로 충만한 자리에 이르러야 한다. 하나님의 나라는 성령의 충만한 나라보다 사랑으로 충만한 나라이다.

예수의 복음은 "하나님 사랑"과 "이웃 사랑"과 "원수 사랑"을 말하며, 복음인은 이를 실천하는 사람이다.

2. 십자가상에서의 죽음의 의미

지금까지 우리는 예수 그리스도에 대한 이해를 돕기 위해서 예수라는 이름의 의미와 함께 예수 그리스도에게 있는 삼중직을 살펴보고 예수의 신성과 인성 그리고 예수가 이 땅에 오신 목적을 생각해 보았다.

이제 본장에서는 예수 자신이 죽어야 한다는 말씀을 중심으로 해서 십자가의 죽음의 의미를 논하려고 한다.

1) 그리스도가 죽어야 한다는 예언들

그리스도가 죽어야 한다는 예언을 구약성서에서 다섯 곳을 찾아볼 수 있다. 그런데 문제는 많은 사람들의 사고 속에는 아직도 그리스도는 죽지 않아야 된다는 신앙의 모습과 신학이 내재되어 있는데 반해서 주님의 복음적인 예언은 그리스도가 죽어야 한다는 것이다.

(1) 시편 22:1-21

"내 하나님이여 내 하나님이여 어찌 나를 버리셨나이까. 어찌 나를 멀리하여 돕지 아니 하시오며 내 신음하는 소리를 듣지 아니 하시나이까. 내 하나님이여 내가 낮에도 부르짖고 밤에도 잠잠치 아니 하오나 응답치 아니하시나이다. 이스라엘의 찬송 중에 거하시는 주여 주는 거룩하시니이다. 우리 열조가 주께 의뢰하였고 의뢰하였으므로 저희를 건지셨나이다. 저희가 주께 부르짖어 구원을 얻고 주께 의뢰하여 수치를 당치 아니하였나이다. 나는 벌레요 사람이 아니라 사람의 훼방거리요 백성의 조롱거리니이다. 나를 보는 자는 다 비웃으며 입술을 비쭉이고 머리를 흔들며 말하되, 저가 여호와께 의탁하니 구원하실걸, 저를 기뻐하시니 건지실걸 하나이다. 오직 주께서 나를 모태에서 나오게 하시고 내 모친의 젖을 먹을 때에 의지하게 하셨나이다. 내가 날 때부터 주께 맡긴 바 되었고 모태에서 나올 때부터 주는 내 하나님이 되셨사오니 나를 멀리하지 마옵소서. 환난이 가깝고 도울 자 없나이다. 많은 황소가 나를 에워싸며 바산의 힘센 소들이 나를 둘렀으며, 내게 그 입을 벌림이 찢고 부르짖는 사자 같으니이다. 나는 물같이 쏟아졌으며 내 모든 뼈는 어그러졌으며 내 마음은 촛밀 같아서 내 속에 녹았으며, 내 힘이 말라 질그릇 조각 같고 내 혀가 잇틀에 붙었나이다. 주께서 또 나를 사망의 진토에 두셨나이다. 개들이 나를 에워쌌으며 악한 무리가 나를 둘러 내 수족을 찔렀나이다. 내가 내 모든 뼈를 셀 수 있나이다. 저희가 나를 주목하여 보고 내 옷을 나누고 속옷을 제비뽑나이다. 여호와여 멀리하지 마옵소서. 나의 힘이시여 속히 나를 도우소서. 내 영혼을 칼에서 건지시며 내 유일한 것을 개의 세력에서 구하소서. 나를 사자의 입에서 구하소서. 주께서 내게 응낙하시고 들소 뿔에서 구원하셨나이다."

본 시는 다윗의 고난의 노래에 담긴 메시야의 수난과 예언으로 일차적으로 다윗이 왕위에 오르기 전까지 사울에게서 핍박과 온갖 수난을 당하는 상황에서 겪었던 자신의 절망과 비통한 심정을 노래하면서 여호와께 구원을 호소한 비탄의 시다. 그러나 궁극적으로는 다윗이 개인의 고통의 체험을 바탕으로 해서 택한 백성들을 대속을 위해서 존귀하신 성자로서의 영광과 지위를 버리시고 성육신(成肉身)하셔서 이 땅에서 온갖 박해를 받으시다가 급기야는 십자가형까지 받으신 예수 그리스도의 수난과 매우 가까운 예언시로 볼 수 있다.

본 시를 통하여 의인의 고난, 즉 그리스도의 고난과 그리스도의 기도를 읽을 수 있다. 이것은 우리에게 고난을 내다보게 하고 그 속에서 하나님을 우러러 보도록 하고 있다. 예수는 그의 고통 속에서 그 마음에 이와 같이 울부짖고 있었을 것이다.

하나님의 사랑은 '거기 밖으로부터' 오는 것이 아니라 그 종이 겪고 있는 모든 고통 '안으로부터' 온다. 그는 삶의 모든 고통과 슬픔의 '밖으로부터' 오셔서 인간을 구원하시는 것이 아니라 그 고통과 슬픔 '안에서' 인간과 함께 아파하시며 인간을 구원하신다.

이는 예수께서 오시기 약 1,000년 전에 다윗의 개인적이고도 실제적인 삶의 경험을 통해서 이렇게 예수 그리스도의 구원 사역의 역사적 예표를 볼 수 있다. 본 시의 많은 부분이 예수 그리스도의 삶의 수난과 밀접한 연관이 있다. 인간의 힘으로는 도저히 어찌 할 수 없을 때 절망 속에서 좌절로 끝나지 아니하고 하나님을 믿는 신앙으로 극복해 나가는 길을 보게 된다.

이 모든 것은 예수 그리스도의 수난과 죽음을 통해서 가장 분명하고 정확하게 나타나고 있다. 예수 그리스도의 고난과 죽음을 통해서 구원의 역사와 하나님 나라의 완성을 보게 되었다. 예수의 고난과 죽음은 결과적으로 하나님 나라의 완성이다.[377]

1-21절은 기력은 진하여 몸은 질그릇 조각 같고 혀가 잇틀에 달라붙을 정도로 주야로 주께서 부르짖었건만 대적들의 기세만 더욱 드셀 뿐 도무지 하늘의 응답은 없는 것이다. 수치와 모욕이 극하여

이제 자신은 더 이상 사람이 아니라 벌레같이 된 것이다. 그러기에 1절에 "내 하나님이여 내 하나님이여 어찌 나를 버리셨나이까" 하였던 것이다.

다윗은 고통 중에 절규하였다. 그런데 보라, 우리는 십자가상에서 예수에게서 똑같은 절규를 듣게 된다. "엘리 엘리 라마 사막다니"(마27:46). 왜 예수께서는 그렇게 절규했는가? 왜 십자가의 수난을 당하셨는가? 하나님은 온 인류의 총체적인 구원을 위해서 독생자를 보내셨고 저들을 위해서 버리셨다. 이것을 지켜본 인간들은 매우 큰 좌절과 절망과 고통을 맛보게 되었다. 주님은 바로 온 인류와 우리들의 허물과 죄악을 담당했다.[378] 그 결과 우리는 하나님의 구원의 도움을 바라볼 수 있게 되었다. 고통과 절망의 순간에서도 소망을 잃지 않고 그 십자가 피 공로를 의지하여 하나님께 담대히 부르짖을 수 있게 된 것이다. 예수께서 우리의 당한 수치와 고통을 대신하여 한 번에 모든 것을 영원도록 담당해 주셨으므로 예수 안에서 승리의 축복을 누리게 되었기에 예수의 죽음은 우리를 심판하거나 정죄하심이 아니라 승리와 평안과 우리를 구원하시기 위함인 것을 깨닫게 된다.[379]

(2) 이사야 50:6, 53:1-12

이사야서의 기본 주제인 인간의 구원은 자신의 힘이나 선한 행위에 의해서 되는 것이 아니라 구속자이신 하나님의 은혜와 능력에 의해서 된다. 거룩하신 하나님께서 그의 백성을 불경건하고 추한 대로 버려두시지 않으시고 그들을 단련시키고 징계하셔서 구원의 역사에 참여하게 하신다.

"나를 때리는 자들에게 내 등을 맡기며 나의 수염을 뽑는 자들에게 나의 뺨을 맡기며 수욕과 침 뱉음을 피하려고 내 얼굴을 가리지 아니 하였느니라"(사50:6)

이제 예수 그리스도의 복음의 구심점과 함께 주님의 동생 야고보와 바울 그리고 사도신경의 중심부를 이루고 있는 것을 살펴보려고 한다.

유대인들은 전통적으로 왕과 제사장과 선지자로 오시는 메시야를 바랐다. 그리고 극소수의 사람들이 이사야서 53장처럼 메시야가 종으로 오시는 메시야를 기다리고 있었다. 그것은 왕의 속죄적인 죽음과 무덤에 묻힘과 영광을 지배받는 메시야이다. 이 두 메시야관은 큰 차이가 있다. 제압하고 통치하고 지배하는 왕으로 제사장으로 선지자로 오실 것을 기대하는 전통적인 메시야관에 있던 사람들은 예수에 대해서 실망과 격분과 정죄를 참지 못하였다. 그러므로 예수를 처형한 것이다.

바울이 성경과 계시를 운운하는 것 역시 율법적인 메사야관과는 차원이 다른 그리스도론의 깨달은 바요 확신한 바였다. 이사야서 53장의 메시야관은 바울에게만 계시된 것이 아니었다. 주전 7백 년 전부터 계시가 된 것이므로 이를 믿는 신앙인들이 적지 않았다. 베드로도 스데반도 다 그런 사람들이었다.

'고난 받는 종'의 메시야 사상은 헬라제국이나 로마의 압제 하에서 무참한 학살과 진압을 당하고 있는 이스라엘 사람에게는 도무지와 닿지 않는 '어리석은 복음'에 불과한 것이었다.[380] 그들은 싸워서 이겨야 하고, 기도만으로 이루어야 하며, 무찔러서 쟁취해야 하고,

승리와 정복은 구원과 영광을 믿는 사람들이었다. 이것이 바로 전능하신 하나님과 그의 메시야가 해야 할 능력인 줄 알았다.

주님의 동생 야고보의 경우도 이사야서 53장대로의 그리스도관을 나중에서야 확신하게 되었다. 야고보는 예수의 생전에는 그리스도로 믿지 않았다. 그러나 예수 부활 후 전통적인 메시야 사상에서 떠나 이사야서 53장의 메시야관으로 전향한 것이다. 그가 이적과 기사를 베풀라고 주님에게 야유를 보낼 때[381]와는 달리 주님 부활 후에는 이사야서 53장의 고난 받는 종의 메시야관으로 전향한 것이다.[382] 이는 바울과의 교분이나 그로부터 교육을 받아서라기보다 이사야서 53장을 중심한 메시야관을 가진 사람들의 공통되는 신앙에서 오는 일치로 보는 것이다.

그리고 베드로를 중심한 12사도 쪽보다 바울 쪽이 주님의 동생 야고보에게는 더 친근감을 가진 것으로 본다. 주님을 싫어하는 주님의 동생 야고보가 주님의 12사도들과의 교분도 좋았을 리가 없다. 그리고 전에는 반대자이었으나 이제는 야고보나 바울의 공통된 점도 없지 않아 교분이 계속된 것이다.[383]

주님의 동생 야고보는 예루살렘 교회의 지도자가 되었다.[384] 베드로와 바울 등은 선교에 열심을 갖는 동안 야고보는 예루살렘 교회의 지도자들 중 기둥 같은 역할을 하였다.[385] 그리고 이들을 따르는 많은 추종자들이 있었던 것으로 본다. 그들 모두는 이사야서 53장의 말씀에 의거하여 예수를 그리스도로 믿는 자들이었다.

따라서 12사도 뿐 아니라 초기 예루살렘 교회의 신앙은 주님의 동생 야고보와 이사야서 53장을 중심한 그리스도관을 가진 공동체였다. 바울은 예루살렘보다 안디옥을 중심으로 하여 같은 신앙의 맥을 같이 하였다. 그들의 신앙의 골자는 왕이나 선지자나 제사장으로서 보다 고난 받는 종(Suffering Servant)인 예수 그리스도의 탄생과 생애와 고난과 죽으심과 장사지냄과 영광 받으심이었다. 이는 전통적인 사두개나 바리새나 서기관들이나 제사장들이나 왕들이나 장로들이 생각하는 메시야와는 전혀 다른 메시야관이었고 '복음'이었다. 바울은 이것을 "나의 복음"(My Gospel)이라 한다.[386]

그러기에 다메섹 도상을 겪은 바울이 보기엔 성경에 계시된 대로 된 것이다. 바울은 12사도들에게 의탁할 것이 없었다.[387] 바울에게는 안 보아도 잘 아는 '그리스도론'이 이미 정립된 후였다. 성서적이며 율법적인 유대인들에게 "성경에 기록된 대로"[388]를 힘주어 말하면 되었다. 그들에게는 그 이상의 다른 논리가 필요가 없었다. 바울은 "기쁜 소식을 전하는 이들의 발걸음이 얼마나 아름다운가"[389] 하였다. 문제는 그들이 말한 복음이 과연 예수의 복음과 일치하느냐는 것이다.

이는 예수께서 대적들에게 잡히시고, 심문을 당할 때 그리고 십자가를 지고 골고다를 오르실 때 많은 모욕과 수난을 예언한 것이다. 이는 복음서에 나타난 예수님의 수난 기록에서 볼 수 있듯이 그리스도의 구원사역에서 완전히 성취되었다. 특히 예수님의 수난은 하나님의 말씀과 뜻에 전적으로 순종한 것으로 능동적이며 자원하여 받은 수난이었으며 그 목적은 하나님의 영원하신 구원 계획을 이루기 위함이었다. 실로 예수는 이 땅에 종의 형체로 오셔서 자발적으로 수난 받음으로 죄와 허물 가운데 죽을 수밖에 없었던 인생을 구원하셨다. 그러므로 그리스도의 수난은 인류의 구원을 위한 것이요 바로 우리 자신의 죄를 대신 지시기 위한 수단이었다.[390]

그리스도의 순종의 모습을 구체적으로 묘사한 것으로 예수 그리스도께서 하나님의 계획을 성취하시기 위해 장차 자기의 백성인 이스라엘과 로마의 병정과 관리들에게 고난당할 것을 예언하고 있는데, 이 고난은 승리의 관문인 것이다.

"우리의 전한 것을 누가 믿었느뇨. 여호와의 팔이 뉘게 나타났느뇨. 그는 주 앞에서 자라나기를 연한 순같고 마른 땅에서 나온 줄기 같아서 고운 모양도 없고 풍채도 없은즉 우리의 보기에 흠모할 만할 아름다운 것이 없도다. 그는 멸시를 받아서 사람에게 싫어 버린 바 되었으며 간고를 많이 겪었으며 질고를 아는 자라 마치 사람들에게 얼굴을 가리우고 보지 않음을 받는 자 같아서 멸시를 당하였고 우리도 그를 귀히 여기지 아니하였도다. 그는 실로 우리의 질고를 지고 우리의 슬픔을 당하였거늘 우리는 생각하기를 그는 징벌을 받아서 하나님에게 맞으며 고난을 당한다 하였노라. 그가 찔림은 우리의 허물을 인함이요 그가 상함은 우리의 죄악을 인함이라 그가 징계를 받음으로 우리가 평화를 누리고 그가 채찍에 맞음으로 우리가 나음을 입었도다. 우리는 다 양 같아서 그릇 행하여 각기 제 길로 갔거늘 여호와께서는 우리 무리의 죄악을 그에게 담당시키셨도다. 그가 곤욕을 당하여 괴로울 때에도 그 입을 열지 아니하였으며 마치 도수장으로 끌려가는 어린 양과 털 깎는 자 앞에 잠잠한 양같이 그 입을 열지 아니하였도다. 그가 곤욕과 심문을 당하고 끌려갔으니 그 세대 중에 누가 생각하기를 그가 산 자의 땅에서 끊어짐은 마땅히 형벌을 받을 내 백성의 허물을 인함이라 하였으리요. 그는 강포를 행치 아니하였고 그 입에 궤사가 없었으나 그 무덤이 악인과 함께 되었으며 그 묘실이 부자와 함께 되었도다. 여호와께서 그로 상함을 받게 하시기를 원하사 질고를 당케 하셨은즉 그 영혼을 속건 제물로 드리기에 이르면 그가 그 씨를 보게 되며 그 날은 길 것이요 또 그의 손으로 여호와의 뜻을 성취하리로 다. 가라사대 그가 자기 영혼의 수고한 것을 보고 만족히 여길 것이라 나의 의로운 종이 자기 지식으로 많은 사람을 의롭게 하며 또 그들의 죄악을 친히 담당하리라. 이러므로 내가 그로 존귀한 자와 함께 분깃을 얻게 하며 강한 자와 함께 탈취한 것을 나누게 하리니 이는 그가 자기 영혼을 버려 사망에 이르게 하며 범죄자 중 하나로 헤아림을 입었음이라 그러나 실상은 그가 많은 사람의 죄를 지며 범죄자를 위하여 기도하였느니라 하시니라."(사53:1-12)

여호와의 종, 곧 고난 받는 메시야의 확실한 승리에 대해서 예언한 앞 단락의 서곡에 이어서 메시야의 수난과 대속에 대한 본격적으로 노래하고 있는 부분이다. 그 내용을 살펴보면 먼저 1-3절에서는 고난 받는 종 곧 메시야의 초라한 모습과 사람들의 멸시, 4-6절에서는 메시야의 수난의 목적이 우리들의 대속을 위한 것, 7-9절에는 메시야가 대속사역의 완성을 위해 무죄하시면서도 묵묵히 모든 고난을 다 받으심, 10-12절에서는 여호와께서 당신의 뜻을 성취하신 메시야를 존귀하게 하심을 말하고 있다.

이는 전반적으로 곧 여호와의 종 곧 메시야의 수난을 집중적으로 묘사하고 있다. 이를 대할 때 우리는 자칫 메시야 수난의 참상만을 생각하면서 감상적인 눈물을 흘리는 데 머물기가 쉽다. 그러나 이는 그 같은 값싼 감상의 차원을 넘어서 우리의 신앙에 충격적인 도전을 주는 우렁찬 음성이 담겨져 있다.

장차 전 인류의 구주로 오실 메시야는 인간의 눈으로 보기에 연약하고 볼품이 없을 뿐 아니라 '도수장으로 끌려가는 어린양'처럼 죽임을 당할 것이다. 그것이 바로 인간의 죄 문제를 해결하고 화평을 얻게 하는 하나님의 구원의 방법이라는 것이다. 이는 하나님의 나라가 창과 칼이 아니라 메시야의 수난에서 보여 주듯이 하나님께 대한 철저한 순종뿐임을 교훈해 주고 있다.[391]

메시야의 수난의 결과는 제사종교의 속죄 제사의 완성으로 해석된다. 기독교와 교회는 메시야의 수난을 인류의 대속적 의미로 해석하였다. 제사제도에서 제물이 제주(祭主)의 죄를 대신하여 희생당하는 것을 대속적 죽음이라 한다. 메시야의 수난을 통하여 온 인류가 살아가야 할 구원의 길을 제시하신 것이다. 예수의 죽음은 완성과 온전함을 이루기 위한 하나님의 뜻을 이루기 위한 죽음이며, 온 인류에게 생명을 주는 죽음인 것이다.

(3) 스가랴 11:12-13, 13:7

스가랴서는 메시야적인 예언을 가장 많이 보여주는 구약의 책 가운데 하나다. 스가랴는 이스라엘 백성들이 악한 행실과 타락된 종교 의식을 버리고 하나님께 돌아올 것을 외치고 있다. 하나님은 남을 자를 환난과 핍박과 모든 세상 권세로부터 보존하실 것을 약속하신다. 한편 이방나라들을 심판할 것을 선포한다. 이스라엘은 모든 전쟁과 고통이 있을지라도 살아남을 것이다. 그 날이 되면 모든 이방 적대 세력을 정복하고 온 땅을 다스리며 예루살렘은 여호와를 숭배하는 중심이 될 것이다.

그러면서 그리스도의 삶과 활동, 그리고 죽음 등을 상징과 비유를 가지고 표현하고 있다. 메시야에 대한 예언은 다음과 같다. 순(筍)[392] 이라 이름하는 사람, 즉 메시야가 여호와의 전을 건축할 것(6:12), 왕과 제사장(6:13), 예루살렘 입성과 영광스럽게 오심(9:9,10), 목자이신 그리스도의 배척을 당하심,[393] 상처받는(십자가에 못 박히신) 그리스도,[394] 수난당하는 그리스도,[395] 재림하시는 그리스도[396]이다. 이 가운데서 스가랴 11:12-13절과 그리고 13:7절의 말씀을 살펴보려고 한다.

> "내가 그들에게 이르되 너희가 좋게 여기거든 내 고가를 내게 주고 그렇지 아니하거든 말라 그들이 곧 은 삼십을 달아서 내 고가를 삼은지라. 여호와께서 내게 이르시되 그들이 나를 헤아린바 그 준가를 토기장이에게 던지라 하시기로 내가 곧 그 은 삼십을 여호와의 전에서 토기장이에게 던지고"(슥11:12-13)

"내가 그들에게 이르되" 여기서 그들은 메시야에게 청종하던 의로운 양들이 아니라 '잡힐 양떼'로 표현된 것은 이스라엘 전체를 가리킨다. '내 고가를 주고'는 일에 대한 품삯으로 보상을 뜻하는데 여기서는 목자가 양떼를 돌본 대가를 의미한다. 하나님께서 우리에게 베풀어 주신 사랑과 예수 그리스도의 구원은 그 어떤 것으로도 보답할 수 없는 것이다. 주께서 '내게 고가를 달아 달라'는 말은 경제적인 보상이 아니라 회개와 믿음 그리고 순종을 의미한다. "은 삼십을 달아서 내 고가를 삼은지라" 은 삼십은 구약시대의 당시 종 한 명의 몸값에 해당하는 은 30세겔을 가리킨다. 참 목자이신 예수께서는 본절의 예언대로 실제 가룟 유다에 의해서 은 30에 팔리셨다.[397] 동시대의 유대인들은 예수를 경멸하고 그의 은혜를 거부했다.

13절에서 '그 은 삼십을…토기장이에게 던지고' 메시야의 몸값으로 은 삼십 세겔을 던져 준다는 것은 하나님께서 이스라엘 백성들에 의해서 계산된 메시야의 값을 거절하셨다는 뜻이다. 본 절의 예언은 가룟 유다가 예수님의 몸값을 받았다가 대제세장에게 돌려준 은 삼십이 후에 토기장이의 밭을 사는데 쓰임으로 실제로 성취되었다.[398] 즉 마태는 당시의 관습에 따라 스가랴의 예언이 분명함에도 이와 동일한 사상을 가진 예레미아에게[399] 출처를 돌렸다.[400]

스가랴 선지자의 말에 의하면 이스라엘의 멸망이 있기 전에 그리스도의 오심이었다. 그 메시야는 패역한 백성들의 배척을 받아야 했다. 길 잃은 양떼를 인도하고, 그들을 위해서 목숨까지도 바치는 참 목자로 왔지만[401] 어리석은 백성들에 의해서 수난을 당하게 되셨고, 이들은 거짓 목자를 쫓음으로 스스로 하나님의 은총과 언약에서 끊어졌으며 하나님을 배역하는 자리에 머물게 되었다.

그리스도는 패역한 백성들에 의해서 모진 수모를 다 겪으시고 십자가에서 죽으셨다(C.E. 326: 14-27.66). 실로 그리스도의 수난은 인간의 어리석음에서 온 비극이며 부패한 인간의 돌이킬 수 없는 죄악의 결과였다.

> "만군의 여호와가 말하노라 칼아 깨어서 내 목자, 내 짝 된 자를 치라 목자를 치면 양이 흩어지려니와 작은 자들 위에는 내가 내 손을 드리우리라"(슥13:7)

예수 그리스도는 양떼를 위해서 목숨을 버리는 선한 목자인 동시

제5장. 죽음에 대한 예수 그리스도의 복음신학

에 성부 하나님과 일체를 이루시는 가장 가까운 분이다.[402) 결국 본문은 메시야가 생명을 빼앗기는 수난을 당하실 것을 예언하고 있다. 그리고 제자들의 도망과 배신을 예고하고 있다.[403) 그리고 이 예언은 500여 년 후에 그대로 실현된 것이다. 하나님께서는 예수 그리스도의 고난과 죽음으로 인해서 실의에 빠진 제자들을 지켜 주시고 그들로 하여금 부활에 대한 확신을 갖게 하였다. 이들에게 예수의 죽음이 복음이었다.[404)

결국 예수님은 고난 받는 종으로 정치와 종교와 사회를 구원하시기 위해서 성경의 예언대로 인류를 구원하시기 위해서 친히 죽으셨다. 이 죽음이 구원과 승리의 죽음이었다.

2) 십자가를 지게 한 자들

오랜 세월 기다리던 메시야를 배척하고 죽인 무리들은 누구인가?

(1) 유대종교

유대종교는 성전종교(제사)와 회당종교(율법)를 말한다. 하나님께서 이스라엘 백성들을 택하셔서 열방을 구원하고자 하셨다. 이스라엘은 하나님의 뜻을 저버리고 자기 민족만의 구원을 선택하였다. 그들의 선택은 자기 민족의 구원도 불가능했다. 그러므로 성육신하셔서 새로운 말씀과 계시와 법칙을 주신 것이다. 그러나 이스라엘은 그것을 받아들이지 아니하고 거부하였다. 결국 하나님의 아들을 죽이기로 한 것이다. 이사야는 성전제사의 잘못된 부분들을 지적하면서 하나님의 뜻을 선포하였다.

"너희 소돔의 관원들아 여호와의 말씀을 들을지어다. 너희 고모라의 백성아 우리 하나님의 법에 귀를 기울일지어다. 여호와께서 내게 말씀하시되 너희의 무수한 제물이 내게 무엇이 유익하뇨 나는 수양의 번제와 살진 짐승의 기름에 배불렀고 나는 수송아지나 어린 양이나 수염소의 피를 기뻐하지 아니하노라. 너희가 내 앞에 보이러 오니 그것을 누가 너희에게 요구하였느뇨 내 마당만 밟을 뿐이니라. 헛된 제물을 다시 가져오지 말라 분향은 나의 가증히 여기는 바요 월삭과 안식일과 대회로 모이는 것도 그러하니 그것이 내게 무거운 짐이라 내가 지기에 곤비하였느니라. 너희가 손을 펼 때에 내가 눈을 가리우고 너희가 많이 기도할지라도 내가 듣지 아니하리니 이는 너희의 손에 피가 가득함이니라. 너희는 스스로 씻으며 스스로 깨끗게 하여 내 목전에서 너희 악업을 버리고 악행을 그치고 선행을 배우며 공의를 구하며 학대 받는 자를 도와주며 고아를 위하여 신원하며 과부를 위하여 변호하라 하셨느니라"(사1:10-17)

이제 성전종교(제사)의 폐습과 회당종교(율법)의 폐습을 살펴보면서 유대교의 중심에 있었던 지도자들의 모습을 살려보려고 한다.

① 성전종교(聖殿宗敎)와 제사종교(祭祀宗敎)

유대종교의 중심은 성전이다. 성전종교는 곧 제사 중심의 종교인 것이다. 유대교의 성전종교는 자기들의 종교심을 위주로 하나님을 믿어온 종교이다. 그들은 자기들의 종교심과 맞지 않는 모든 것을 거부하였다. 모든 것을 자기들 중심으로 해석하였다. 이에 수많은 선지자들이 성전이 있는 예루살렘에서 수난을 당하였다. 심지어 하나님의 아들까지 배척하고 그의 복음을 거부하였으며 아들을 십자가에 매달아 죽이기까지 하였다.[405)

그러나 하나님은 이런 적대적인 인간들의 행위에 대해서도 이루시고자 하시는 구원의 역사를 이루어 가셨다. 그것은 아들의 십자가를 통하여 하나님께서 원치 아니하신 제사종교의 종말과 완성이셨다. 아들을 대속 제물로 하시고 지금까지의 무수한 피의 제사를 예수 그리스도의 십자가로 단번에 드리신 것이다.[406)

그러나 믿음이 적은 자들은 예수 그리스도의 십자가를 통한 종교의 완성을 믿지 못하고, 성전종교나 제사종교를 계속 하고 있다. 그들 안에 내재(內在)된 종교심에 힘입어 성전종교나 제사종교의 미련과 복원을 추구하고 있다. 이것은 예수 그리스도의 대속의 구원을 정면으로 거역하는 또 다른 종교인의 역행이 아닐 수 없다. 하나님은 일찍부터 제사와 예물을 기뻐하지 않으신 지 오래다. "내가 긍휼을 원하고 제사를 원치 아니하노라"[407) 예수 그리스도는 제사를 받기 위해서 오신 분이 아니다. 예수 그리스도는 제사가 아닌 영이신 하나님께 신령과 진정으로 예배하라고 말씀하신다.

② 회당종교(會堂宗教)와 율법종교(律法宗教)

왕국의 멸망으로 성전종교와 제사종교가 수행이 될 수 없었다. 유대 백성들은 바벨론 포로로 잡혀갔다. 왕국이 망하고 포로로 잡혀간 유대 백성들은 때늦은 반성에 임하였다. 처참하고 비참한 포로생활을 우선 어떻게 무엇으로 극복하느냐가 가장 큰 과제였다. 그러기 위해서는 정신 운동과 사상 운동이 필수였다. 민족이 절망과 좌절과 종살이에서 참고 견디어 버티어 내는 힘이 필요했다. 그러나 바벨론 당국은 쉽게 용인하지 않았다. 그 가운데 유대인들의 대표들은 간곡한 간청으로 정치나 사회적인 성격은 전혀 없는 종교적인 집회와 공부와 교제를 받아냈다. 그러면서 바벨론으로 잡혀 오면서 원로들이 가지고 온 율법을 하나씩 가르쳐 나가기 시작했다. 먼저 아브라함과 이삭과 야곱과 요셉의 이야기와 그리고 모세와 출애굽 사상을 가르쳤다.[408]

그것은 택한 백성을 버리지 아니하시는 하나님의 구원의 역사와 은총을 알게 해 주었다. 강가에서, 나무 밑에서, 건물 모퉁이에서 안식일이면 오전 업무를 중단하고, 예루살렘을 향하여 울며 기도하고 찬송하며 예배를 드리고 율법을 공부하고 간구를 하였다. 회당(Synagogue)의 유래는 여기서부터였다. 처음에는 지정된 장소가 아니었다. 유대인들끼리 할 일이 있어서 모였던 모임이다. 즉, 예배드리기보다는 뜻을 나누고 정신을 나누고 사상을 나누기 위해서였다.

포로에서 돌아온 유대인들은 꿈에도 그리던 예루살렘에서 허물어진 성전을 개축하였다. 그러나 바벨론에서 가졌던 민족적인 정신 운동은 계속 유지 발전되었다. 예루살렘과 온 유다와 팔레스틴을 중심으로 회당 운동이 전개되어 회당이 없는 마을이 없었다. 성전종교에서는 제사를 회복하고, 회당에서는 율법 운동이 일어났다.

율법 운동이 일어나면 일어날수록 성전종교나 제사종교처럼 탈선과 변질이 생겨나기 시작했다. 정신 운동과 사상 운동으로 일어났던 율법 공부가 종교적인 자리로 변천되어 갔다. 그들의 회당종교는 율법 운동을 펴서 율법주의로 전락하였다. 바로 여기에서 문제가 생긴 것이다. 결국 하나님의 뜻과 사랑과 복음이 아닌 인간의 뜻과 전통과 유전을 유지 발전시켜 나갔다. 그 대표적인 부류가 바로 바리새파(Pharisees)였고, 사두개파(Sadducees)였다. 사두개인들은 부활을 믿지 않으며, 예수 그리스도를 십자가에 처형시키기 위해서 바리새인들과 야합을 하기까지 하였다. 사두개인들과 대제사장들과 제사장들은 구전(口傳)과 부활과 영혼 불멸과 영적 세계를 부정하였다.

지역과 문화에 제한되는 율법적인 인간화나 율법의 충만, 율법 완성은 하나님과 상충될 수밖에 없었다. 하나님은 마지막 아들을 통하여 말씀하셨으나 인간들은 여전하였다. 종교인들은 자신들의 뜻을 굽히지 않았다. 유대인에 대한 심판은 아들의 복음을 통해서 이루어 졌다. 이에 유대인들은 하나님과 아들의 복음을 거절하고 보내신 아들을 죽여 버렸다. 이제 예수께서 법칙과 근본을 말씀함에 있어서 유대인들은 율법과 전통과 유전으로 예수를 죽여 버렸다.

③ 바리새파

하시딤파 중에서 의의 교사를 따르지 아니하고 대제사장과 성전에서 분리되지 않은 자들은 바리새파를 형성하였다. 그들이 언제 이런 이름을 받게 되었는지는 정확하게 알 수는 없다. 단지 하박국 1장 3절에 '압살롬의 집'과 '그 집의 친구들'이라는 말은 바로 바리새인들을 가리키고 있는 것 같다.[409] 이들을 쿰란 문서에서는 "안전한 일만을 찾는 자들"이라고 표현하고 있다. 바리새파 사상은 일종의 정선된 평신도 운동이었다.

바리새파는 이중적인 율법(성문율법과 구전율법)을 가르치는 일과 내세의 죽은 자의 부활을 가르치는 학자 계급이었다. 그들은 히브리 성서에서도 언급되지 않은 율법들을 가르쳤다. 오경에도 없는 내세에서의 개인에 대한 구원을 약속하였다. 그러나 이들의 가르침을 백성들이 받아들이는 데 성공하면서 이들이 예수 시대에는 모세의 자리에 앉았고, 또 합법적으로 그렇게 하였다.[410] 종교적인 바리새인들은 자기만족적이며, 스스로 의롭다하는 사람들이며, 경건의 모양을 드러내기 좋아했다.[411] 예루살렘 성전이 파괴된 후 유대교의 본질적인 내용을 보존한 자들은 바리새인들이었다. 비록 숫자는 적었지만 누구든지 경건하게 살기를 원하는 자는 그들의 노선을 따라야 했다.

주님은 마태복음 23장에서 외식하는 바리새인들을 규탄하셨다. 저들은 내적으로 부정과 부패를 일삼았다. 주님으로부터 비난을 받은 후 저들은 외식하는 자들의 전형적인 모델로 지칭되었다. 예수의 지적에 의하면, 저들은 율법을 지키지 않는 자들이며, 존경받기를 좋아하는 자들로서 위선과 교만을 질책했다.[412] 주님은 바리새인들에게 임할 세 가지 화로 저들은 천국 문을 닫는 자들이며, 남을 지옥 자식으로 만드는 자들이고, 소경된 인도자였다. 또한 예물을 중시하는 자들이며 그릇된 맹세를 하는 자들이라는 책망을 받았다.[413] 아울러 율법의 정신을 버린 자들이고 겉만 깨끗한 자들이었으며, 외식과 불법이 가득한 부패한 자들이었다.[414]

이런 바리새파가 예수를 죽이는 일에 앞장서고 있음을 보게 된다. 바리새란 명칭은 '구별된 자'라 의미로 히브리어 '파라쉬'에서 유래된 용어이다. 때로는 이 용어를 제사장적 율법 해석자들로부터 '는 분리된 자'들로 해석한다. 특히 레위기적 율법 준수에 있어서 부정한 것으로부터 자신들을 분리하는, 즉 부정한 자들인 '땅의 사람들'부터 자신들을 분리하는 자를 의미하는 페루심보다 더 지지되었다. 보다 더 알려진 해석은 불결로부터 '분리된 자들'이란 의미인데,

율법적이고 의식주의적인 분리주의를 가리키는 것이다.

바리새인들이 예수를 비난한 이유 중에는 죄인들과 교제했다는 것이다. 또한 안식일에 병자를 고치신 일이 유대 지도자들과의 마찰의 발단이었다.[415] 이들의 주요 특징은 율법주의와 분리주의로서 엄격했다. 요세푸스에 따르면 바리새인들은 율법 해석에 있어서 엄정성과 율법에 대한 철저한 고수 때문에 유명했다. 토라의 주위에 벽을 만들어 바리새과 전통의 벽으로 율법을 가두어 동시에 비바리새적인 해석(또는 할라코트)과 그리고 비바리새인들을 독점된 토라의 유익과 특권에서 배제하는 자들이었다.

바리새파는 신구약 중간기와 신약성서 시대에 유대인들 사이에 있었던 영향력 있는 종파이다. 기원과 내력을 이해하기 위해서는 에스라와 그 이전 시대, 즉 포로기 전기의 예언자 조합과 제사장직의 제정에까지 소급해야 한다. 역사적인 바리새주의의 씨앗은 바벨론 포로기에 뿌려졌다. 성전과 제사를 잃고 추방된 이스라엘 사람들은 그것의 회복에 대한 희망을 가지고 오직 율법으로 그 공간을 메웠다. 율법은 바벨론 포로기 동안에 유대인의 종교적 중심이 되어 유대인들의 삶의 양식을 채워주었다. 율법은 중단 없이 그들 민족의 정신과 혼이 되었다.[416]

성전과 제사장적 귀족 권위가 서기관 또는 소페림이라 불리는 율법학자들로 대체되었다. 토라는 포로기 후에도 성전과 성전의 회복된 제사장직 후원을 받아서 여전히 가르치고 전개되었다. 유대사회에서 율법의 해석과 적용은 제사의식 자체와 마찬가지로 여전히 성전계급 조직과 그들의 보조자들인 소페림이 중요 역할을 했다.

바리새파는 제의적 기구의 모두에 관하여 의식적인 정결과 분리를 강조하였다. 그리고 율법주의적 엄격주의가 중심적 특징이다. 본래 그들은 유대교에서 배타적이고, 엄격주의적인 종파는 아니었다. 이들이 이미 언급한 바와 같이 '경건파'라는 이름으로 마카비우스 시대에 처음 출현하여 세속화한 제사계급과 처음은 동맹을 맺은 사이였다가 후에 극단적으로 대립하고 나섰다. 그들의 취지는 일상생활의 모든 분야에서 율법을 엄격하게 지키는 자들이다.[417]

그들의 두 번째 특징은 장로들의 유전에 대한 존경이다. 이런 면에서 바리새인들은 보다 문자적이고 토라의 해석을 따랐던 사두개인들과 원칙적으로 달랐다. 바리새적인 정경은 모세오경을 훨씬 더 초월해서 예언서들과 성문서들을 모두 내포하고 있다. 바리새인들은 그리스도 이전 2세기의 유대 국가와 사회에서 대중적인 민주주의자들이었으며, 자유주의자들이었고, 진보주의자들이었다.

4복음서는 바리새인에 대한 예수의 말씀을 많이 기록해 놓고 있다. 특히 예수의 책망을 많이 받았다. 마태복음 3:7, 5:20, 9:11, 14, 34, 12:2 등이다. 저들은 예수로부터 질책과 책망을 받았고, 이에 예수를 잡아 죽이기 위한 계략을 꾸미기 위하여 자기들의 기준과 율법에서 예수의 잘못을 찾기에 열심하였다.[418]

④ 사두개파

주전 1세기와 주후 1세기 사이에 걸쳐 유대 사회에서 활동했던 교육받은 소수의 부유층의 사람들로 구성된 집단이었다. 이들은 정치적인 당파도 아니었고 종교적 종파도 아니었고 그렇다고 철학 학파도 아니었다. 그러나 이 세 가지의 특징을 모두 가지고 있었다. 이 명칭은 아마도 구약에 나온 대제사장 사독으로부터 유래된 것 같다.

419) 이들은 하스모니아 시대에 생겨서 제사장적인 귀족층과 부유층의 이익을 위해 활동했다. 비록 백성들에게 인기는 없었으나 존 힐카너스의 통치 때부터(주전135-104) 상당한 정치적 영향력을 행사했다. 예수가 활동하던 시기에는 영향력 있는 종파가 되었다.420) 그들은 '율법의 울타리', 곧 '장로들의 전통'을 인정하지 않았고, 헬라 문화를 받아들이는 선구자가 되었다.

사두개파는 모든 생활의 환경의 관련 속에서 무엇이 하나님의 뜻이 될 수 있는지를 밝히려고 노력함으로써 생활 전체를 통제하려고 시도하였다. 바리새파의 경우와는 달리 민중 가운데서 가진 지지도와 권위는 약했다. 그들의 취향에 있어서 불변적인 요소가 결정적인 역할을 하여 세습적인 계급이 되게 하였다.

그들은 우선 예루살렘의 특권 있는 제사장족의 구역 안에 거주했다.421) 자신들의 권력과 특권을 유지하기 위해서 헬라화하였으며, 종교적 엄격성을 반대하였다. 중요한 교리적 특성들은 구전을 거부하고 오직 기록된 율법만을 받아들였다. 사후의 보응사상을 믿지 않으며, 육체의 부활을 부인하며, 천사와 영혼의 존재를 믿지 않는다.422) 이런 면에서 이들은 모세의 율법을 기초로 하지도 않았다. 이들 대부분은 산헤드린의 회원이었으며, 친로마적인 정치 성격을 가졌다. 신분도 대부분 귀족, 대제사장들로 성전을 지배하였다. 신약에서 이들은 예수를 반대하는 데 앞장섰다. 예수를 죽이는 일에 바리새파보다도 더 큰 역할을 하였다. 원래 바리새파와 상반된 사상과 교리를 가지고 있었으나 예수를 죽이는 데는 하나가 되었다. 베드로와 요한을 감옥에 넣기도 했고,423) 예수의 부활을 가르친다고 사도들을 핍박하였다.424) 그러나 로마군에 의해서 예루살렘 성전이 무너진 뒤부터는 역사로부터 사라져 버렸다. 사두개파와 예수, 그리고 기독교와의 관계는 복음서와 사도행전에 기록되어 있다.[425]

⑤ 제사장

히브리어에 제사장이란 단어는 '고헨'으로 '하나님 앞에 서는 자', '하나님의 종'이라는 뜻이다. 이들은 백성을 대신하여 하나님을 섬기고, 제사의식을 행한 공직자이며, 하나님과 사람 사이의 중보자이고, 하나님의 계시를 받아서 백성에게 전하는 사명이 있었다. 계시를 전하는 일은 구체적으로는 율법을 전하며, 백성을 재판하는 일이었다. 제사장은 일정한 옷을 입고[426] 성소에서는 하나님의 계시를 받을 수 있었다. 옛날에는 가정의 가장이 제사장 일도 했는데[427] 부유한 집에서는 제사하는 곳을 따로 짓고[428] 개별적으로 제사장으로 삼는 일도 있었다.[429]

사회의 조직이 분화됨에 따라서 아론의 자손이 대제사장이 되고, 레위 족속이 제사장과 거룩한 일을 위하여 선택되었다.[430] 제사장직은 세습되었으나 몸이 상한 자나 불구자는 그 직책을 맡지 못했다. 또한 적자에 한해서만 계승되었다.[431] 이들의 생활비는 백성들이 성전에 드리는 십일조와 제물에서 배당되었고, 곡식, 술, 기름 등의 첫 열매는 다 제사장의 것이 되었다.[432]

신약에서는 교회가 이스라엘이고, 교회의 세상에 대한 관계는 제사장인 동시에 왕이라고 하였다.[433] 살렘 왕 멜기세덱은 제사장과 왕을 겸한 전형적인 인물이며[434] 장차 임할 메시야의 역할에 비유되기도 한다.[435] 이스라엘의 제사장은 정신적 지도자로서 선지자와 현인들과 함께 많은 공헌을 남겼다. 이들은 이스라엘의 역사와 율법도

제5장, 죽음에 대한 예수 그리스도의 복음신학

편찬하였다. 이들이 드리는 제사는 직업적으로 하는 것이지 결코 하나님이 진정으로 원하시는 참 제사는 드리지 않고 도리어 거부한 자들이다.

예수와 제사장, 그리고 예수의 죽음과 고난에 관련된 제사장으로의 모습은 신약성서 여러 곳에 기록되어 있다.[436]

⑥ 장로

예수 그리스도를 죽이는 데 결정적인 역할을 한 그룹이 유대인의 장로들이었다. 이들은 모세시대부터 국정에 참여하였다. 모세가 천부장, 백부장, 오십부장, 십부장을 세워 행정과 사법적 수행을 돕게 하였다. 장로들은 대의직과 의회직에 가담하였다. 그리하여 '70인 의회', '산헤드린 공회'의 의원이 되기도 하였다.[437]

장로는 국정뿐만 아니라 회당종교의 중심적 역할을 하였다. 따라서 장로들의 유전이나 전통에 위배되는 어떠한 정치나 교리나 관습에 대하여 강력하게 대처하였다. 이는 회당에서 뿐만 아니라 상회인 지방 산헤드린이나 예루살렘 산헤드린으로 상소를 하였다. 이것이 유대인들의 '장로회 제도', '원로회 제도'였다. 특히 오늘의 장로교회는 회당의 장로회 제도를 도입하여 당시의 유대인들이 3심제의 재판을 하듯이 당회나 노회나 총회 제도를 모방한 것이다.[438]

장로들이 예수를 십자가에 넘기고자 한 결정적인 원인은 장로들의 유전이나 전통에 위배되는 예수의 사역과 복음 때문이었다. 율법적인 유전이나 전통을 절대시 하는 장로들은 하나님의 말씀인 예수의 복음을 받아들일 수가 없었다. 예수의 복음은 율법적인 전통이나 유전과 상반되는 것이 너무 많았다. 그러므로 그들은 예수 그리스도가 율법을 파괴하러 온 자로 알았다. 그러나 예수 그리스도는 '율법을 폐하러 온 자가 아니라 완성케 하기 위하여 오셨다.' 예수는 율법과 전통에서 나와 하나님의 뜻과 진리에 서는 복음을 전하셨다. 예수의 복음은 새 패러다임으로 새 술은 새 부대에 넣어야 한다. 그러나 장로들은 율법종교나 유전이나 전통에 위배되는 예수 그리스도와 그의 복음에 결사 반대 입장에 선 것이다.[439]

히브리어 '시르'의 일반적인 의미는 '턱 수염'으로 장로는 수염이 많은 사람으로 인생의 경험이 많은 사람이다. 자켄은 '늙다'란 의미로 권위를 위미한다. 한 가정에 아버지가 가장이 되는 것처럼, 장로는 공동 사회의 권위로 씨족, 부족 공동체의 생활에 권위적인 존재이다.[440]

신약성서가 '대제사장', '서기관', '장로', 이 세 직분을 언급할 때는 언제나 '최고회의'를 의미하는 것이다.[441] 이 장로들은 각 씨족의 우두머리이다. 이들은 지도층의 서열에 세 번째로 들어갔다. 성전의 도성인 예루살렘에는 총독이 있었고 그 외에는 국내 문제를 다스리기 위하여 일종의 '장로들의 회합'이 있었다. 이것이 후에는 산헤드린이 되었다.

그리스도교의 장로제는 유대교 장로제의 영향이다. 미슈나에 보면, 사법 문제의 최고 법원으로 예루살렘의 산헤드린은 70인의 장로회의였다. 장로의 특권과 책임은 쿰란 사회에서도 대제사장 다음의 지위인 것을 보아도 알 수 있다. 초기 교회에서 장로는 예배 집행의 책임은 없었고, 회중에서 선출되어 영예의 자리를 즐겼다. 장로는 성서 격식[442]에 의하여 기도하고 안수하여 세우고 후대에는 '장로의 유전'이라는 율법 해석의 전승을 창조하게 되었다.[443] 예루살

제5장. 죽음에 대한 예수 그리스도의 복음신학

렘에는 유대교의 산헤드린에[444] 해당하는 야고보 중심의 장로회가 있었다.[445]

예수를 죽이는 일에 있어서 관련된 장로들의 모습이 4복음서 가운데 기록되고 있는 구절은 다음과 같다. 마태복음 15:1, 16:21, 26:3, 47, 57; 27:1, 3, 12, 20, 41; 28:12, 마가복음 7:3, 5; 8:31, 11:27, 14:43, 53; 15:1, 누가복음 7:3, 9:22, 20:1, 22:52 등.

⑦ 서기관

포로 이후에 유대교에 있어 전문적인 율법 교사와 율법 해석자를 가리킨다. 서기관은 법적인 문서를 기록 정리하였고,[446] 왕궁에는 서기관의 전용실이 있었다.[447] 포로기 이전에는 종교적인 의미가 주어지지 않았고, 단순히 세속적인 직업의 하나로 간주했다. 초기의 서기관은 율법학자는 아니었다. 오히려 서기관은 '현자'였고 '이해 할 수 있는 사람', '정의의 사람'이었다. 후기 유대교에 있어서 율법을 선정하고 구약 정경을 정리하고 확정시킨 선구자라 할 수 있다.[448]

예수 시대에 서기관의 위치는 복음서와 사도행전에서 찾아 볼 수 있다.[449] 이 시기의 서기관들은 하나의 독특한 계층을 형성하고 있다. 서기관도 특수한 고위층으로 활약한 것으로 간주된다. 서기관들의 주요 임무는 율법을 가르치고 해석하고 필사하는 데 있었다. 그리고 이보다 더 중요한 것은 율법의 체계를 보존하는 일이었다.

그러므로 예수를 죽이고자 하는 바리새나 사두개나 제사장이나 장로들은 먼저 서기관에게 유권 해석을 바라는 것이었다. 그러면 서기관들은 율법이나 유전이나 전통을 들어서 예수 그리스도의 복음을 분석하고 판결을 내리게 되는 것이다.

서기관들 역시 같은 역사와 전통에 있었으므로 율법을 예수 그리스도의 세계적이고 우주적인 복음까지 해석하는 안목을 가지지 못했다. 그나마 제사장들과 장로들에 비하면 율법의 뜻을 통찰한 사람들이었다. 그래도 그들 역시 이스라엘과 유다와 성전종교와 율법종교의 범위로 쉽게 벗어날 수 없는 상태였다. 예수 그리스도는 율법에서 복음으로의 대전환이었다. 살인에 대하여, 고소에 대하여, 간음과 음욕과 이혼에 대하여, 갱신과 혁명에 대하여 오직 율법에서 복음으로 오직 하나님 나라와 복음을 제시하였다.

예수의 서기관에 대한 지적과 예수를 죽이는 일에 동참하는 서기관들의 모습을 복음서를 통해서 살펴보면 다음과 같다. 마태복음 2: 4, 5:20, 7:29, 8:19, 9:3, 12:38, 13:52, 15:1, 16:21, 17:10, 21:15, 23:2,13,34, 26:57, 마가복음 2:6,16, 3:22, 9:14, 12:28,35,39, 14:1, 누가복음 19:47, 20:39.

⑧ 산헤드린 공회

'산헤드린'이라는 말은 마게도냐에서 사용되는 '원로원'(Synedri)에서 온 말로 헬라어 '수네드리온'이다. 예루살렘에 '장로들의 모임'에 대한 언급은 Maccabees에 세 번 이상 나온다.

신약성서에 산헤드린에 대해서 자주 언급하고 있다. 예루살렘 산헤드린은 대제사장 아래 제사장들과 서기관들 그리고 장로들로 구성되었다. 이러한 언급은 부지기수다.[450] 그러나 우리말 성서에는 그러한 어의가 분명하지 않다. 그저 공회(公會)로만 되어 있다. 공회란 바로 "the presbytery"(노회)를 말한다. 이들 회원을 '의원'으로 불렀다.[451] 그리고 대제사장들, 장로들, 서기관들이라고 하였고, 장로들보다 서기관들을 먼저 기록하였다.[452] 때로는 관원과 장로와 서기관으로[453] 대제사장들과 관원들이라고 하였다.[454]

산헤드린은 당시 이스라엘에서 명실공히 모든 대표자들의 모임이다. 첫째로 대제사장들과 24제사장들, 둘째로는 율법을 가르치는 전문적인 또는 직업적인 서기관들, 셋째로는 회당이나 노회에서 파송된 장로들로서 예루살렘 산헤드린은 모두 71인의 회원으로 구성되었다.[455]

예루살렘 산헤드린 아래 몇 개의 지방 산헤드린이 있었는데 그 규모는 작았고 그 권위도 그 아래 두었다. 예루살렘 성내에는 예루살렘의 대 산헤드린을 보조하는 두 산헤드린이 있었는데 그들의 회원 수는 23명씩이었다. 그리고 120가구 이상이면 어느 곳에서든지 산헤드린을 구성할 수 있었다. 다른 산헤드린과 구분하여 '예루살렘 대 산헤드린'이라 하였다. 이는 오늘날 한국의 국회와 같은 권위를 가졌다. 팔레스타인 지역뿐 아니라 국외의 흩어져 있는 온 유대인 회당 위에 있는 권위이다.

산헤드린 회의에서 율법 문제가 결정되었고, 유대인들만이 사는 도성과 마을의 지역에서는 관헌 당국이 되었다. 주로 처형 방법은 태형(笞刑)이었다. 사도 바울이 다섯 번 이 형벌을 받았고[456] 그 다음에는 추방되었다.[457] 또한 신을 모독하는 행위에 대하여 돌로 쳐 죽이는 형벌로 스데반이 이 형벌을 받았는데, 아마도 로마의 허락을 받지 않아도 되었던 것 같다.

마가복음에 의하면 예수는 유대교 당국에 명령에 따라 체포되었지만 빌라도의 명령에 따라 처형되었다. 그리고 이것은 산헤드린은 총독의 동의서가 없이는 사형을 결정할 수 없었음을 암시하는 것으로 본다. 하지만 예수는 모세의 율법에 대해서 명백하게 중대한 죄를 짓지 않았기 때문에 그는 정치적 선동 죄목으로 빌라도에게 넘겨졌다. 그리고 야간 심문에 관한 마가의 설명[458]은 시대착오로, 즉 기독교인들이 십자가에 달린 예수를 약속된 메시야와 동일시 하는 신성모독의 죄를 범했다고 산헤드린에 의해서 사형에 처해졌던 사실을 반영하는 것일 수도 있다.[459] 예수는 그를 저주하는 자들 앞에 서 있을 때도 하나님에 의해서 저주되지 않았다.

유대인들은 빌라도에게 자신들이 죽일 권한이 없다고 호소하였다.[460] 그러나 스데반은 산헤드린에 의해서 정죄되었으며 지체 없이 돌에 맞아 죽었다.[461]

원로원은 로마제국에서 세습적으로 입법, 행정, 사법을 관장하던 조직체로서 600명의 귀족으로 구성되어 있다. 아우구스투스는 의원이 될 수 있는 재산 자격을 백만 세스터로 규정하였다. 한 달에 두 번씩 로마나 그 근처에 모여서 황제의 보고문을 승인하고 입법과 사법 일을 결정하였다. 투표를 하여 죽은 황제를 신격화하거나 정죄하였고, 새로운 황제를 선택하는 등 일종의 거부권을 유지하였다. 그러나 점차적으로 그 세력을 잃어갔다. 결국 변경으로부터 떨어진 몇몇 지역만이 원로원의 직접적인 규제 하에 남게 되었으며 특정한 종교직이나 민간직은 오직 원로원에게만 열려 있었다.[462]

산헤드린 공회는 빌라도에게 압력을 넣어서 예수를 사형하도록 하였다.

(2) 로마제국과 예수 그리스도의 죽음

유대주의자들은 자기들이 예수를 죽이는 일에 직접적인 책임을 회피하고, 그 책임을 로마제국으로 넘겨서 자기들은 예수를 죽이는 일에 관련되어 있지 않음을 말하고 있다. 사형권에 대해서는 로마제국의 총독인 빌라도의 재판을 살펴보아야 한다.

① 본디오 빌라도의 재판

성전 모독죄와 하나님 모독죄, 또는 자칭 그리스도라 하는 죄로 사형할 수 있는 것이 유대 종교였다. 산헤드린 공회는 사형권이 유다 제국에는 없었으므로 그들은 자칭 유대인의 왕이라는 죄목을 만들어서 총독 빌라도에게 압력을 넣어서 사형하도록 하였다. 그러나 저들은 로마가 이스라엘의 종교재판을 막아야 할 위치에 있었음에도 불구하고 자기들이 내린 사형 선고를 합법화하여 실행하기 위하여 죄명을 첨가하게 된다. 그것은 바로 그리스도직에 유추되는 유대인의 왕이라는 죄목이다.

그들은 큰 명절인 유월절 중에 사형할 수 없기에 그 전에 처형시키기 위해서 새벽에 예수를 빌라도 관정으로 끌고 갔다. 빌라도는 유월절을 지키며 무슨 소란을 피울지도 모르는 유대인들 때문에 가이사랴(지중해)에서 예루살렘으로 올라와 있다가 새벽에 심문할 수밖에 없었다. 그는 예수님에게 "네가 유대인의 왕이냐"고 물었다. 이에 주님은 "네 말이 옳도다" 하셨다.[463] 즉 '그것은 네가 한 말이다'는 것이다. 그러나 예수는 빌라도 스스로가 단정해서 하는 말이 아님을 알고 계셨다.[464] 대제사장들과 서기관과 장로들이 고소를 하였음을 물어보는 것임을 말씀하셨다.

빌라도가 고소자들의 공소 사실을 묻자 예수는 한 마디도 답하지 않았다.[465] 이에 빌라도는 고소자들에게 "내가 보니 이 사람에게 죄가 없도다"466)라고 되돌리려고 했다. 그는 이 고소에 대해서 이해할 수가 없었다. 그 이유는 종교재판이 아니기에 성전 모독죄나 자칭 그리스도의 죄가 무엇인지를 알지 못했다. 또한 자기가 예루살렘에 거하고 있는데 그 누구로부터도 예수가 왕이라는 정보를 받은 일이 없었기 때문이다. 이런 일로 사람을 죽이고자 하는 유대지도자들을 이해할 수 없었다.467)

이에 대해서 고소자들은 "저가 온 유대에서 가르치고 갈릴리에서 부터 시작하여 여기까지 와서 백성을 소동하게 하나이다"라고 하였다.468) 이에 빌라도는 예수가 갈릴리 사람이므로 마침 예루살렘에 와 있는 갈릴리 분봉왕 헤롯에게 보냈다. 헤롯은 소문에 듣던 예수를 보게 되어 기뻐하면서 군병들과 함께 희롱하고 다시 빌라도에게 보냈다.469) 평소에는 사이가 좋지 않던 빌라도와 헤롯이 당일에는 서로 친구처럼 예의를 갖추었다. 악한 일에 하나 되는 일은 사두개 인과 바리새인 사이에도 있었다.

예수를 다시 대한 빌라도는 고소자들을 불러 모았다. 그리고 빌라도가 본 예수에 대해서 말하며 "저가 행한 일은 죽일 일이 없으니 때려서 놓겠노라"470) 하였다. 이에 무리가 일제히 소리질러 "이 사람을 없이 하소서 십자가에 못 박게 하소서"라는 것이었다. 빌라도는 총독으로 명절이 되면 무리의 소원대로 죄수 한 명씩 놓아 주는 전례가 있었다. 이에 죄 없는 예수를 놓아 줄 수 있으리라 생각했다. '바나바냐 그리스도라 하는 예수냐' 물으니 대제사장들과 장로들의 사촉을 받아 무리들이 바나바라고 일제히 소리를 질렀다.471)

성전종교의 제사장들이나 회당종교의 장로들, 그리고 온 유대인들은 하나님의 의와 진리와 거룩함에 거하지 아니하고 감정적 차원에서 오도하는 신앙인들이었다. 대제사장들과 서기관들과 장로들은 '하나님 나라'나 유대 나라를 위해서 존재하는 것이 아니라 그들의 종교심을 채우며 예수를 시기(猜忌)하는 것이었다.[472]

빌라도는 죽일 만한 이유가 없는 예수에게 사형을 판결할 수 없었다. 예수에게 붙여진 죄목으로 사형을 한다는 것은 로마제국에서는 있을 수 없는 일이었다. 당시 로마제국은 세계적으로 공의를 표방한 제국이었다. 그러나 예루살렘에서는 그런 일이 통하지 않았다. 다시 묻기를 '그럼 그리스도라 하는 예수는 어떻게 하랴?'

빌라도는 예수를 향해 다시 묻는다. "도대체 너는 어디로서냐" 그러나 주님은 대답치 않으셨다. 빌라도는 화를 내면서 "내가 너를 놓을 권세도 있고 십자가에 못 박을 권세도 있는 줄 알지 못하느냐"고 하자 예수는 "위에서 주지 아니하셨더면 나를 해할 권세가 없었으리라 그러므로 나를 네게 넘겨준 자의 죄가 더 크니라"고 하셨다.[473] 결국 빌라도는 "민란이 나려는 것을 보고 물을 가져다가 씻으며 가로되 이 사람의 피에 대해서 나는 무죄하니 너희가 당하라"고 하였다.[474] 결국 빌라도는 정치적인 생명을 위해서 소신을 버린 것이다.

② 복음과 로마제국

바울은 누구보다도 로마에 복음을 전하고자 하였다. 베드로도 그런 열정이 있으나 구체적인 것이 되지 못했다. 당시의 로마제국은 지금까지의 그 어떤 제국보다도 '공의의 로마제국'(Fax Romana)으로서 역사성과 세계성의 중심지였다. 바울은 로마제국과 로마인들에게 하나님의 의(righteousness)를 알려줌으로 예수 그리스도의 복음의 세계화를 바랐다. 이것이 바로 바울이 로마를 알고 있는 선교의 전략이었다.

당시 로마제국은 제국의 국가 종교(State Cults)를 가지고 있었다. 그리고 유대 종교도 로마제국에 들어와 있었다. 그러나 기독교처럼 포교활동을 하지 않았고, 헬라사상도 적지 않았다. 특히 신화사상(Hermeticism)과 영지주의가 성행했다. 이들이 반로마운동을 벌이지 않는 한 로마는 관용적이었다.[475]

기독교가 선교를 시작할 당시에 로마제국의 종교는 '혼합된 다신교'라 할 수 있다. 그러나 그들의 박해로 인해서 직접적인 결과는 그리스도의 추종자들이라고 알려져 있던 자들의 수효를 삭감시키는 대신 계속 신앙을 지켰던 사람들의 힘을 강화시켜주는 것으로 나타났다. 기독교 초기 선교에는 방해가 없었으나 점차 확장됨에 따라 로마제국으로부터 핍박을 받기 시작했다. 그것은 황제 숭배를 거부하였기 때문에 반로마제국이라는 이유로 처참한 박해를 받기 시작한다. 로마황제들은 기독교 선교 활동에 의해 국가 종교의 존립이 위협받게 되자 더욱 박해의 강도를 높여 갔다. 본래 기독교인들은 황제 숭배에는 타협하지 않았으나 반로마적인 나라 운동이나 반황제 운동은 전혀 하지 않았다. 오직 예수 그리스도와 하나님에 대해서는 순교 정신으로 신앙생활을 했다. 점차 기독교는 박해에도 불구하고 로마에 영향력을 끼쳤다. 박해가 심할수록 이미 복음을 잉태한 로마에 기독교는 활발히 확장되었다.

기독교가 로마제국의 핍박 가운데서도 계속 확장될 수 있었던 것은 자신들이 하나님의 아들의 예배자들이며, 그 아들을 통해서 아버지께로 가까이 나아갈 수 있다는 확신 때문이다. 로마의 최고 정치기구인 원로원은 기독교에 대한 경계가 심했으나 기독교는 점차 원

로원까지 영향을 끼쳤다.[476)]

기독교가 로마제국에 선교할 때 로마제국은 동쪽으로는 유프라테스 - 티크리스 지방으로, 서쪽으로는 지브랄타르 해협의 민족 국가로, 남쪽으로는 나일강 상류 지방으로, 북쪽으로는 부리텐 지방 엘베 강 유역을 포함하는 광대한 지역을 통치하고 있었다. 따라서 이 넓은 지역에 사는 모든 민족들은 활발하게 경제, 사회, 문화, 종교적으로 교류하며 합류하였다. 로마제국은 그 통치하에 있는 모든 백성들에게 황제 숭배 종교를 요구했다. 이는 동양의 조상 숭배의 영향을 받은 고대 도시국가들의 유물로 로마제국 같이 제국의 종교 신으로서는 부적당했다.

C. E. 64년부터는 기독교 선교가 금지되기 시작했다. 그러나 그것은 오히려 카타콤베(Catacomb) 쪽으로 신앙의 공동체가 확산되었다. 이후 C.E. 98년 도미시안 황제 때에 다시한번 대 박해가 있었다. 이 박해는 C.E. 250년까지 계속되었다.[477)] 로마는 기독교인들이 주님의 성만찬을 행하는 것을 보고 피가름을 하는 무리들로 여겨서 인간 취급을 하지 않았다. 그리고 기독교인들은 로마인들의 각종 경기나 게임에 하나의 도구나 희생물이 되었다.

이 같은 핍박 가운데서도 기독교는 계속 확장되었다. 데시우스(Decius, 249) 황제는 기독교의 확장을 막기 위하여 대 박해를 실시하였다. 고문, 투옥, 압류, 그리고 추방이었다. 그리고 로마의 잡신들에게 희생 제사를 드리게 하여 순종하는 자에게는 자유를 주고 그렇지 않는 자에게는 처형을 하였다. 그러나 고드(Goths) 전쟁에서 패한 데시우스의 후계자도 계속 핍박정치를 했다. 발레리아(Valerian) 황제가 펄시아와의 전쟁에서 체포되자 기독교에 대한 박해가 끝이 났다.

그때가 C.E. 260년이었다. 이후 40년간 로마에 기독교는 놀라운 성장을 하여 교회는 크게 건축되었다.[478]

오랜 박해와 핍박 가운데서 무수한 순교자들의 죽음은 복음의 새 생명의 역사로 나타난 것이다. 핍박 중에 기독교는 로마제국 안에서 가장 강한 모임과 조직체가 되었다. 그 핍박 가운데서 강한 복음화를 이룰 수 있는 요인은 복음의 핵심인 예수 그리스도의 십자가와 부활이었다.

C.E. 303년 디오크레시안(Dioclestian) 황제가 또다시 기독교 박해하여 수십만 명의 기독교인들이 처형을 당했다. 그 뒤를 이은 콘스탄틴(Constantine, 274-337)은 그의 어머니를 통해서 기독교를 알게 되었고, 312년 제국의 꿈을 꾸고 있을 때, "이것으로 정복하라"는 주님의 십자가로 정적을 물리치고, 313년 모든 종교를 모든 사람을 위하여 자유하게 하기로 허락했다.[479]

콘스탄틴은 기독교를 국교로 한 적도 없고, 337년 죽을 때까지 세례를 받은 적도 없다. 기독교가 로마제국을 기독교화하기까지 기독교인들은 어떤 종교 역사에서도 볼 수 없는 극심한 박해를 받았다. 여기서 기억할 것은 유대 종교는 나라와 민족을 지키기 위한 본능적인 종교였고, 이방 종교는 잘 먹고 잘 살고 불안과 공포와 죽음에 대한 피안의 세계를 찾았다. 이에 비하여 기독교는 그런 종교와는 구분이 되었다.

로마를 정복한 기독교는 먼저 사상(out-thought)을 초월하였다. 그들은 복음 때문에 어떤 사상과도 시시비비를 하지 않았다. 또한 생명의 초월(out-lived)이었다. 자기 생명을 오직 복음을 위하여, "뜻이 하늘에서 이루어진 것 같이 땅에서도 이루어지게" 되기를 바라는 종말론적인 신앙을 위하여 자기 자신의 생명을 내 놓는 일이었다. 기독교는 박해 가운데서도 주님이 "내가 너희를 사랑한 것 같이 너희도 서로 사랑하라" 하신 말씀으로 이웃과 원수까지 사랑하는 삶을 살았다. 기독교를 박해하고 핍박했던 로마는 이제 복음의 온상이 되어 복음이 잉태되었고, 생명의 복음이 밖으로 전파되어 바로 로마를 정복한 것이다. 이것은 주님의 승리이며 복음의 승리였다.

3. 예수 그리스도의 죽음의 복음신학

지금까지 그리스도의 죽음과 그리스도에게 십자가를 지게 한 배경을 살펴보았다. 이제는 예수의 죽음에 대한 내용들을 논하려고 한다. 비록 가장 오래된 기독교 전통 속에서도 그리스도인들의 희망이 예수의 죽음이 아니라 부활에 근거를 두고 있다고 말하더라도 예수의 죽음 자체를 간과할 수 없다.

그러면 예수의 죽음이 우리의 죽음을 위해서 무슨 의미를 지니고 있는가? 인간은 죄를 범하여 그 결과 죽을 수밖에 없는 존재이다. 이러한 궁지에 빠져 스스로를 알았을 때는 이미 때가 늦었다. 자기의 힘으로는 도저히 그 궁지에서 빠져 나올 수가 없었다. 그래서 죄와 죽음의 무거운 짐을 지게 되었으며 평생 이러한 눈물과 탄식 속에서 살 수밖에 없게 되었다.

이러한 처참한 역사에 하나님은 인간을 죄와 죽음의 자리에서 구원하시고자 많은 선지자들을 통해서 또는 양심과 도덕심을 통해서 때로는 자연계의 여러 가지 이상을 통해서 하나님의 말씀을 지켜 하나님께 복종하는 생활을 가르쳐 주셨다. 그러나 인간은 자기들의 중한 죄와 그것에 대한 무서운 결과를 알지 못하고 계속해서 죄 가운데 머물러 있었다. 그러면 인간 구원의 길은 무엇일까? 하나님께서 공의로 인간이 범한 그 죄에 따라 형벌을 가하면 인간이 생존할 가능성은 없다. 그렇다고 하나님께서 당신의 공의를 무시하고 인간의 비행과 죄를 그대로 내버려 둘 수도 없는 것이다. 또한 인간은 스스로 하나님의 공의를 지킬 수 없을 정도로 죄악에 물들어 있으며 성품이 악화되고 말았다.

인간을 죽음으로부터 구원하실 분은 하나님 자신 이외에는 아무도 없다. 그러나 하나님 자신이 인간의 몸을 입는다는 것은 있을 수가 없다. 그 이유는 하나님은 절대자로서 인간의 모습을 입어 상대적인 존재가 될 수 없기 때문이다. 그래서 하나님 자신인 그리스도가 인류 안에 들어와서 인류 구원의 큰 일을 수행하는 것이다. 하나님은 이 방법을 택하시고 예수 그리스도로 인간의 역사에 들어오신 것이다. 이러한 목적을 가지고 그리스도가 세상에 오신 사건을 하나님의 성육신(成肉身)이라고 한다. 혹은 도성인신(道成人身)이라고도 하고, 화육(化肉)이라고도 한다. 성육신의 사건을 통하여 하나님의 진리가 구체적인 권능과 자비와 사랑으로 나타난 것이다. 그리스도의 삼중직 가운데 제사장 직임이 스스로가 희생제물이 되셔서 십자가에 죽으신 것이다. 그리스도의 제사장 직분은 화해의 사역이다.

인간이 하나님의 성육신과 고난을 통하여 하나님과의 관계를 회복하고, 하나님의 새로운 피조물로 거듭나게 하였다. 이 화해론은 기독교의 신앙과 신학의 중심이다. 우리와 함께 하시는 하나님, 하나님과 함께 있는 우리를 말하는 화해론은 그리스도론의 핵심이다.

그리스도의 성육신은 육신이 되심과[480] 육체로 오심,[481] 육신으로 나타나심,[482] 혈육에 속함,[483] 한 몸이심,[484] 육신으로 죽을 것임[485]을 말한다. 그리스도의 속죄의 사역은 이미 예언되었고[486] 상징되었고[487] 성취[488]되었다. 대속의 목적은 '율법 아래 있는 자를 속량'이다. 메시야의 성육신의 목적은 율법 아래서 정죄 받은 모든 인간들을 십자가의 피로 속량하시기 위해서다. 죄 사함이 없이는 인간의 하나님과의 연합이 불가능하기 때문에 모든 죄인은 그리스도의 대속의 공로를 힘입어 하나님 앞에 나아갈 수 있는 것이다.[489]

예수 그리스도의 성육신 사건은 바로 하나님께서 여러 선지자를 보내었는데 저들은 선지자들의 말에 귀를 기울이지 않고 거부하게 되자 친히 육신의 몸을 입고 저들을 구원하기 위해서 이 땅에 오신 것이다.

4복음서에서 성육의 목적을 여러 가지로 살펴볼 수 있는데 다음과 같이 네 가지로 정리할 수 있다.

첫째는 희생으로서의 예수의 죽음을 말한다. 그리스도의 수난에 대한 증거는 많다. 예수가 그의 살과 피를 세상의 생명을 주기위해서 주신 것이다. 구체적으로 주의 만찬 제정시에 나타난다. 주의 만찬의 제정은 구약을 배경으로 이해하여야 한다. 예수는 그것을 새 언약 특히 "죄 사함을 얻게 하려고 많은 사람을 위하여" 흘리는 그의 피[490]와 관련된 것으로 설명한다. 이것이 옛 언약의 희생사와제 관련되어 있다. "죄사함을 얻게 하려고"라는 말은 마태복음에만 나타난다. 그러나 그의 죽음 자체가 그의 사역의 완성으로 보여준다.

둘째는 예수의 자발적인 죽음으로 선한 목자의 알레고리에서 예수의 선한 목자는 자기 양들을 위하여 자기의 목숨을 버린다고 말할 뿐만 아니라[491] 또한 선한 목자 자신이 그 스스로의 뜻에 자기 목숨을 버린다고 말한다.[492] 그는 위로부터 허용되지 않는다면 빌라도가 자기를 해할 권세가 없다고 주장한다.[493] 그는 친구를 위해서 목숨을 희생하는 것보다 더 큰 사랑은 없다고 하는 것을 분명하게 밝혔다.[494]

세 번째는 신적 필연으로서의 예수의 죽음을 말하고 있는데 요한은 몇 차례에 걸쳐서 예수의 때가 아직 이르지 않았다고 말했다. 그러나 이제 예수가 자신의 입을 통해서 "아버지여 내 때가 이르렀나이다"(요17:1)고 한다. 예수의 죽음은 예수의 사역의 절정이다. 이 죽음은 신적 계획의 일부였다.

네 번째는 예수의 대속적인 죽음으로 예수가 요한에게 세례를 받으러 온 자들과 더불어 자신도 세례를 받으려고 했을 때, 요한이 망설이자 예수는 이로써 모든 의를 이루는 것이 합당하기 때문에 세례를 청한다고 말했다. 회개를 필요로 하지 않음에도 회개하는 자들과 하나가 되었다.

다섯 번째는 마귀에 대한 승리로서의 예수의 죽음을 말한다. 마지막으로는 오직 회개와 신앙을 통해서만 이용될 수 있는 예수의 죽음을 말하고 있다.

그리스도의 오심으로 메시야의 언약이 성취되었다. 그리스도의 오심으로서 하나님의 비밀의 경륜이 드러났다. 또한 율법과 저주의 심판으로부터 속량 받게 되었다.

왕으로서의 그리스도는 죽음의 권세에 대한 승리자로서의 왕권과 그의 백성을 다스리는 영적인 왕권과 일반 세계를 지배하는 권능의 소유자로서의 왕권이다. 인간은 그 누구도 자기 자신을 지배하는 죽음의 권세를 깨뜨릴 수가 없었다. 이 같이 죽음의 권세를 파괴하고 인류로 하여금 죽음에서의 해방을 얻게 해 주신 분이 바로 그리스도다.

죄와 죽음이 지배하는 이 세계에서 하나님의 주권은 예수 그리스도의 중재 행위를 통해서 이루어진다. 그러므로 죽음으로부터의 해방과 승리를 의미한다. 그리스도는 죄인을 위해서 죽었다. 그 결과로 인류는 죄의 속함을 받았다. 그러나 예수 그리스도의 죽음에 대한 이해에 있어서는 여러 가지 학설이 있다.

황승룡 박사는 다음과 같이 주장한다.

첫째는 배상설(賠償說)로 그리스도의 죽음은 사탄에게 준 속전이다. 이 속전을 받은 사탄은 인류를 자기들의 지배 하에서 석방해 주었다. 그러나 이 설은 너무나도 사탄의 권한을 강조하는 경향이 있고 또한 예수의 죽음을 하나님에 대해서가 아니라 사탄에게 주어진 죽음이라고 하는 설에 있어서는 성서적인 해석이 아니라 해서 별로 지지하는 사람들이 없다.

둘째는 만족설(滿足說)로 중세기의 석학 안쉘이 주장한 설로 그리스도의 죽음은 사탄에게 지불된 속죄로서가 아니라 인간의 범죄로 인하여 극도의 손상을 당한 하나님의 명예를 만족해 주기 위한 것이다. 하나님은 받으신 상처의 대가를 반드시 받은 후에야 죄를 용서해 주시기 때문에 그리스도가 하나님의 노하심을 풀고 손상 받은 영예(榮譽)를 만족해 주어야만 죄를 용서해 주신다. 이 설은 때로 상업설이다. 손상당한 것만큼 배상을 받고 만족한 후에 인류의 죄를 용서해 주신다는 해석이다. 이 설은 종교 개혁자들에게 많은 영향을 주었다.

셋째는 도덕 감화설(道德 感化說)인데 하나님의 사랑이 얼마나 위대하다는 것을 보여주고, 누구든지 십자가상에서 나타난 하나님의 사랑을 쳐다 볼 때 그들은 마음의 감화를 받아 자기들도 사랑의 생활을 할 수 있게 하기 위한 죽음이다. 이것을 도덕감화설이라고 하고 때로는 주관설이라고도 한다. 이러한 생각은 18세기에 이르러 슐라이엘막하 신학에서 나타났다가 20세기 초부터 이러한 설을 지지하는 사람이 많아졌다.

네 번째는 모범설(模範說)로 16세기 소찌니우스 숙질(叔姪)이 주장한 설로 그리스도의 죽음은 다른 의미가 있는 것이 아니라 그의 생애를 통해서 참된 복종을 보여 주었고 또한 마지막으로 십자가 위에서 큰 모범을 보여 주었다. 도덕 감화설과 유사한 점이 있기는 하지만 도덕 감화설보다는 훨씬 더 합리적인 해석이다.

마지막으로 대속설(代贖說)이다. 위에 말한 여러 가지 설에 대해서 어떤 사람은 그리스도의 죽음이 우리의 죄값을 대신 담당하시고 죄인이 받아야 할 모든 저주와 형벌을 당신이 담당하시고 죽으셨다는 설이다. 무죄한 사람이 죄를 대신 지고 십자가상에서 죽으셨다는 것은 이해할 수 있으나 그 사람의 죽음이 어떻게 죄인의 죄를 없게 할 수 있을까 하는 의문을 내포하고 있다. 그러나 이 설의 장점은 성서의 여러 구절에 근거해서 이루어진 점이다.

다시 간추려서 분류해 본다면 속죄론에는 크게 나누어서 두 가지가 있다. 즉 그리스도의 죽음은 하나님께 바쳐진 희생제물로서 그 효과는 하나님의 죄인에 대한 태도 변경에 있다. 이것을 객관설이라고 한다. 이에 대하여 그리스도의 죽음은 신자들의 외부의 무엇에 영향을 준 것이 아니라 신자의 내부에 변화를 일으키게 하는 결과를 가져오는 것이다. 이것을 주관설이라고 한다. 어느 한편만을 주장하는 것은 너무나 성서를 일방적으로 해석하게 된다. 결국 이 두 가지 해석을 종합해서 그리스도의 죽음을 이해할 때 가장 적절한 해석이 될 것이다. 그러나 분명한 것은 예수의 죽음은 우리를 죄와 죽음에서의 해방이며 기쁨이며 소망이다.

1) 예수 그리스도의 죽음과 십자가

본디오 빌라도에 의한 예수의 십자가의 죽음은 가장 확실한 역사적 신학적 사건이다. 고대 역사 안에서 십자가의 죽음은 형벌(처형)에 의한 형태로서 잔혹성에도 불구하고 실행되었다.

십자가형은 페르시아, 인디안, 앗시리아인 그리고 그밖에 사람들 가운데 집행되는 한 방법으로 적용되었다. 그 후에는 희랍인과 로마인들에게 적용되어진 방법이다. 어떤 증거는 십자가형은 헤롯 대왕 이전에 유대인들이 사형 집행의 한 방법으로 사용했다고 한다. 고대 문헌들 가운데 터툴리우스가 기록한 문헌에 의하면 십자가형은 극악무도하다고 기록하고 있다. 더욱 불명예스러운 것은 그 사람은 매장되지 않고 십자가 위에서 새들에게 먹이로 제공되거나 부패하게 한 것이다.

십자가 처형은 공개적이었다. 벌거벗기어 십자가 형태의 나무에 매달고, 그 위에 죄목을 달았다. 지나가는 사람들로부터 조롱을 당했다. 십자가 처형의 기술은 현존하는 고대 문헌에 드물게 나타난다. 대부분의 엘리트 학자들은 이 소름끼치는 야수적인 행위는 오랜 시간동안 계승되어졌다고 한다. 실제로 복음서 중 이 부분을 가장 세밀하게 묘사한 수난설화에 대해서 헹겔은 십자가 처형의 실제 행동의 하나하나가 열거 되어진 것에 주목다.

그들은 모든 묘사를 피하고 단순히 "그들은 그를 십자가에 못 박았다'라고 기술했다. 십자가 처형은 집행자의 지휘에 따라 형벌이 가해졌다. 결국 권위에 대항하는 자들에 대한 체벌로 위험인, 살인자, 노예, 민중들에게 행해졌다. 십자가 처형은 군사적 정치적 형벌이었다. 이에 로마시민은 십자가 처형의 죽음에 의해서 혐오적인 자극 기분을 불러 일으켰다. 이런 십자가 처형은 로마의 절대자와 법과 체재를 유지하기 위해서 실행되어진 것이다.

십자가형은 로마의 처형의 관행이었다. 그러나 현존하는 고대문헌에서는 기록을 발견하기가 어렵다. 이것은 십자가형이 드물어서가 아니라 문서에 잘 기록하지 않은 까닭이었다. 공포스럽고 잔인해서 자세히 남기는 것을 주저하였다. 그러나 복음서의 예수의 수난 기사를 헹겔은 십자가형의 기사는 긍정적인 해석을 가졌다. 그는 십자가 처형을 스토아 철학에서 발견한다. "현자는 죽음으로부터 자유하기 위해 고통을 받는다. 몸으로부터 영혼을 분리시키기 위해 노력한다"라고 했다. 모든 자세함은 피하고 "그들은 그를 십자가형에 처형했다"고 간단한 보고를 했다.[495]

십자가형의 절차는 사형집행이 일정하지 않았음을 본다. 예를 들면 로마가 예루살렘을 포위했을 때 요세푸스의 증언에 따르면 "징벌로 고문을 하였고 ─ 그리고 성전 반대쪽에서 십자가형을 당했다"고 하였다. 힘의 무서운 광경을 보여 줌으로써 예루살렘을 포기하도록 로마 사령관 디도는 그의 병사들을 계속 자유롭게 방치해서 그들이

만족을 얻을 때까지 십자가형을 행하였다.[496]

　로마시대의 십자가 처형은 좀더 동일한 것으로 나타난다. 그것은 채찍질을 하고 십자가 처형 장소에 말뚝을 박고 예수를 십자가에 묶어 팔을 벌리게 한 후 들어 올린다. 반면에 로마시대의 십자가 처형의 절차는 주체에 따라서 변동적이다. 그것은 사형을 집행하는 집행자에게 달린 것이다.

　그러나 이러한 견해 뒤에는 십자가 죽음에 대한 긍정적 해석의 비유를 금지했다. 이미 1세기 십자가 처형은 신명기 21:22-23절과 같이 이해했다. "나무에 매달린 사람은 하나님의 심판 아래 있다." 이 구절은 사형을 집행한 범인들을 공식적으로 나타낸 것이라 여겨진다. 그러나 신약에 나타난 의미는 초대 교회 안에서 십자가에 처형된 사건을 고려할 때 나타난 것으로 넓게 해석할 수 있다. 십자가 처형은 유대 반란군을 처벌할 때 사용한 것으로 해석하지 않았다.

　1세기 팔레스틴에서 십자가 처형에 관련된 고고학적 증거는 매우 빈약하다. 1968년 오스아지는 북 예루살렘 Giciat를 동굴에서 발견하였다. 그것은 1세기 중후반에 십자가 처형에서 희생된 성인 남자의 유골이었다. 이 유골에 대한 연구에서 못 자국들은 각 팔에서 발견되었다. 팔꿈치 뼈는 철못이었다. 이 못은 두 발과 뒤꿈치 뼈에도 있었다.

　빌라도 총독 아래서의 예수의 십자가 죽음은 그리스도인이든지 비그리스도인이든지 잘 아는 사실이다. 이런 고대기사는 4복음서에 기록되었고, 신약성서는 역사적 사건으로 간주하고 있다. 요세푸스는 십자가 처형은 빌라도가 명령했다고 한다. 왜냐하면 예수가 십자가에 죽었다는 것은 의심할 여지없이 역사적인 사실이기 때문이다.

그러나 여기에 여러 가지 문제들이 일어난다. 십자가 죽음의 연대 측정과 십자가 죽음의 세밀한 기록의 역사성, 예수와 그의 제자들에 의한 예수 그리스도의 죽음에 대한 해석이다.

예수의 십자가 죽음의 연대에 대해서 4복음서에서는 예수가 금요일에 죽었다고 한다. 즉 안식일 전날이라는 것이다. 그러므로 이 연대는 유월절 금요일과 관련이 있다고 여겨진다. 공관복음은 최후의 만찬을 니산월 15일, 곧 유월절 저녁으로 기록했다. 그러므로 예수의 체포, 심문, 죽음을 니산월 15일인 유월절 저녁으로 계산한다. 반면에 요한복음은 예수의 죽음을 14일, 즉 유월절을 준비하기 전이다. 만일 우리가 예수 그리스도의 죽음을 태양력으로 계산한다면 십자가 죽음은 C.E. 30년이라 할 수 있다.

그러나 요한의 기록에 따르면 C.E. 33 Opsill 3일로 실행되었거나 C.E. 30 Opsill 7일에 실행되었다는 것이다. 공관복음의 계산에 따르면 C.E. 27년과 34년이 가정된다. 여기서 요한의 기록과 공관복음의 기록을 적용할 수 있을까? 이 딜레마를 풀기 위해서 세 가지를 제안한다. 어떤 학자는 공관복음이 정확한 연대를 기록했다고 주장한다. 그리고 요한은 예수 그리스도를 유월절의 희생양으로 충분히 묘사하고 있다는 역사적 견해를 가지고 있다. 요한은 이 사실에 대해서 정확한 신학적 견해가 있었음이 분명하다. 그러나 최근 성서 비평 단체는 예수 그리스도의 수난 전통 안에서 요한의 언어는 가정에서 수반된 것이라고 여긴다.

다른 견해로 공관복음은 마가의 창조적 시도로부터 유월절 최후의 만찬을 묘사하기 위한 목적의 결과로 추정된다. 이 주장은 공관복음 안에서 유월절 요소의 성격을 완전히 통합하는데 실패한 것으로 여겨진다. 뿐만 아니라 최후의 만찬의 요한의 묘사는 유월절 성격이라는 것이다.

공관복음과 요한의 연대가 많은 부분 일치한다는 것이다. 이 두 이론도 특별한 가치가 있다. 예수 그리스도와 그의 제자들과 바리새인은 하루를 일조로부터 일몰까지 계산하는 것이 우세적이다. 이것은 유대인과 바리새인이 하루를 계산하는 것과도 같지 않다. 즉 유월절(최후의 만찬)은 예수와 제자 그리고 갈릴리인에 의해서 니산월 14일 목요일 저녁이라는 것이다. 유대인은 유월절을 니산월 15일이라는 것이다.

끝으로 우리는 예수 그리스도는 니산월 14일에 십자가에 처형되었다고 결론을 지을 수 있다. 즉 C.E. 30. Opsill 7 또는 C.E. 33. Opsill 3이라는 것이다. 후자의 날짜는 시저의 친구들과 그의 새로운 친구들이 유대인을 달래기 위해 빌라도에게 협조되어 지어진 것이다. 이 두 날짜는 A.D.32년 후 유대인들과 빌라도의 정치적 연관으로서 여겨지는 것이 좋다고 본다.

십자가 처형의 전통에 대해서 최초의 학자들은 십자가의 처형에 대한 마태의 자료는 마가에서부터 왔다고 추정한다. 모든 가능성 안에서 4세기 복음주의자들은 마가의 자료가 아니라고 본다. 과거의 대부분의 비평가들은 누가의 기사는 마가에 의존해서 대부분 기록했다고 주장한다. 좀더 최근에는 마가의 이야기에 누가의 창조적 작업이 이루어졌다고 강조한다.

누가의 대부분의 증거들은 예수 그리스도의 십자가 죽음이 비마가의 전통이라는 것이다. 학자들은 이 전통의 요소에 동의하지 않는다. 첫째 누가는 마가의 기초에서 쓴 것이 아니고 누가 자신의 창조적으로 쓴 것도 아니라고 이야기 한다. 둘째로 누가는 마가의 기초에서 썼으나 전통적 요소를 선택하여 자신의 다른 점들을 주장하였다는 것이다. 결론적으로 누가복음 안에 마가의 기사들로부터 언어나 문장의 평가절하는 누가의 독자적 창조성에 기초하여 쉽게 설명할 수 없다는 것이다.

해석학적 의미로서의 예수의 십자가 죽음은 누가복음 24:20-21절에 기록되었다. 누가도 이 본문에서 '그들'(they)의 책임으로 일치시키려는 것이 아니다. 예수를 따르는 무리들의 희망은 유대의 지도자가 로마의 절대 권력에 대항하여 싸우는 데 초점을 두고 있다. Cleopas와 그의 친구들은 예수의 죽음에 충격과 좌절을 가지게 된다. 그들은 또한 메시야의 십자가 처형에 발생하는 해석학적 문제의 근원을 터뜨렸던 것이다. '그리스도의 몸' 이것은 이사야 52:13절부터 53:12절까지의 고통 받는 메시야 예언에 그리스도의 이론을 기초한 것이 분명하다. 그러나 1세기 유대인의 메시야의 기대는 다윗의 자손에 영광과 탁월한 왕국에 초점을 두고 있다. 이사야의 이 구절은 결코 메시야의 의미가 아니라 그러나 후대 유대주의는 이 구절은 구원자를 기대하는 것으로 묘사하는데 바꾸지 않았다는 것이다.

신명기 21:22-23절의 십자가 희생양의 해석에 따르면 하나님의 저주이다. 그러나 '메시야'는 문자적으로 분명히 '하나님의 기름부은 자이다.' 이것은 예수 그리스도의 십자가는 예언자들의 성취 결과임을 증거한다. 오직 만족할 만한 대답은 처음 제자들에게도 마찬가지로 예수는 화목하게 하는 제물로 이해되었다.

왜 예수는 그의 제자들에게 "너희는 나를 누구라 하느냐?"[497]라는 질문을 했을까? 예수의 물음과 인자의 고통의 가르침도 그의 죽음과 선교에 관련시켜 취급할 수 있다는 것이다. 예수 자신도 그의 선교를 통합하여 이스라엘과 그의 나라를 구속하므로써 그의 임박한 죽음을 보았다. 아울러 예수 그리스도의 죽음과 부활은 하나님 나라의 도래의 모든 것을 보여주는 것이다. 예수 그리스도의 죽음으로 그의 제자들은 하나님의 목적이 성취되었음을 보았다.

왜 예수 그리스도는 십자가에 죽음을 당하셨는가? 이는 최근에 역사적 예수의 주된 문제이다. 이 물음은 정치적으로 답할 수 있다. 복음서 밖의 역사적 연대에 대한 분명한 점은 로마지방의 유래에서 그 현실을 찾아 볼 수 있다. 이 집행은 로마의 행정 관리 아래에서 수행되어진 것이다. 우리의 견해로 십자가 처형은 로마의 지방(유대의) 치안을 대항함으로써 이루어진 것이다. 이 영향도 복음서 기자들 자신들에 의해서 지지되었고, 빌라도의 치안유지의 명백한 이슈였다. 예수는 치안의 선동자로 간주되어 선동죄로 사형을 당했다. 유대의 지도자들은 예수를 위험한 인물로 간주하고 그를 사형에 처하였다. 그러나 예수는 실제로 반란의 주동자는 아니었다. 유대인 지도자들이 말한 죽을만한 죄나 비난받을 행동은 예수에게서 발견되지 않았다. 예수는 유대인의 지도자들의 이권 아래 유월절에 사형을 당하였다.

2) 마태복음에 나타난 죽음의 복음신학[498]

마태는 예수가 아브라함과 다윗의 자손인 메시야로서의 그리스도로 증거한다. 그의 그리스도론은 하나님의 백성을 구원하시기 위하여 메사야를 보내신 것을 강조하고 있다. 이를 위해서 탄생설화를 기록하였고 구약을 인용하였다. 그리고 예수의 사명 역시 이스라엘의 잃은 자를 찾아 구원하시고자 하시는 하나님의 뜻과 하나님의 나라가 사마리아와 땅끝까지를 언급하고 있다.

예수의 죽음 역시 이를 위한 하나님의 사랑으로 증거하였다. 대제사장들과 심지어 빌라도조차 그리고 군인들조차 이를 위한 예수 그리스도의 죽음을 언급하였다. 이는 곧 '유대인의 왕'으로서 메시야를 말한다.

하나님의 아들이 어떻게 수난을 당하고, 고난을 받고 죽임 당했는지를 제사장들도 증거를 하고 있는 것이 마태복음에 나타나 있는 죽음의 복음신학이다.[499] 그러면서 겟세마네의 예수는 하나님을 '아버지'로 불렀다.[500] 이는 하나님 아버지에게 아들로서의 순종을 의미하였다. 그리고 체포되고 연행될 때에도 '나의 아버지'라 하셨다.[501] 이는 아버지와 아들이 구원 사역의 중심임을 보여 준다.

십자가상에서도 "네가 하나님의 아들이어든 거기서 내려오라"고 하였다. 이렇게 '하나님의 아들'로서의 그리스도와 그의 죽음이 마태복음에 나타난 복음신학이다. 이는 죽기까지 아버지를 순종하는 아들과 같은 그리스도의 죽음을 말한다. 이는 곧 종이나 다름없는 아들의 위치를 말한다. 이사야 53장에 나타나 있는 '고난 받는 종'과 직결된다. 이는 자기 백성을 죄 가운데서 구원하시기 위한 하나님의 섭리를 말한다. 이에 순종하는 아들, 곧 그리스도라는 것이며, 이 그리스도는 십자가에서 죽음을 통하여 아버지의 뜻을 이루신다는 것이다.

특히 마태는 예루살렘과 골고다를 동일시하였다. 베드로가 "주는 그리시도시요 살아 계시는 하나님의 아들"이라는 신앙 고백을 하였을 때, 주님은 인자가 예루살렘으로 올라가 대제사장과 장로들과 서기관들에 의하여 고난을 받고 죽음을 당할 것을 말씀하셨다.[502] 그리고 "누구든지 나를 따르려면 자기를 부인하고 자기 십자가를 질 것"을 친히 말씀하셨다.[503]

예수는 작은 믿음만 있어도 이런 십자가를 질 수 있다는 교훈을 하셨다.[504] 그러나 그들은 근심한 것이다.[505] 그리고 마태가 전하는 바에 의하면 사도들보다는 베다니의 친구들이[506] 아리마대 요셉이[507] 무덤에 찾아간 여인들을 언급하고 있다.[508]

이는 곧 복음이 어떤 특정인들에게 교리적으로 율법적으로 제한되어 있는 것이 아니라 12사도 밖으로 이미 번져 나간 상태를 말한다. 이스라엘은 예수를 거절하였고 그의 복음을 외면하였다. 마태는 하나님의 구원이 이스라엘에게서는 떠난 것을 말한다. 그리스도를 죽이는 순간부터 하나님의 구원은 이방까지 미치는 것을 말하였다. 이는 예수 그리스도의 십자가를 통하여 모든 죄사함을 이루시고[509] 모든 민족을 구원하시고자 하시는 섭리를 이루시고자 하신 것을 언급하고 있다.[510]

3) 마가복음에 나타난 죽음의 복음신학

마가복음에 나타난 예수 그리스도의 죽음의 복음신학은 대단히 요약되어 있다. 그러나 그의 목회의 종국은 곧 골고다와 연결을 시키고 있다. 특히 십자가상의 죽으심과 하나님의 아들로서 믿음의 공동체들의 구원을 말하고 있다.[511] 물론 마가복음도 예수가 그리스도며 하나님의 아들이심을 초반부터 강조하고 있다.[512] 그러나 그의 반대자들이 그를 죽일 음모를 계획했다고 말하고 있다.[513] 그러나 주님은 이미 예고된 거부와 죽음을 말씀하였다.[514] 그리고 마가는 예수의 죽음이 곧 하나님의 계시된 완성으로[515] 하나님의 아들이심을 말하였다.

그러나 마가는 '하나님의 아들'과 '인자'를 동일시하는데 그 특징이 있다.[516] 즉 하나님은 많은 사람들을 구원하시기 위하여 십자가를 지고, 하나님의 사역에 따르는 것으로 언급하고 있다. 이는 구약의 성취며[517] 고난 받는 종의 사역임을 말한다. 이것이 하나님의 구원 사역의 본질이며 사명이다.[518] 이를 위하여 예수는 당당히 예루살렘에 입성하셨고 이를 잘 모르는 제자들은 오해도 없지 않았다. 그러므로 최후의 만찬(Last Supper)을 베푸시며 만민을 구원하시고자 하시는 희생의 제사의 완성을 가르치셨다. 그러므로 산헤드린이 예수를 죽일 음모를 한 것으로 증거한다.

그러나 예수는 골고다를 향하시며 자신만이 아니라 제자들에게도 따를 것을 말씀하신 것이다. 이를 우리는 Vla dolorosa라 한다. 물론 이는 그때 주님이 걸으셨던 골고다의 길이 아니라 오늘의 목회현장을 말하는 것이다. 이는 주님께서 십자가를 지신 것 같이 십자가를 지는 실제를 말하는 것이다. '고난 받는 종'도 같은 맥락인 것이다.

특히 우리는 '고난 받는 공동체'(The Suffering of the Community)를 마가복음에서 읽을 수 있다.[519] 이는 곧 '고난 받는 종' 메시야에서 나온 동의어인 것이다.[520] 그러나 저희는 깨닫지 못하였다.[521] 겟세마네에서도 예수는 그것을 안타깝게 여기시며 고뇌하셨다.[522] 이런 일은 유대인들이나 다름없는 현상이었다. 가룻 유다가 그러하였다.[523] 그리고 12사도들은 십자가 현장에 부재하였고, 구레네 시몬이 주님의 십자가를 대신 지는 장면을 보이며 12사도들의 믿음이 없음을 보여

주고 있다.[524] 주님은 "십자가를 지라"는 분부셨으나 십자가를 지는 사도들이 없었다.[525]

　물론 부활 승천 후 11사도는 다 순교를 하였지만 주님은 자기 십자가만이 아닌 사도들의 십자가를 말씀하셨고, 목회자만이 아닌 교인들도 져야 하는 십자가로 말씀하신 것이다. 그리고 온 인류가 예수 그리스도처럼 지는 십자가의 복음을 말씀하신 것이다. 이것이 세계와 우주의 구원을 가져오리라는 죽음의 복음신학이다.

4) 누가복음에 나타난 죽음의 복음신학

　누가복음에서는 갈등과 거부의 예수의 생애를 시몬에 의하여 어둡게 예언하였다. 나사렛에서 예수를 적대시한 전형적인 사례들과 빌라도가 예수를 대제사장과 유대 민중들에게 생사를 넘겨 준 것을 말하고 있다.

　누가에게 있어서 예수는 선지자였다.[526] 그리고 선지자들은 언제나 죽음을 운명적으로 당하였다.[527] 또한 누가는 선지자 예수가 버려진 자들과 식탁을 함께 하며 공존의 열린 마음이었다. 종교지도자, 즉 기득권층에 대해서는 하나님의 정의의 심판을 말씀함으로 인해서 반발을 얻게 되었다. 누가복음에서 예수의 주된 반대자들은 예루살렘의 종교지도자, 그중에서도 대제사장들이 중심이었다. 악의에 찬 종교지도자들과는 달리 정치지도자들은 부드러웠다. 복음서에서 예수의 죽음에 대한 핵심적인 잘못을 로마가 아닌 유대인, 특별히 유대 지도자들에게 돌린다. 이러한 것은 특별히 누가복음에서 예수의 죄 없음을 빌라도가 세 번씩이나 선언하고 헤롯 왕에 의해서 확실히 확인되어진다. 누가가 제시하는 갈등의 동기는 복음서에 있는 예수의 인간적인 면에만 국한되지는 않다.

예수의 기름부음 받음은 마귀의 유혹의 상황에 놓이게 되고, 예수에 대한 연속적인 우주적인 대립 상황을 시사해 주고 있다. 예수의 죽음은 초자연적인 갈등과 함께 나타난다. 사탄이 가룟 유다에게 들어가고 그의 사명을 통한 종말론적 경향을 띈 감람산에서 예수는 고통하고 있다. 이러한 배경에도 불구하고 누가는 다른 공관복음서에서와 같이 제자들이 예수에게 거슬리는 형태는 만들고 있지 않는 것이 주목할 만하다. 가룟 유다가 예수를 배반한 것은 사탄의 권세에 의해서 행한 것이다. 마찬가지로 베드로의 예수의 대한 부인은 사탄의 영향과 관련되어진 것이다.

예수의 체포를 서술하면서 누가는 의도적으로 제자들에 관해서 침묵을 지켰다. 그 결과 그들의 운명은 살아있고 마태와 마가복음에서와는 달리 제자들이 예수를 버리지 않았다고 기록한다. 실제로 제자들은 다른 공관복음서에서 이야기하는 것처럼 예수와 '떨어져' 있는 것이 아니고 '함께'였다. 이것은 우리가 조금 후에 다룰 주제로 예수의 십자가상의 죽음과 제자들과의 관계에 대한 중요한 의미를 가진다.

누가는 마가의 예수 수난의 필연성에 대한 강조에 영향을 받았다. 누가에게는 예수가 십자가가 의미하는 목적을 증명하면서도 공관복음서와 상치되지 않는다. 거부와 죽음의 왕궁인 예루살렘에 정면으로 맞서며 그의 수난의 시작과 함께 그는 놀랍게도 예수가 예시한 그의 대한 배반, 체포, 그리고 죽음의 과정을 밟았다. 또한 다른 공관복음서와 달리 예수가 그의 수난 자체를 감당한다고 본다. 예수가 그의 고통과 부인을 예시할 때 역사적인 관점에서와 구원에 있어서의 고통과 부인의 필연성을 부인하고 있다. 이러한 특징은 십자가에 죽으신 예수가 어떻게 구세주 메시야인가를 보여주기 위한 설명으로 수난 이후에도 계속 되어진다. 예수가 '이런 고통을 겪고 나서 영광의 자리에 있는 것이 당연한 것이 아니냐'는 문구가 누가와 사도행전에 계속 되어지고 있다.

누가와 사도행전에서 누가에게서 예수의 죽음의 진지함을 보게된다. 그리고 누가의 이론적인 관심사인 예수의 부활과 존귀에 대한 중요성에 유의하며, 십자가의 의미를 바로 알아야 한다. 실제로 많은 해석자들에 따르면 '왜 예수가 죽어야 했느냐?'는 질문에 누가는 간단히 하나님의 뜻이라고 결론을 내린다.

과거의 많은 주석자들은 누가는 예수의 죽음을 신약과 다른 곳에서 발견하는 것처럼 구원을 주는 의미로 여긴다고 했다. 그래서 누가는 다른 신약을 쓴 사람들 같이 예수는 우리의 죄를 위해 죽었다고 결론지었다. 최근의 많은 학자들은 이러한 해석에 반대되는 주장을 한다. 즉 십자가에 대한 사도 바울의 이론의 범주에 속한 것이 아닌 누가 자신의 이론에 근거한 것이라고 반박한다.

누가에 의하면 첫째 누가는 마가복음과 대응하는 속죄에 대한 설명이 부족하며, 둘째는 사도행전에서는 십자가와 죄의 속죄와의 직접적 관련을 찾을 수 없으며, 셋째는 이사야 53장에서 차용된 누가와 사도행전의 주의 종의 죽음에 의한 대속죄의 의미를 언급하지 못했다. 그러나 대부분의 학자들은 원전에서 누락된 것을 지적하면서 누가의 원본에서 그 내용이 누락되었다고 한다. 누가복음의 독창성을 인정하는 다른 학자들은 이러한 구절들이 언어학적으로 누가의 그것과 다른지에 관심을 가졌다. 누가의 자료집에 있는 유일한 다른 문구에서 예수의 죽음이 인간의 구원에 있다고 기록된 사도행전 20:28절에서 누가는 그 자신의 논리가 아닌 고대의 용어를 반복해서 사용한다.

결론적으로 위의 문장들에 의해서 누가는 그가 이해하는 구원의 의미를 분명하게 확인한다. 사도행전에서 누가가 구원의 의미를 예수의 존귀하심을 보여 주려고 한다는 것을 발견할 수 있다. 이는 몇 가지 이유에서 특별한 의미를 갖게 되었다. 첫째 그것은 예수의 죽음으로 영광 받으실 결과로 왕과 구세주로 권좌에 앉고 이의 능력이 구원을 제공한다는 분명한 논리가 나타난다. 둘째로 누가는 그 무서운 죽음의 광경들을 설명과 순교의 자세한 이야기가 많이 누락되어 있다. 누가는 예수가 유대 문학에서 순교자와는 다르게 죽음의 영광과 함께 고통 받는 한 사람으로 표현하고 있다. 세 번째로 1세기의 종교적 배경을 계속적으로 살피면서 확실한 것은 순교 문학의 주제가 전집의 유일한 내용이 아니라는 것이다. 그러므로 누가와 순교집은 일반대중의 생각에서 나온 것이라 가정할 수 있다. 마지막으로 예수가 순교자라는 개념은 예수 죽음에 대한 누가의 풍요하고 호화로운 벽화와 같은 내용을 정당화하지 못한다는 것이 증명되어진다. 이것이 누가의 관심사라 할지라도 그 자체에 의해서 예수의 죽음의 요약으로 설명되기에는 부족하다.

누가복음 23장에서는 예수의 무죄함의 증거를 반복하고, 예수와 잠언과 시편에 있는 고통 받는 선한 자와 상관관계를 기술한다. 이러한 근거로 그들은 무죄함에도 불구하고 죽음에 이르시고, 후에 하나님에 의해 회복되는 하나님의 선한 고통 받는 자의 죽음과 고통을 통한 예수의 죽음을 해석하는 것으로 가정한다.

예수를 죽음에 이르게 했지만 하나님은 예수를 죽음에서 살리셨다. 누가복음과 사도행전의 중요한 주제인 하나님이 불의를 어떻게 심판하시는지 예수의 생애를 통해서 보여 주신다. 동시에 누가가 예수의 죽음을 어떻게 이해하는지에 대한 설명이 부족하다. 그 이유는 구속의 역사적 관계에서 십자가의 성스러운 필연성을 설명하지 못했기 때문이다.

보다 합당한 해석의 모델은 선한 고통 받는 자의 확실한 형상화로서 이사야의 '고난 받는 종'에 대한 언급이다. 누가에게서 수난 이야기 그 자체와 그의 다른 저서에서 증명되어지는 '고난 받는 종'에 보다 직접적인 관심을 가진다. 예수의 수난 이야기에서 첫째로 예수는 이사야 53:12절을 읽으며 그의 고통과 죽음에 대한 일반적 암시를 시사한다. 또한 그의 수난을 "고난 받는 종"의 역할을 완수한다는 의미를 전달한다. 둘째는 예수는 백부장에 의해서 이사야 53:11절에서 암시하는 의인으로서 순결함과 죄 없으심과 칭송을 되풀이해서 받는다. 셋째는 예수는 그의 변론을 거부하고, 마지막으로 조롱받는 예수는 하나님의 종으로 인치된 "선택 받은 자"로 불려진다.

수난 이야기 외에도 종으로서 예수의 역할에 대한 많은 참고자료가 있다. 가장 분명한 것은 이사야 53:7-8절, 사도행전 8:32-35절, 그리고 이사야 49:6절에 사용된 시몬에 의한 예수의 소명에 대한 예언적인 말씀들이다.

누가에게서 고통 받는 종으로 예수 수난의 의미는 십자가의 구원 사적 필연성과 구원으로서 예수의 존귀 또는 정당함의 증명을 조명한다. 고통 받는 종의 묘사로 이사야 특히 그의 고통 후에 하나님의 정의의 심판을 기술한 이사야 53:11절에서 이 두 가지 동기가 함께 나타난다. 예수 죽음의 의미를 예수의 주권과 희생양으로서의 예수의 죽음과 어떻게 십자가가 하나님의 아들 인자에게서 존귀자로 나타나는가를 설명하면서 예수의 죽음의 의미를 깨닫게 된다.

5) 요한복음에 나타난 죽음의 복음신학

요한복음에 나타나는 죽음의 복음신학은 공관복음과는 매우 다른 양상을 보여주고 있다. 특히 요한복음 17장과 18장에 나타나 있는 기도와 죽음에 대한 기록은 다른 복음서에는 없다. 그러나 이는 매우 유익한 언급이다.

첫째로 초반부에 언급된 죽음의 예고가 성취되는 장면을 보여준다.[528] 그리고 8장 기사와 12-19장의 내용이 서로 연관되어 있다.

둘째로 요한복음은 독자적인 그리스도론(Christology)으로서 예수 그리스도의 수난과 희생을 하나님의 성육신과 바로 연관시키며 십자가와 부활까지 언급하고 있다.

그리고 공관복음과는 달리 배신에 의한 예수 그리스도의 수난과 죽음을 언급하고 있다.[529] 이는 사도 중에서 주님을 배신한 행위가 부각 되어 있다. 그러나 주님은 어떠한 타협이나 협상도 하지 않고 자신의 확고한 의지를 보이셨다.

또한 빌라도 앞에서 왕(King)으로 나타나 재판을 받으셨다. 그리고 그 누구의 도움도 없이 주님은 '자기 십자가'를 지셨다.[530] 그러면서 주님은 어머니를 돌보라는 말을 하셨다.[531] 그리고 군인들로부터 다리를 꺾이고 유명을 달리했다.[532] 이러한 주님은 "아무도 나의 생명

을 나에게 빼앗을 자가 없으며, 다만 나는 나의 의지에 의하여 바치는 생명"이라 말씀하셨다.[533]

예수의 죽음을 요한이 충심으로 받아들이지 않아도 예수의 십자가의 희생의 의미는 그의 복음 안에서 중요한 부분을 차지하고 있다. 이러한 동기는 1:29, 36절에서 죄사함이 '하나님의 어린 양'과 관계된 것임을 우선적으로 보여준다. 하나님의 어린 양이 다른 의미를 지닐지라도 그것은 유월절 양의 신학적 세계와 연결된다.

이것은 속죄론뿐만 아니라 요한의 수난 이야기에서 유월절의 희생양으로 예수의 죽음을 묘사하려고 시도하는 데서 제시된다. 이러한 면에서 예수 죽음의 시점은 우연히도 유월절의 제물(우슬초와 물대접이 바쳐진다)을 바치는 때와 동일한 때에 죽임을 당한 것이다.

예수의 옆구리에서 피가 흘렸음을 강조하고, 군인들이 예수의 다리를 부러뜨리지 않았다. 이러한 유월절의 강조는 예수가 생명의 떡으로 연관 되어지는 이야기와 관련이 있다. 속죄의 언어는 사도 바울과 요한의 이야기에서 더 발견된다. 요한이 사용하는 "대신 하여"는 십자가의 속죄의 원리를 강조하고 있다. 요한복음 3:16절에서 하나님이 아들을 통하여 생명을 내어 주시는 것을 볼 수 있다.

마지막으로 요한은 최후의 만찬에서 예수가 제자의 발 씻기심은 본보기의 행위로 보이심만이 아니라 예수의 구원의 죽음을 상징하는 것으로 이해한다.

전체적으로 요한의 그리스도론에서 예수의 죽음의 종합적인 의미는 부활 또는 영광 받으심이다. 우리가 반복적으로 숙지하는 이것은 구세주로서 예수의 운명이다. 이 부활되어짐은 두 가지 의미가 있는데, 먼저 영광을 나타내는 용어로서 요한의 계획과 관련이 있다. 또 하나는 8:28절에서 일은 유대인이 예수 부활의 대리인으로, 그리고 부활은 예수가 죽음에 이르게 됨을 은유적으로 서술한다(12: 32,33). 그러므로 요한은 예수의 십자가의 못 박힘과 그의 존귀와의 연관성을 보고, 예수의 죽음이 사도 요한이 서술한 예수의 초기 행적 안에 계획되어 있음을 암시한다. 네 번째 복음서의 저자로서 하나님의 아들의 생애는 예수님의 삶이 이전에는 하늘로부터 왔으며 인간들과 함께 있다가 하늘로 올라가신 것이다. 영광으로 온 자는 영광으로 나아간다.

어떻게 수난이 그리스도와 연결되는가? 그것은 그가 하나님께로 돌아가는 방법이었다. 바로 요한은 십자가의 수치를 예수의 영광 받으심으로 해석하므로 극복했다. 이러한 견해는 하나님의 아들이 오심과 하나님께 돌아가는 여정의 큰 주제로 발전시킨 3:14, 8:29, 12:32,34절에서 분명하게 예수의 부활의 근거 자료로 제시한다.

이런 방법으로 십자가는 구세주가 세상으로 오셨다가 하늘나라로 되돌아가는 수단으로 여정으로 해석되어진다. 더욱이 부활로 이어지는 예수의 죽음은 하나님의 선물인 사랑의 궁극적인 표현으로 나타난다. 실제로 예수 자신의 사랑은 그 자신이 제물로서의 봉사와 죽음으로 복음의 극치를 이루고 있다는 것이 요한복음에 나타난 죽음의 복음신학이다.

6) 예수 그리스도의 죽음에 대한 예고의 말씀

전통적으로 그리스도는 죽지 않는 하나님의 아들이나 인자로 믿었다. 그런데 예수는 복음을 전한 지 1년이 못 되어서 유대인들로부

터 예수는 스스로 자기의 죽음을 예고하기 시작하였다. 이해할 수
없는 일이었다. 왕으로 제사장으로 선지자로 하나님의 구원을 영원
히 이룰 '메시야'가 죽임을 당하거나 죽음을 예고하는 것은 당시의
전통적인 '메시야'관과는 상반되는 것이었다.

제자들도 이런 주님의 예고에 믿으려 들지 않았다. "베드로가 예
수를 붙들고 간하여 가로되 주여 그리 마옵소서. 이 일이 결코 주에
게 미치지 아니 하리이다"라고 하였다.[534]

(1) 첫 번째 죽음예고

예수의 죽음에 대한 내용은 4복음서에 모두 기록하고 있는데, 예
수의 수난에 대한 예고는 네 번에 걸쳐서 언급되고 있다. 그중에서
첫째 죽음예고는 마태복음 16:21-28절과 마가복음 8:31-38절 그리
고 누가복음 9:22-27절 말씀에서 예고하고 있다. 이 가운데 예수의
첫째 죽음에 특성을 가지고 있는 마태복음 말씀을 살피면서 예수의
첫 번째 예고에 대한 복음의 의미와 특성을 살펴보기로 한다.

"이때부터 예수 그리스도께서 자기가 예루살렘에 올라가 장로들
과 대제사장들과 서기관들에게 많은 고난을 받고 죽임을 당하고
제 삼일에 살아나야 할 것을 제자들에게 비로서 가르치시니 베드
로가 예수를 붙들고 간하여 가로되 주여 그리 마옵소서. 이 일이
결코 주에게 미치지 아니하리이다. 예수께서 돌이켜 베드로에게
이르시되 사단아 내 뒤로 물러가라 너는 나를 넘어지게 하는 자로
다 네가 하나님의 일을 생각지 아니하고 도리어 사람의 일을 생각
하는도다 하시고, 이에 예수께서 제자들에게 이르시되 아무든지

나를 따라 오려거든 자기를 부인하고 자기 십자가를 지고 나를 좇을 것이니라. 누구든지 제 목숨을 구원코자 하면 잃을 것이요 누구든지 나를 위하여 제 목숨을 잃으면 찾으리라. 사람이 만일 온 천하를 얻고도 제 목숨을 잃으면 무엇이 유익하리요 사람이 무엇을 주고 제 목숨을 바꾸겠느냐. 인자가 아버지의 영광으로 그 천사들과 함께 오리니 그 때에 각 사람의 행한 대로 갚으리라. 진실로 너희에게 이르노니 여기 서 있는 사람 중에 죽기 전에 인자가 그 왕권을 가지고 오는 것을 볼 자들도 있느니라"(마 16:21-28)

예수는 예루살렘으로 올라가면 죽는다는 것을 알고 있었다. 예루살렘에서 회당종교의 중심인 장로들과 성전종교의 제사장들과 율법주의자들의 대표인 서기관들에게 고난을 받을 것을 것이다. 그 고난은 부활을 전제로 한 고난이었고, 율법의 완성과 예언의 성취를 이루기 위한 고난이었다. 또한 하나님의 뜻을 이 땅에 이루기 위한 고난이었다.

첫 번째 죽음의 예고의 특징은 예수께서 친히 율법의 완성을 이루기 위해서 예루살렘에 올라가셔서 고난을 받으시고 이미 예언된 대로 사흘 만에 살아나실 것을 선포하신 것이다.

예수님 당시 유대인들이 고대하던 정치적인 메시야가 아니라 바로 인류의 대속을 위하여 십자가의 수난을 당하시려 이 땅에 오셨다는 것이다. 그러므로 여기서 '인자'는 위엄과 권능을 지닌 존귀한 자라기보다는 오히려 수난과 고통을 감내 하는 이사야 53장에 묘사된 고난의 종의 모습이었다. 이사야는 예수 탄생 700여 년 전부터 이스라엘을 구원할 그리스도에 대한 희망이 있었다. 그런데 이사야는 그의 예언에서 이스라엘만의 구원이 아닌 온 세계의 구원을 예언하였다. 이에 오실 그리스도는 군림이나 지배나 통치나 억압이 아닌 '고난 받는 종'으로서의 메시야를 예언한 것이다.

예수를 따르던 사도들이나 제자들은 메시야가 고난 받거나 죽임을 당하는 것이 믿을 수 없었다. 그러나 예수 그리스도의 죽음에 대한 예고는 전혀 예측할 수 없었다. 여기서 오는 회의와 갈등은 사도 자신들도 적지 않은 실망을 했다. 예수는 계속하여 자기의 죽음을 예고하며 이사야서 53장의 그리스도론을 택하고 있다.[535]

한편 본문은 예수께서 죽은 후 제 삼일에 다시 살아날 것에 대하여 말하고 있다. 여기서 '살아나다'의 능동태인 '아니스테나이'를 사용하였다. 반면에 누가는 '일으킴을 받는다'라는 부정과거 수동태 '에게르대나이 - 살아나야 하리라'를 사용하였다. 이것은 예수의 부활의 일회적인 발생 사건임을 시사하며 수동태는 곧 예수님의 죽음과 부활하는 모든 일에 있어 성부 하나님의 권능이 개입하고 있음을 알려 주고 있다.[536]

본 절의 수난 예고는 예수에게 네 가지 일이 일어날 것을 말해 주는데 ① 수난을 당하신다. 이 고난의 배경[537] 예언이 있다. ② 버림을 받으신다. 여기에 사용된 동사 '아포도키마조'는 '거부하다', '쓸모 없다고 선언하다'는 뜻으로 여기서는 산헤드린이 예수를 거부하고 배척 할 것을 말해 준다. ③ 죽임을 당하실 것이다. ④ 죽은 후 삼일 만에 살아나야 할 것이다. 예수의 죽음과 삶에 하나님의 권능이 개입하고 있다.

여기서 더 나아가 이 모든 것들을 지배하는 동사 '데이'는 당위의 뜻인바 예수의 수난이 필연성에 의해서 다가오는 것임을 시사한다.

여기서 인자는 그리스도 예수 자신을 가리킨다.[538]

예수는 제자들 예루살렘에 올라가면 죽을 수밖에 없음을 알리셨다. 그것도 종교지도자들인 '장로들과 제사장들과 서기관'들에 의한 고난이다. 하나님의 아들이 하나님의 택한 백성들의 지도자들에게 죽음을 당하는 현실이다. 에륵사토(비로소)는 아르코(지배하다)의 단순과 거 중간태로 '시작하다'는 뜻이다. 본문에서처럼 현재 부정사와 함께 쓰일 때에는 글자 그대로 어떤 일을 시작하는 것을 의미하는 경우가 있고, 사람이 어떤 다른 일을 하고 있다가 그의 동작이 새로운 방향으로 나가는 것을 의미하는 경우가 있다. 이 경우에는 대개 이 동사가 해석되지 않는다.[539]

예수는 장로들과 서기관들과 대제사장들에게 고난을 받았다. 이들은 율법에 대해서 최고의 권위를 가진 자들이었지만 예수는 그들과 타협하거나 협상하지 않으셨다. 예수의 목적은 하나님의 의와 진리와 거룩과 생명과 복음을 선포하며, 그들이 깨닫고 회개하기만을 원하셨다.

본문의 예수의 죽으심은 십자가의 죽음을 가리키고 있다. 주님은 오직 하나님의 뜻을 밝히셨는데 그곳에 죽음이 임하게 된 것이다. 그러나 주님은 죽음을 말함과 동시에 부활을 죽음과 연결시켜서 말씀하셨다.[540]

마태복음 16:21절은 '이 때로부터'라고 언급하고 있다. 예수가 메시야라는 사실을 고백하고 나서 제자들은 전혀 예기치 못했던 죽음 예고에 접하게 되었다. '데이'는 비인칭 동사로 '반드시 - 해야 한다'라는 뜻이다. 신적인 운명 혹은 불가피한 숙명, 의무적인 일, 율법이나 풍속이 주는 강제 등에 대해서 사용된다. 따라서 그리스도의 수

제5장. 죽음에 대한 예수 그리스도의 복음신학

난은 불가피한 일임을 보여준다. 그 원인은 예수에 대한 사람의 적대심에 기인하며, 예수의 사역이 지닌 영적인 본질에 기인한다. 그것은 예수의 사역은 폭력에 폭력으로 대항하는 것이 불가능하기 때문이다. 더욱이 예수의 죽음을 통해 인간을 구속하시는 하나님의 섭리에 기인한다. 여기서 예수께서 고난당해야만 한다는 필연성이 하나님의 섭리에 따른 것임을 뒷받침하고 있다.

파데인(고난을 받고)은 파스코(경험하다, 고난당하다)의 제2단순 과거 부정사로 단순한 사건의 발생을 의미한다. 70인역(LXX)에서는 히브리어 상당어가 없으므로 이 단어가 드물게 나오며 신약에서는 주로 그리스도의 수난과 그 백성의 고난에 관계된다.

특별히 본 절은 '메시야의 비밀'이 공개되는 매우 중요한 부분이다. 사실 예수께서는 당신이 메시야이심을 좀처럼 밝히지 않으셨다. 그것은 메시야직을 수행하기 위해서는 고난, 죽음, 버림받음 등의 수모를 감수해야 하는데, 당시에 유대인들이 고대하던 메시야관은 그것에서 완전히 벗어나는 것이었기 때문이다.

아포 토테(이때로부터)는 베드로가 신앙고백을 한 때를 말하며 앞으로 일어날 사건의 발단을 함축하고 있다. 예수의 공식적인 복음 선포도 동일한 방식으로 언급되고 있다. '가르치시니'라고 번역된 '데이크뉘에인'은 본래 '보여주다'라는 뜻으로 신적인 비밀을 계시하는 것을 의미한다. 특히 예루살렘이라는 지명이 강조되고 있다. 성전이 있는 곳이며, 구별되이 하나님을 섬기는 곳이다. 또한 누구보다도 종교적인 사람들이 예수에게 죽이는 것이다.

22절 말씀을 보면 마태가 마가와는 달리 베드로의 만류를 문자 그대로 인용한 것은 베드로의 태도를 특별히 부각시키며 극적인 분위기를 고조시키고 있다. '힐레오스 소이 퀴리에'(주여 그리 마옵소서)는 헬라어의 축소형으로 '하나님이 당신을 궁휼히 여기소서'라는 뜻이다. 프로슬라보메노스(붙들고)는 프로스(곁으로)와 람바노메노스(취하다)의 복합형으로 예수를 붙들고 개인적 강요를 하려는 태도를 의미한다. 신앙고백 이후 베드로가 예수와 더 친근해졌음을 암시한다. 이피티만(간하여)은 책망의 의미가 담겨 있으며 베드로의 강력한 태도를 표현한다. 베드로가 올바른 신앙고백을 한 후 예수의 수난과 죽으심에 대한 말을 듣자 책망조로 예수의 뜻을 막고 어떻게든 그분의 뜻을 돌이키려고 훈육한 것이다. 이는 누구나 같은 행동을 취할 것이다. 본문의 '히레오스'는 '호의를 가진', '자비로운', '은혜로운' 등의 뜻으로 '주여 이 일이 당신에게는 정녕 일어나지 않을 것입니다'는 메시야가 왜 죽느냐는 것이다. 베드로는 가장 먼저 부름 받은 사도였고 또한 수사도이었다. 그만큼 주님과는 떼려야 뗄 수 없는 사제지간이었고, 동역자이었으며, 친구였고, 또한 의지할 만한 자였다. 그러나 주님께서는 이러한 인간적인 관계를 위주로 하는 사역이 아니었다.

예수 그리스도께서는 새로운 복음이었지 율법의 연장이나 증축이나 반복이나 답습이 아니었다. 그들의 전통이나 유전과는 전혀 다른 구원의 진리를 말씀하시는 것이다. 그리스도론이나 구원론이나 복음론에 있어서 최종적인 계시자이시고 종말적인 예수 그리스도에 반(反)하는 자가 사탄이며 마귀임을 보여준다.[542] 베드로가 사탄이 되었던 것은 문자적인 의미로 반대자라는 의미를 말하고 있다. 그것은 베드로의 말은 하나님의 뜻이 아니고 인간의 생각이기 때문이다.[543]

스칸탈론(넘어지게 하는)이라는 말도 마가복음에도 생략되어 있다. 신

제5장. 죽음에 대한 예수 그리스도의 복음신학

앙고백을 한 당시 베드로는 하나님 나라의 주춧돌이었으나 지금은 걸림돌이 되어 하나님 나라의 일을 방해하고 있다. 예수님을 따르는 제자들은 하나님께로부터 선택을 받았으며 영적 지식을 부여받아 새로운 공동체를 추구해 나가지만 한편으로는 사탄의 유혹을 받으며 긴장 가운데 살고 있다.

예수께서는 임박한 자신의 수난과 제자들도 그와 유사한 고난을 당하게 될 것을 아셨기 때문이다. 제자들에게 전적인 순종과 각오를 준비시키셨다. 예수를 따르는 데는 내적으로는 자기 부인과 외적으로는 역경 가운데서의 적극적 순종이 수반되어야 했다.[544] 여기서 '목숨'(프쉬케)은 '영혼'이란 뜻도 지니고 있는데, 이는 생명체로서 자아의 뜻을 함축한다. 한편 마태는 목숨을 버림에 있어서 '나를'(에무) 위하여'라고 되어 있으나 마가는 '나와 복음을 위하여'(에무 카이 투 유앙겔리우)라고 기록했다. 이것을 누가는 '복음'이란 말을 삭제함으로써 예수에 대한 헌신을 강조하고 있다.

자기의 삶을 고집하는 사람, 즉 자기를 부인하지 못하고 자아의 범주 속에 파묻혀 자신의 부귀영화만을 위하여 타자를 생각하지 않는 자는 도리어 자신의 목숨을 잃게 될 것이라는 것이다.

24절 역시 그리스도론이나 구원론이나 복음론에 있어서 매우 중요한 비중을 차지한다. 예수를 따르는 데 있어서 그 첫 번째 조건이 '자기부인'이다. 모든 종교에 있어서 기본 역시 자기부인이다. 이는 마음을 비움이든가 마음이 가난하다, 마음이 청결하다는 말이다. 특히 '자기부인'은 자기의 정치, 경제, 종교, 사상, 이념, 정신 모두를 두고 하는 말이다. 최대의 장애는 바로 자기(自己)인 것이다. 이것을 버리거나 부인하지 않고는 예수 그리스도와 그의 복음에 있거나 들

어가거나 믿거나 따르기가 어려운 것을 말한다.[545]

　이어서 '자기 십자가'로 말씀하셨다. 주님이 말씀한 '자기 십자가'를 지고 따르는 것은 단순히 자기부정이나 자기부인을 넘어선 복음의 단계이다. 자기부정과 자기부인은 일반종교에도 있다. 그러나 주님은 '자기부인'과 '자기 십자가'를 져야 한다는 말씀을 하셨다. 그러므로 주님은 자기부인의 완전을 자기 십자가로 말씀하셨다. 주님 당시의 십자가는 당연한 죄인들에게 지우는 형벌이 아니었다. 반로마(Anti-Roma)적일 때 지우는 형벌이었다. 로마가 절대 진리가 아닌 것이다. 절대 진리는 오직 하나님에게 있었는데 유다나 로마는 자기들의 정치나 종교를 절대시 하며 십자가를 지게 하며 죽이는 것이었다. 그러나 주님의 십자가는 절대 진리를 위하여 지는 십자가를 말하고 있다. 그것은 자기의 고생살이나 어려운 일을 말하는 것이 아니라 그리스도처럼 세계적이며 우주적인 하나님의 의와 진리와 거룩의 도를 위하여 지는 십자가를 말씀한 것이다.

　남에게 지우는 것이 아니며 자기가 지는 십자가를 말씀한 것이다. 첫 번째 아담은 자기 죄를 남에게 전가하고 떠넘기는 존재라면 두 번째 아담이신 예수는 자기가 지는 십자가를 말씀하신 것이다. 교회의 십자가를 남에게 지우거나 세상의 십자가를 지게 하거나 자기 십자가를 남에게 지게 하는 것이 아니라 남의 십자가도 그리스도처럼 자기가 져주는 십자가가 구원의 도라는 것을 말씀한 것이다.

　25절의 말씀은 24절까지의 '십자가의 도'에서 오는 만민을 위한 영원한 진리를 말씀하고 있다. "누구든지 제 목숨을 구원코자 하면 잃을 것이요. 누구든지 나를 위하여 제 목숨을 잃으면 찾으리라." 예수는 26절에서 현재적인 사실로 영생의 교훈을 베푸신다. 지금 천하를 다 얻는다 하여도 자기 목숨을 잃으면 무엇이 유익한 것이냐! 그러나 그렇게도 중요한 목숨을 버리신 것이다. 온 인류의 구원을 위하여 하는 말씀이다. 여기서 잃으면(제미오데)이란 '해를 입는다', '손해보다'는 뜻의 '제미오오'의 부정과거 가정법으로 아직 성취되지는 않았지만 확실히 잃게 될 것이라는 사실을 예상하고 있는 표현이다. '얻고도'(케르데세)라는 말이 능동태를 취하고 있는데 비해 수동태를 이루고 있다. 즉 세상에서 얻을 수 있는 최상의 것을 얻는다 할지라도 필연적으로 하나님 안에서의 참 생명을 잃어버리게 된다면 어떤 유익이 있겠느냐는 것이다.[546]

"사람이 무엇을 주고 제 목숨을 바꾸겠느냐" 이는 인간 생명의 최고의 가치성과 유일한 및 단회적 생명을 강조하고 있다. 이제 모든 사람은 '온 천하인가' 아니면 '자기의 목숨인가'라는 종말론적인 선택을 해야 한다. 예수는 그것을 넘어서 우리에게 영원한 가치가 있는 것을 선택하기를 원한다.[547]

27절, "각 사람의 행한 대로 갚으리라." 이는 사필귀정(事必歸正)을 말한다. 그러나 유대인이나 헬라인이나 로마인이나 한국인들은 하나님의 사필귀정을 말하면서도 어떤 기적과 이사와 무슨 큰 능력이 자기에게만 더 임하기를 바란다. 적게 드리고 많은 것을 바라며 조금 바치고도 큰 것을 바라는 신앙인이 적지 않다.

천하보다 중한 목숨을 하나님의 의와 진리와 거룩을 위하여 바치고 예수 그리스도와 그의 복음을 위하여 십자가를 지며 바치는 자들에게 오는 갚음을 말한다. 영원한 것을 위하여 사는 사람들에게는 영원한 것이 오고, 일시적인 것을 위하여 사는 사람들에게는 일시적인 것이 오는 결과를 말한다. 율법적인 사람에게는 율법적인 것이

오고, 복음적인 사람들에게는 복음적인 것이 오는 것을 말한다.

28절, "여기 서 있는 사람 중에 죽기 전에 인자가 그 왕권을 가지고 오는 것을 볼 자도 있느니라" 이에 대해 재림론으로 해석하는 사람들이 적지 않다. 그러나 말씀 그대로 주님의 왕권은 재림시나 죽은 다음만이 아니라 지금에서도 가능하다는 말이다.

예수의 성육신은 내세를 위하여 하신 것이 아니라 현세를 위한 것이다. 예수의 복음은 내세가 아닌 이 땅의 오늘과 내일을 위한 것이다. 즉, 예수의 복음은 오늘에 필요한 것이며, 지금 결단하고 믿고 영접하고 따르는 것이다. 따라서 "행한 대로 갚으신다"[548]는 것이며, "여기 서 있는 사람 중 죽기 전에 인자가 왕권을 가지고 오는 것을 볼 자도 있다는 것"은 그리스도의 복음의 뜻이 내세에만 아닌 현세에 주시는 말씀이다.

(2) 두 번째 죽음예고

예수의 두 번째 죽음을 예고하는 본문은 마태복음 17:22-23절, 누가복음 9:43-45절, 마가복음 9:30-32절에 기록되어 있다. 여기서 마가복음 9:30-32절을 중심으로 살펴보고자 한다.

> "그곳을 떠나 갈릴리 가운데로 지날 새 예수께서 아무에게도 알리고자 아니하시니 이는 제자들을 가르치며 또 인자가 사람들의 손에 넘기워 죽임을 당하고 죽은 지 삼일 만에 살아나리라는 것을 말씀하시는 연고더라 그러나 제자들은 이 말씀을 깨닫지 못하고 묻기도 무서워 하더라"(막9:30-32)

예수는 자신이 첫 번째 수난과는 다르게 사람들의 손에 넘기어져서 죽임을 당하게 될 것을 예고하였다. 그리고 반드시 다시 삼일 만에 살아날 것도 말씀하고 있다.

예수께서 갈릴리를 지날 때 조용히 지나심은 그 지역에서 능력을 많이 행하였으나 영접하지 않기 때문일 것이다. '디아'(가운데로)는 '-를 통하여'라는 전치사이다. '지날 새'의 '파레포류온토'는 직설법 미완료 수동태로 3인칭 복수이다. 그러므로 과거에 지나시던 것 같이 지금도 지속적으로 갈릴리를 지나고 있는 것이다. 가장 중요한 목적을 수행함에는 부수적인 사항들을 뒤로 미루는 것이 일반적이다. 무엇보다도 중요한 이유는 마지막으로 수난을 준비하는 기간을 조용한 중에 지내고자 했기 때문이다. 그러면서 제자들에게 수난과 부활에 대하여 예고하신다. 이는 예수의 죽음 소식에 슬퍼하는 제자들에게 소망을 주기 위함이었다.

죽음예고는 갈릴리에서 이루어졌다. 쉬스트레포메논(모일 때에)는 신약성서에 오직 본문에서만 나타난다. 갈릴리에 함께 모였던 사람들은 예수와 제자들뿐이었다. 바로 이때 예수께서는 자신이 사람들에게 넘기어져서 고난을 당하고 3일 만에 부활하게 될 것을 예고하셨다.

파라디도스다이(넘기워)는 두 가지 의미를 지니고 있다. 첫째는 개역성경에 표현된 '넘기다'이며, 둘째는 '배반하다'이다. 본문에서 이 단어는 현재 수동태 부정사로 '배반하다'의 의미보다는 '넘겨지다'의 의미로 사용된 듯 하다. 이는 복음서 기록자는 이미 유다가 예수를 죽이도록 넘긴 사실을 알고 있기 때문이다(마26:24,45,46). 인자되신 예수께서 사람들의 손에 넘기어지는 것이 하나님의 섭리에 의한 것임을 암시한다. 하나님은 예수의 수난을 통하여 부활을 이루시는 구속 사역으로 이루신 것이다.

제자들은 본문에 기록된 예수의 두 번째 죽음예고를 들은 후에는 근심하며 두려워했다. 제자들은 앞서 언급된 예수의 죽음예고를 심각하게 받아들이지 않았을 뿐 아니라 제대로 이해하지 못한 듯 하다. 그러나 이제 제자들은 예수의 죽음예고를 듣고는 그것을 심각하게 받아 들였을 뿐 아니라 그로인해 근심에 사로 잡혔다. 특히 예수의 죽음 소식에 온 정신이 쏠려 그 이후에 있을 부활에 대해서는 관심을 가질만한 여유가 없었다.

그들은 계시의 불완전한 이해 때문에 인간적인 두려움에 휩싸일 수밖에 없었다. 그들은 예수의 부활 이후에야 비로소 죽음 의미를 이해하는 완전한 신앙으로 발전하여 진정으로 자유할 수 있었다. 요한복음에는 예수께서 십자가에 죽으심으로 제자들이 슬퍼하겠으나 다시 부활하심으로 말미암아 그 슬픔이 기쁨으로 변할 것이라는 말씀을 통해서 계시의 동시적 이해를 촉구하고 있다.[549]

"이 말을 너희 귀에 담아두라 인자가 장차 사람들의 손에 넘기 우리라."[550] '담아두라'에 해당하는 데스데는 '놓다, 두다'를 중간태 명령형 2인칭 복수로 '너희는 두어라'를 뜻이다. 즉 사람들이 주님을 조롱하고 핍박하고 죽이는 상황이 오더라도 동요하지 말고 제자들은 단지 예수의 말을 명심해 들어야 한다는 것이다.

한편 '넘기우다'는 '파라디도스다이'는 현재 수동태 분사로 예수의 넘겨지심이 22절에 언급된 산헤드린 사람에 의해서 일어날 일인 것을 암시해 주고 있다. 이는 예수를 판 직접적인 것이 유다를 위시한 대적들의 흉계에 의한 것이지만 궁극적으로는 그 일은 하나님의

뜻이 전제되어 있다는 것을 암시해 주고 있다.[551]

사람들이 예수의 행함을 기이히 여기고 있을 때 예수는 제자들에게만 다시 죽음예고를 하고 있다. 이 죽음예고는 22절에 이어서 두 번째 해당하며 '너희'(휘메이스)가 강조적으로 쓰이고 있는 점이 주목된다.

'이 말들'이란 계속해서 이어지는 죽음예고를 가리킨다. '인자가 — 넘기우리라' 가룟 유다의 배반 이면에는 하나님의 뜻이 있음이 전제되어야 한다. 한 가지 특이한 것은[552] 누가는 '부활'에 대해서는 언급하지 않는다.[553]

제자들은 예수의 죽음에 대하여 알지도 못하였을 뿐 아니라 그 자체를 묻기도 두려워하였다. 여기서 '알지 못하였나니'(에그노운)는 '아그노에오'(이해하지 못하다)의 3인칭 복수 미완료 과거로서 제자들이 지속적으로 이해하지 못한 상태에 있었음을 암시한다. '두려워'에 해당하는 '에포분토'는 '놀라게 하다, 무서워 하다'를 뜻하는 포베오에서 파생된 미완료 과거 직설법 3인칭 단수로서 예수의 죽음을 기정사실로 받아들이지 않고 있는 제자들이 지속적으로 두려워했음을 암시한다.

한편 '히나'로 연결되어 있는 절이 수동태인 것을 볼 때 이러한 모든 일의 배후에는 하나님의 뜻이 내재해 있음을 알 수 있다. 따라서 예수의 죽음예고를 알지 못하는 제자들의 영적 무지는 어쩌면 당연한 것인지도 모른다. 결론적으로 예수의 죽음에 대한 이들의 무지는 결국 스스로 사도로서 아직 사역할 준비가 되어 있지 않음을 알 수 있게 된다.[554]

제자들은 두 번에 걸쳐서 주어진 예수의 죽음예고를 이해하지 못하였다. 제자들은 첫째 변화산에서 예수의 영광스러운 변모를 목격하고 이어서 귀신을 쫓아내는 권능을 보이신 하나님의 아들이 죽게 된다는 것을 상상조차 할 수 없었던 까닭에 둘째 수동태의 '히나'에 의해 확인되는바 제자들의 몰이해 배후에는 비밀스러운 하나님의 뜻이 있었기 때문에 예수의 죽음예고를 이해하지 못하고 있다.

이러한 '숨김'에 대한 진술은 본서에만 나오며 일정한 때가 이르기 전에는 제자들이 무지한 상태일 수밖에 없음을 설명했다. 여기서 누가는 예수께서 걸으셨던 죽음의 길은 '부활' 이후에 그들이 갖게 될 성서적 지식과 부활의 빛에서 볼 때 비로소 이해될 수 있다는 것을 암시한다.

제자들은 아직도 예수께서 받으실 죽음에 대해서 정확한 이해를 하지 못하고 있었다. 본문은 1차 죽음예고에[555] 이어서 예수님 자신에 의한 두 번째 죽음예고이다.[556] 죽음예고는 제자들을 깨닫게 하려는 의도가 있다. 특히 첫 번째 예고의 특징을 예수가 하나님의 뜻을 이루기 위해서 친히 예루살렘에 올라가셔서 그 당시의 장로와 대제사장과 서기관들로부터 고난을 받고 삼일 만에 살아날 것을 제자들에게 말씀하셨고, 두 번째 죽음예고는 갈릴리에서 인자가 사람들의 손에 넘기어져서 죽임을 당하여 사흘 만에 살아날 것을 말하고 있는 것이다.

(3) 세 번째 죽음예고

예수의 두 번째 죽음예고는 마태복음 20:17-28절, 마가복음 10:32-45절과 누가복음 18:31-34절에 기록되어 있다. 여기서는 마태복음을 중심으로 살펴보고자 한다.

"예수께서 예루살렘으로 올라가려 하실 때에 열두 제자를 따로 데리시고 길에서 이르시되 보라 우리가 예루살렘으로 올라가노니 인자가 대제사장들과 서기관들에게 넘기우매 저희가 죽이기로 결안하고 이방인들에게 넘겨주어 그를 능욕하며 채찍질하며 십자가에 못박게 하리니 제삼일에 살아나리라 그때에 세베대의 아들의 어미가 그 아들들을 데리고 예수께 와서 절하며 무엇을 구하니 예수께서 가라사대 무엇을 원하느뇨 가로되 이 나의 두 아들을 주의 나라에서 하나는 우편에 하나는 좌편에 앉게 명하소서. 예수께서 대답하여 가라사대 너희 구하는 것을 알지 못하는도다 나의 마시려는 잔을 너희가 마실 수 있느냐 저희가 말하되 할 수 있나이다. 가라사대 너희가 과연 내 잔을 마시려니와 내 우편에 앉는 것은 나의 줄 것이 아니라 내 아버지께서 누구를 위하여 예비하셨든지 그들이 얻을 것이니라 열 제자가 듣고 그 두 형제에게 대하여 분히 여기거늘 예수께서 제자들을 불러다가 가라사대 이방인의 집권자들이 제자를 임의로 주관하고 그 대인들이 저희에게 권세를 부리는 줄을 너희가 알거니와 너희 중에는 그렇지 아니하니 너희 중에 누구든지 크고자 하는 자는 너희를 섬기는 자가 되고 너희 중에 누구든지 으뜸이 되고자 하는 자는 너희 종이 되어야 하리라 인자가 온 것은 섬김을 받으려 함이 아니요 도리어 섬기려 하고 자기 목숨을 많은 사람의 대속물로 주려함이니라"(마20:17-28)

예수께서 여리고를 거쳐서 마지막으로 예루살렘으로 가려고 하며 주신 말씀은 나사로를 살리신 그 후로 본다.[557] 이는 세베대의 두 아들의 어머니가 예수께 와서 절하며 "나의 두 아들을 주의 나라에 하나는 주의 우편에 하나는 주의 좌편에 앉게 명하소서"를 간청하였을 때다.

이때 주님은 대제사장들과 서기관들에게 넘기어 이방인에게 넘겨주고, 능욕하며 채찍질하며 십자가에 못 박히게 될 것을 말씀하셨다. 그러나 제자들은 주님의 말씀을 잘 이해하지 못하고 있었다. 그들이 가지고 있는 메시야관 때문이었다. 그리고 자기들 나름대로의 기대와 희망 때문이었다. 또한 율법의 사람들이었고 성전종교와 회당종교에 깊이 빠진 사고방식 때문이었다. 가장 예수를 가까이에서 본 베드로, 야고보와 요한도 주님의 죽음예고를 간파하지 못한 것이다. 두 아들을 둔 어머니의 간청은 더욱 어이가 없는 것이었다. 이에 주님은 "나의 마시려는 잔을 너희가 마실 수 있느냐?"고 묻으신다. 제자들은 "할 수 있나이다"고 답한다.

25절 이하는 이때 주님이 주신 교훈이다. 예수는 제사장만으로 오신 것이 아니라 그리스도로서 정치적, 종교적, 사회적으로 그리스도를 말하는 것이다. 즉 이 세 면의 구원이 있어야 구원의 완성으로 보신 것이다. 왕으로서 제사장으로서 선지자로서의 구원의 사명은 하나님께서 온 인류를 구원하시고자 그리스도로 보내신 사명인 것이다. 물론 그리스도는 정치적인 정권을 잡은 적은 없었다. 그리고 재림 후에는 국왕이나 대통령이 되겠다는 왕이 아니셨다. 다만 정치의 원리를 주신 말씀인 것이다. "이방인의 집권자들이 저희를 임으로 주관하고 그 대인들이 저희에게 권세를 부리는 줄을 너희가 알거니와 너희 중에는 그렇지 아니하니 너희 중에 누구든지 크고자 하는 자는 너희를 섬기는 자가 되고 너희 중에 누구든지 으뜸이 되고자 하는 자는 너희 종이 되어야 하리라" 하신 것이다. 종교국가인 이스라엘이나 유대 나라에서도 왕국을 세워서 왕들은 임의로 백성을 주관하고 권세를 부려온 것이다. 그러나 예수 그리스도의 복음은 그 정반대였다. 지배나 군림이나 착취나 억압이 아닌 섬김과 봉사가 정치의 원리라는 복음신학을 말한다.[558]

세 번째 죽음을 예고에서 예수는 자기 죽음의 복음신학을 분명히 하셨다. "인자가 온 것은 섬김을 받으려 함이 아니라 도리어 섬기려 하고 자기 목숨을 많은 사람의 대속물로 주려 함이라"[559]고 하셨다.

그러나 세속정치만이 아닌 교회정치에서도 왕권적이고 제왕적인 정치권을 휘두르는 것은 비복음적인 하나의 종교정치일 뿐이다.

(4) 네 번째 죽음예고

예수의 네 번째 죽음예고는 마태복음 26:1-13절과 마가복음 14:3-9절, 요한복음 12:1-8절에 기록되어 있다. 여기서 마태복음 26:1-13절을 중심으로 살펴보기로 한다.

"예수께서 말씀을 다 마치시고 제자들에게 이르시되 너희의 아는 바와 같이 이틀을 지나면 유월절이라 인자가 십자가에 못박히기 위하여 팔리우리라 하시더라. 그때에 제사장들과 백성의 장로들이 가야바라고 하는 대제사장의 아문에 모여 예수를 궤계로 잡아 죽이려고 의논하되 말하기를 민요가 날까 하니 명절에는 말자 하더라. 예수께서 베다니 문둥병 시몬의 집에 계실 때에 한 여자가 매우 귀한 향유 한 옥합을 가지고 나와서 식사하시는 예수의 머리에 부으니 제자들이 보고 분하여 가로되 무슨 의사로 이것을 허비하느뇨. 이것을 많은 값에 팔아 가난한 자들에게 줄 수 있었겠도다

하거늘 예수께서 아시고 저희에게 이르시되 너희가 어찌하여 이 여자를 괴롭게 하느냐 저가 내게 좋은 일을 하였느니라. 가난한 자들은 항상 너희와 함께 있거니와 나는 항상 함께 있지 아니하리라 이 여자가 내 몸에 이 향유를 부은 것은 내 장사를 위하여 함이니라. 내가 진실로 너희에게 이르노니 온 천하에 어디서든지 이 복음이 전파되는 곳에는 이 여자의 행한 일도 말하여 저를 기념하리라 하시니라."(마26:1-13)

네 번째 죽음의 예고는 십자가를 지시기 유월절 이틀 전 베다니에서 하신 말씀이다. 예루살렘에서는 대제사장과 백성의 장로들이 가야바 궁전에서 예수를 잡아 죽이기로 최종 결의한 다음이며, 마리아가 옥합에 든 향유를 예수에게 부었을 때에 하신 말씀이다.

때는 유월절이며 가룟 유다로부터 배신을 당하여 팔리우기 전이었다. 예수의 수난이 바로 앞에 다가 온 것이다. 마리아는 옥합에 든 향유를 예수에게 부었다. 마가복음에는 여인이 옥합을 깨뜨렸다는 표현이 있다.[560] 보통은 옥합의 향유를 그냥 붓는 것이 상식이다. 그런데 깨뜨렸다고 표현하고 있다. 이는 지금까지 고정적이고 고여 있던 전통적인 데서 나오게 하기 위해서는 깨뜨리지 않으면 안 된다는 교훈이다.

이 여인은 마르다 아닌 마리아로 보는데 마리아는 평소에 무엇을 먹을까? 어떻게 먹을까 염려하고 힘쓰는 마르다에 비하여 마리아는 주님의 복음에 심취하고 사모하는 여인이었다. 그리고 그녀는 예수와 가까이 지내며 여러 차례나 직접 예고하는 죽음에 대하여 그 누구보다도 잘 간파한 다음이었다. 그리스도의 죽음을 위한 사랑과 존경과 섬김과 봉사의 한 의식이다.[561] 이에 이를 향유를 허비하는 동료들의 비난이 없지 않았다. 여기에 가룻 유다의 비난이 언급되어 있다. 돈에 눈이 먼 자는 모든 것을 돈에 최고의 가치를 부여한다. 그리고 '가난한 자'에 대한 변명은 종교인들의 구실과 명분에 지나지 않다. 이에 예수께서 말씀하신다. "가난한 자는 항상 너희와 함께 있거니와 나는 항상 함께 있지 아니 하리라." "이 여자가 내 몸에 향유를 부은 것은 내 장사를 위함"이라 하신다.

천하를 주고도 바꿀 수 없는 목숨을 만민을 구원하기 위하여 버리는 가장 귀한 죽음에 부은 향유와 여인은 "온 천하에 어디서든지 이 복음이 전파되는 곳에는 이 여자의 행한 일도 말하여 저를 기념하리라" 하셨다. 예수의 복음과 함께 기념되는 칭찬은 이 여인이 처음이자 마지막이다. 가장 귀한 것을 택하고 고귀한 것을 일삼는 자에게 오는 사랑과 보상과 축복인 것이다. 예수는 십계명과 이에 따르는 613개의 율법을 두 계명으로 완성시켰다. 즉, '하나님 사랑'과 '이웃 사랑'이다. 예수의 복음은 더 나아가 원수 사랑을 말씀하신 것이다. 이를 위하여 그리스도요, 인자요, 하나님의 아들이지만 택함 받은 이스라엘과 거룩한 예루살렘과 유다와 사마리아와 땅끝까지 이르는 온 인류를 위하여 "죽으면 죽으리라"와 "죽으면 살리라"는 복음을 말씀하신 것이다.

우리는 지금까지 주님 스스로 예고하신 죽음의 본질과 의의와 의미를 살펴보았다. 주님의 죽으심은 이미 예언된 죽음의 성취이며, 처음부터 각오를 하신 죽음이며, 오히려 죽음을 향한 삶이었음을 보고 크게 놀라고 깨닫는 바이다.

죽음의 복음신학은 주님을 믿고 따르는 자의 길과 정신인 것이다. 죽음의 복음신학을 하는 자는 죽음을 초월한 자이다. 자기들만 살기 위해서 수단과 방법을 가리지 아니하고 살인하며 도적질하며 억압하고 지배하는 세상에 죽음을 두려워하거나 피하지 아니하며 오히려 죽음을 향하신 예수 그리스도께서 온 인류를 살리신 것에서 우리는 용기와 희망과 기쁨을 얻는 것이다.

7) 십자가상 칠언(七言)에 나타난 복음신학

예수가 복음을 위해서 친히 고난 받게 될 것을 네 차례에 걸쳐서 예고한 말씀들을 살펴보았다. 이제 예수께서 죽음의 현장에서 그의 가르침을 살펴보는 죽음의 복음신학의 절정에 이르렀다.

고난을 예고한 예수는 그 죽음을 회피하지 않으셨다. 하나님의 뜻을 이 땅에 이루기 위해서 친히 고난의 현장으로 발길을 옮기셨다. 조롱과 핍박과 고통을 친히 당하셨다. 그 고난의 시간에 예수의 행동과 한마디 한마디는 곧 예수의 복음의 절정이요, 완성이 되었다. 심지어 십자가에 달리신 예수는 의인이요, 하나님의 아들을 죽이는 죽임의 축제를 벌이며 광분한 무리들을 위하여 저들의 무지를 용서해달라고 간구하신다. 이제 예수의 십자가상에서의 예수의 죽음에 대한 복음신학에 대해서 살펴보려고 한다.

예수께서 '하나님 나라'를 선포하시면서 복음운동을 벌이신 지 3년여 만에 종말적으로 주님 앞에 다가온 것은 '하나님 나라'가 아닌 십자가요, 죽음이었다.

주님이 일찍이 자기뿐 아니라 제자들에게도 십자가를 지는 교훈과 교육을 병행하셨다. 첫째는 자기가 십자가를 지는 일이며, 둘째는 제자들도 자기처럼 십자가를 지는 일이었다. 하나님의 나라를 선포하고, 하나님 나라의 복음을 가르치면서 잊지 않으시고 빠뜨리지 않은 일이 십자가를 지는 복음이었다. 바로 그 복음의 때가 임하게 된 것이다.

빌라도의 선고가 끝나자 주님은 관정 안으로 끌려갔다. 무리는 그의 옷을 벗기고 홍포를 입히고 가시로 만든 관을 엮어 씌우고 갈대를 오른손에 들리우고 '유대인의 왕이여 평안할지어다'라고 희롱했다. 침을 뱉고 갈대를 빼앗아 그의 머리를 치고 나서 홍포를 벗기고 다시 그의 옷을 입혀 십자가에 못 박으려고 끌고 나갔다.[562]

주님은 골고다, 즉 해골같이 생긴 언덕으로 자기가 지어야 할 십자가를 지고 형장까지 걸었다.[563] 그 십자가는 예수의 체중보다 두 배나 더 무거운 것이었다. 밤샌 기도와 종교-정치인들에 시달림, 채찍질로 체력이 약해진 예수가 더 이상 질 수 없음을 보고 병사들은 구레네에서 올라온 시몬에게 십자가를 대신 질 것을 강요하였다. 후에 구레네 시몬의 아들들은 초기교회에 일군이 되었는데, 곧 알렉산더와 루포였다. 아버지가 그 때의 자기가 겪은 이야기를 아들들에게 자세히 들려준 것이다.[564]

주님이 골고다에 도착한 시간은 유월절 전일 9시경이었다. 골고다 언덕에는 세 죄인의 사형을 집행하기 위하여 삼엄한 경비 가운데 진행되었다. 십자가를 세울 웅덩이를 파고 있었고, 죄수를 매달 준비가 진행되었다. 유대 관례대로 죄수를 불쌍히 여겨 진통제 역할을 하는 독주를 포도주에 섞어 마시게 하였다. 그러나 주님은 거절했다. 이런 일은 여자들이 하였는데 그 일을 할만한 여인이 없으면 공금으로 사서 마시게 하였다. 그러나 원래 로마인들은 그냥 매달려서 죽게끔 내버려 두는 것이었다. 주님은 생생한 자기 정신으로 이 끔찍한 처형의 장면들을 대하였다. 군졸들은 옷을 벗겼고 세워진 십자가 형틀로 끌고 갔다.

로마의 관습에 따라 죄패가 형틀의 꼭대기에 붙여졌다. 히브리어와 헬라어와 라틴어로 '유대인의 왕'이라 적혀 있었다. 유대인들은 이제야 불쾌감을 느끼고 '자칭 유대인의 왕'으로 수정하기를 바랐으나 빌라도는 거절하였다. 요한복음에는 요한이 변장하고 십자가아래 있었던 것 같이 보이나 여자들 이외에는 접근이 어려웠고, 주님의 12제자들은 그 근처에 가지도 않았던 것 같다.

병사들은 십자가 형틀에 부착시킨 예수와 두 강도들에게 못을 박기 시작했다. 두 강도들은 이미 쓴 포도주를 마셨기에 양손에 못이 박힐 때 고통을 적게 느꼈을 것이다. 그러나 주님은 온전한 정신에 온몸으로 고통을 당하셨다. 그런 장면을 보는 여인들은 오열을 하기 시작하였다.

살아계신 하나님의 아들! 그리스도! 놀라운 선생님! 위대한 선지자! 복음의 사도! 가는 곳마다 언제나 종교적 교리나 상식을 넘어선 이쪽에서 저쪽까지, 처음부터 나중까지, 가는 길만이 아니라 왕복까지, 땅의 일이 아닌 하늘의 일이 하늘에서 이루어진 것 같이 땅에서도 이루어지기를 바라며 듣게 하시고 깨닫게 하시던 주님이 어처구니 없이 앙상한 갈비뼈를 드러내 놓으시고 가쁜 숨을 내쉬면서 그 고통을 참으시는 모습을 참아 볼 수 없었다.

예수 그리스도는 하나님이 사람이 되신 것을 말한다. 성육신 전에는 참 신으로서 영적 존재였으나 성육신 후에는 사람의 몸을 입으셨기에 사람으로서의 모든 희노애락과 목마름과 아픔을 감당하시며 모든 사람들의 모범이 되신 것이다. 특히 그리스도가 죽어야 한다는 예고와 실제는 전통적인 유대인들의 신앙과는 상치되는 것으로서 적지 않은 분노와 실망과 반대가 없지 않았다. 그러나 예수의 십자가에서의 죽음은 인간이 어떻게 하나님을 신앙하는지를 역사 속에서 모든 인간들에게 보여주신 것이다. 즉 예수 그리스도는 신(God)으로 죽은 것이 아니라 인간으로서의 죽음을 죽으신 것이다.

그러므로 우리는 그리스도의 인간적인 죽음에 대하여 귀하고 큰 교훈을 얻을 수 있다. 그리고 그것은 불가능한 것이 아니라 누구에게나 가능한 것을 말하고 있다. 그러므로 우리 모든 신앙인들의 그리스도의 죽음의 복음신학에 은혜를 받게 되고 교훈을 얻게 하는데 이 연구의 목적이 있다. 이 장에서 예수 그리스도께서 사람으로서 십자가에 달려 죽으시며 하신 말씀을 살펴보고자 한다. 특히 필자는 손병호 박사의 「복음신학 원론」에서 공감을 하고 인용하고자 한다.[565]

이제 예수의 십자가상에서 언급하신 일곱 말씀을 살펴보면서 죽음과 관계된 영원한 복음의 말씀을 정리하면서 결론을 얻고자 한다.

(1) 누가복음 23:34

"이에 예수께서 가라사대 아버지여 저희를 사하여 주옵소서 자기의 하는 것을 알지 못함이니이다 하시더라 저희가 그의 옷을 나눠 제비 뽑을새"

죄 없으신 예수 그리스도를 시기와 질투 속에서 십자가에 못 박고 처형하며 도리어 기뻐하는 무리들을 향하신 예수의 복음이다. 예수는 용서의 큰 본을 보여주고 있다. 우리가 세상을 살아가는 동안 진정한 용서의 도리를 가르치고 있다. 예수는 저들의 무지를 용서해 달라는 기도를 하셨다. 그리고 무지한 저들을 불쌍히 보시며 용서하시는 복음의 진수를 보게 된다. 예수는 "보기는 보아도 알지 못 하고 듣기는 들어도 알지 못하는" 저들을 보시고 안타까워 하셨다.[566]

복음인은 매사에 용서하는 자리에 머물러야 한다. "너희가 각각 중심으로 형제를 용서하지 아니하면 내 천부께서도 너희에게 이와 같이 하시리라."[567] 인간적인 감정을 품고 용서하지 못하면 하나님도 용서할 수 없는 것이다. "너희가 사람의 과실을 용서하지 않으면 너희 천부께서도 너희 과실을 용서하시려니와 너희가 사람의 과실을 용서하지 아니하면 너희 아버지께서도 너희 과실을 용서하지 아니하시리라."[568] 하나님의 용서는 인간의 자구적이고, 자발적인 행동에 따라 자동적으로 이루어지는 것이다.

하나님 앞에 기도할 때 우리는 우리의 모습을 살피고 용서해야 할 대상들을 찾고 그들을 용서해야 할 것이다. "사랑은 모든 허물을 가리우느니라."[569] 예수의 복음과 그 모습을 대할 때, 우리 자신의 모습이 스스로 부끄러워질 수밖에 없다. 그 참혹한 십자가의 고통 중에서도 간악한 무리들의 죄악을 용서해 주시기를 간구하시는 넓으신 사랑의 주님을 보게 된다.[570] "용서하는 것이 자기의 영광"[571]이라고 말씀하신다. 이웃에게 줄 수 있는 최상의 것은 용서이다. 예수의 복음인 사랑은 바로 용서에 있다.

주님이 말씀하신 용서는 바로 복음의 핵심이다. 관용, 아량, 포용, 사랑이 용서인 것이다. 관용적인 사랑, 아량이 넓은 신학, 포용력이 있는 인격, 사랑이 넘치는 인간, 용서할 줄 아는 지도자라면 무엇이 문제가 될 것인가?

무지한 자들은 대제사장과 장로들과 서기관들이었고 바리새인과 사두개인들이었다. 주님은 그들을 불쌍히 보시고 용서를 말씀하셨다. 오직 저들의 무지가 악을 행하면서도 악으로 깨닫지 못하고 축제를 벌이고 있는 것이다. 이전에 예수는 계속해서 저들에게 교훈하셨으나 저들은 도리어 반기를 들었던 자들이었다. 이는 돼지에게 진주를 준 격이 되었다.

예수의 복음은 정치나 종교적인 하나님의 나라와 복음이 아니라 메시야적인 복음이었다. 정치와 종교 그리고 사회를 다 포함한 하나님 나라의 첫 번째 원리로 용서를 선포하셨다.

(2) 누가복음 23:43

"예수께서 이르시되 내가 진실로 네게 이르노니 오늘 네가 나와 함께 낙원에 있으리라 하시니라"

이는 구원을 요청하는 한 죄수에게 낙원을 약속하는 말씀이다. 예수의 낙원에 대한 약속의 말씀에서 영원한 승리와 희망의 소리를 듣게 된다. 예수의 십자가 밑에는 여러 부류의 사람들이 있다. 호기심에 보는 사람, 죄수의 죽음을 마땅히 여기며 저주하는 사람, 메시야로 받아 들이지 못하고 조롱하는 사람, 동시에 의인의 죽음을 보며 마음아파 가슴을 치는 사람, 인간의 악한 역사에 회개하며 눈물 흘리는 사람 등이다. 그러나 그들 대다수는 현실에 대한 고통과 괴로움으로 하나님의 나라를 기다리는 사람들이었다. 예수는 이 모든 이들을 위하여 하나님 나라를 허락하신 것이다. 또한 주님과 함께 있을 복을 허락하신 것이다.

다른 십자가에 달린 죄수는 "네가 그리스도가 아니냐. 너와 우리를 구원하라"고 하였다.[572] 그리스도가 십자가에서 죽지 않게 하거나 거기서 모면케 하는 해결사인 줄로 알았던 것이다. 그러나 다른 편에 있는 행악자는 그를 꾸짖고 "우리는 우리의 행한 일에 상당한 보응을 받는 것이니 이에 당연하거니와 이 사람의 행한 것은 옳지 않은 것이 없느니라" 하고 "예수여 당신의 나라에 임하실 때에 나를 생각 하소서" 하였다. 이에 주님은 "내가 진실로 네게 이르노니 오늘 내가 나와 함께 낙원에 있으리라" 하셨다.[573]

예수는 회개한 죄인을 돌아보시고 그가 낙원에 갈 것이라는 사실을 약속했다. 여기 한 죄인의 간구는 자신이 하나님을 두려워 한다는 것을 인정했고, 자신의 죄를 인정했다. 자신은 마땅히 처벌을 받아야 할 것을 인정했다. 그의 회개가 놀라운 변화를 가져왔다. 그는 십자가에서 죽어가는 예수를 향하여 '주여 당신의 나라가 임할 때에 나를 생각하소서.'[574] 예수는 그에게 놀라운 은혜를 베풀고 있다. '네가 오늘 나와 함께 낙원에 있으리라' 주님이 십자가에 못 박히자 비복음적인 인간들은 여전히 주님을 비방하였다. "남을 구원하면서 자기 자신은 구원하지 못하는구나 하나님의 아들이 이 사람이랴? 성전을 헐고 사흘에 짓겠다는 자여 네가 너를 구원하여 보라" 하며 희롱이 계속되었다.

손병호 박사는 다음과 같이 말하고 있다.

그에게는 학습식도 세례식도 없었다. 처형 중에 주님과 그의 나라를 믿고 원하였다. 주님은 "진실로 말하노니 오늘 네가 나와 같이 낙원에 있으리라"고 하셨다. 정말로 주님은 그렇게 말씀하셨다. 오늘 주님과 같이 낙원에 있으리라는 말씀은 즉흥적이고 감정적인 감개무량이라기보다는 하나님 나라의 속성과 그 나라에 들어가는 원리를 말씀하신 것이며 강도 같은 인간일지라도 복음적인 회개가 있으면 하나님 나라에 임한다는 복음을 말씀하신 것이다.[575]

여기에 바로 복음신학의 본질과 원리가 있다. 그러나 성전종교와 회당종교에 익숙한 율법주의자들은 이런 복음신학의 본질과 원리를 이해하지 못한다. 그들의 신앙관으로서는 창녀나 세리가 그들보다 먼저 하나님 나라에 들어간다는 주님의 말씀은 하나의 감정적이고 대립적인 선동으로만 보였을 뿐이다. 그런데 심지어는 십자가에 달려서도 십자가에 처형되고 있는 강도요, 행악자에게 "오늘 나와 함께 낙원에 임하리라"고 하신 것이었다. 이런 복음신학이 오늘날 율법보다 뒷전에 있고, 묻히고 잊혀져 있다.

하나님의 나라는 간음한 자나 음욕을 품은 자도 올 수 있고, 공금을 횡령한 자나 부정한 자도 올 수 있고, 주먹질한 자나 구데타를 일으킨 자도 들어 올 수 있는 곳이다. 인간 심성에 그런 요소가 없는 자 어디 있는가![576]

기독교와 교회나 하나님 나라는 주장하고 다스리고 주관하며 왕 노릇하는 곳이 아니며 세상의 원리로 조직하고 운영하고 터를 닦고 자리 잡고 실권을 쥐는 곳이 아니다. 다만 그런 자들도 복음을 통하여 새로운 심령이 되는 변화를 받아서 하나님 나라에 임함을 보고 더불어 들어가는데 복음의 본분이 있는 것이다.

이 강도는 주님의 십자가 앞에서 자기 자신을 발견하고 신앙을 고백했다. 나아가 하나님 나라를 볼 줄 알았으며 그 나라의 주인공을 볼 줄 알았다. 그렇게 자주 보고 들어도 깨닫지 못했던 사람들과는 달랐다는 것이다.

손병호 박사는 다음과 같이 말하고 있다.

주님이 말씀하신 회개(Penitent)는 바로 이런 회개를 말씀하셨다. 세례요한의 세례나 선지자들의 회개는 도의적이거나 윤리적이며 각성하는 회개(Repent)였다. 그리고 바울의 개종(Conversion)의 회개를 주장하였다.[577]

예수 그리스도의 복음을 복음화하는 데는 위에 주장하는 대로의 세 가지의 변화를 통해서만 이루어진다. 그러나 그 어떤 것도 마음의 바꿈이 없이는 각성도 개종도 어려운 것이 사실이기 때문에 이를 먼저 염두에 두고 있어야 한다.

(3) 요한복음 19:26,27

"예수께서 그 모친과 사랑하는 제자 곁에 서 있는 것을 보시고 그 모친께 말씀하시되 여자여 보소서 아들이니이다. 또 그 제자에게 이르시되 보라 네 어머니라 하신대 그때부터 그 제자가 자기 집에 모시니라"

십자가상에서 주님은 고통스러운 순간에도 한 어머니에 아들 된 사명을 성실하게 수행하고 있음을 볼 수 있다. 우리는 여기서 몇 가지의 교훈을 받게 되는데, 그 첫째는 주님은 인류를 구원하시는 일

제5장. 죽음에 대한 예수 그리스도의 복음신학

을 하시기 위해서 십자가를 지셨음에도 아들된 사명을 결코 소홀히 하지 않았다. 둘째로 주님은 특별히 요한을 신뢰하셔서 그에게 사랑하는 어머니를 맡기셨다. 셋째로 모든 사명을 감당할 뿐 아니라 주의 분부를 받은 대로 끝까지 주를 모시고 모친을 모시고 섬겼다.

그러나 아들이 말하였다. "여자여 보소서 아들이니이다" 이것이 당신의 아들이며, 이 아들이 이렇게 되었다는 자조적인 음성이었다. 누구보다도 아들을 잘 알고 있는 어머니에게 성령으로 잉태되고 애지중지 길러온 아들이 하나님의 나라와 복음을 외치던 아들이 바로 십자가 위에서 죽고 있는 것이었다.

그러면서도 아들은 그 제자에게 "보라! 네 어머니(your mother)라"고 하였다. 모든 2인칭인 자들에게 해당되는 어머니라는 것이었다. 어머니 중의 어머니이며 모든 인류가 존경하고 존중할 어머니라는 것이었다. 그렇다고 로마카톨릭교회가 말하는 성모 마리아를 이야기하는 것은 아니다. 마리아가 자기보다 먼저 어처구니없이 죽어가는 보고 있다. 그렇다고 하여 모든 사람의 죄를 사하여 주는 것은 아니며, 하나님이나 주님의 중보자의 역할을 한다고 말할 수는 없다. 마리아는 훌륭한 어머니였지, 신앙의 대상자적인 위치는 아닌 것이다. 마리아를 성부, 성자, 성령, 다음의 성모라고 하며 4위 1체가 될 수는 없다. 성령 자리에 성모를 놓는 교리도 잘못된 것이다.

손병호 박사는 다음과 같이 말하고 있다.

예수의 복음신학은 마리아의 신성시(神聖視)에 있지 않다. 마리아 숭배는 주님을 모독하는 일이다. 주님의 복음신학은 하나님의 나라와 복음 전하고 복음화 운동을 한 사람인데도 처참한 꼴을 당한다는 것을 보여 주는 것이었다. 그런 아들의 어머니는 모든 사람들의 어머니라는 이야기도 되었다. 이후부터 요한은 주님의 어머니를 죽을 때까지 모셨다는 이야기가 있다.[578]

복음은 예수의 어머니인 마리아를 신성시하기 위한 것이 아니다. 또한 예수보다 마리아를 더 숭배하는 것이 아니다. 단지 마리아는 어머니일 뿐이지 그 이상의 의미를 부여하는 것은 예수와 복음, 그리고 마리아를 도리어 욕되게 하는 것일 뿐이다.

(4) 마태복음 27:46

"제구시 즈음에 예수께서 크게 소리질러 가라사대 엘리엘리 라마 사박다니 하시니 이는 곧, 나의 하나님 나의 하나님 어찌하여 나를 버리셨나이까 하는 뜻이라"

주님은 이미 십자가에서 용서를 가르치셨으며 도적에 대해서는 낙원의 축복을 선포했다.[579]

예수께서 십자가에 못 박혀 죽으심으로 천지창조 이래 최대의 사건이었다. 예수는 참을 수 없는 고통이 있었으나 인류의 고통을 지시고 죄인으로서 아버지 하나님으로부터 버림받는 것 같은 상황이다. 그러나 주님의 이 외침으로 우리는 구원을 받았고 새 생명을 얻게 되었다. 이제 우리가 할 수 있는 것은 그리스도를 위해 사는 일이다. 우리 모두 생활의 중심이 곧 십자가이어야 한다. 오직 십자가 안에서만 모든 것이 회복되고 온전하게 되며 강건하게 되고 새 힘과 능력을 공급받는 것이다.

정오경부터 오후 3시까지 온 땅이 어두움에 임하였다. 십자가에 못이 박혀지고 운명에 이르는 처절한 시간이었다.[580]

"만일 할 만하시거든 이 잔을 내게서 지나가게 하옵소서. 그러나 나의 원대로 마옵시고 아버지의 원대로 하옵소서"[581]가 주님의 기도였고 자기의 최종적 단안이었다. 그것은 곧 하나님의 포기요, 하나님의 버리심이며, 그것은 곧 십자가인 것이다. "나의 하나님 나의 하나님 어찌하여 나를 버리시나이까. 이 말은 예수그리스도의 신앙이며 믿음인 것이다. 하나님 나라의 복음을 전하고 이루고자 한 것이 죄가 되는 세상에 하나님의 나라와 복음을 바라시는 하나님 자체가 원망스러우며 이런 천대와 멸시와 고난 가운데 그 하나님의 나라와 복음인 것이 서글픈 것이었다.

인간들의 나라와 비복음적인 것으로 인하여 죽어가면서 하나님의 나라와 복음의 주인공이 창피한 수모를 당하는데 이해할 수 없는 현실에 대한 원망이었다. 비록 그것이 하나님의 뜻인 줄 믿으면서도 사람의 몸을 입은 아들로서는 당연한 불평이기도 하였다.

마태복음과 마가복음에서는 이 원망으로 주님의 말씀은 끝이 난다. 대속 제물이 되신 아들로서 하나님 아버지께 불평할 수 있는 원망이었다. 여기 예수 그리스도의 인성(人性)이 있는 것이다. 아버지를 둔 아들의 당연한 원망이었다. 십자가에서 아무런 원망도 없이 어떤 불평도 없이 기뻐하고 즐거워하고 감사하고 당연지사로 여기는 아들이었다면, 이는 그야말로 지상 최대의 쇼에 지나지 않는 것이다.

손병호 박사는 다음과 같이 말하고 있다.

"엘리 엘리 라마 사박다니"가 없었다면 그야말로 노스틱(Gnostic)

사상을 배제할 수 없었을 것이다. 그들은 가현적(假現的) 예수라고
하였다. 복음은 신들의 쇼나 연기를 말하지 아니한다. 일부 신앙인
들은 구원조차 어떤 전능(全能)에 의한 구출로 말하나 구원은 스스
로 아니면 가까스로 도와주어서 헤어 나옴이요 정말로 기적적인
것이지 도깨비 노름이 아닌 것이다.[582]

예수 그리스도의 십자가상에서의 부르짖음은 세상적인 그 어떤
형식과 외식이 아니었다. 나아가서 그 어떤 쇼나 연극이 아니라 오
직 이 세상을 사랑하셔서 독생자까지 내어 주신 하나님의 사랑이었
으며 자기 백성을 죄에서 구원하시기 위함에 있는 것이다.

(5) 요한복음 19:28

"이후에 예수께서 모든 일이 이미 이룬 줄 아시고 성경으로 응하게
하려 하사 가라사대 내가 목 마르다 하시니"

예수님은 십자가상에서 일곱 마디 말씀 중에 다섯 번째로 "내가
목마르다"[583] 말씀하셨다. 십자가의 고통은 아픔과 굶주림 그리고
목마름이 견딜 수 없는 고통이었다. 예수는 육체적으로 목이 말랐
다. 군병들이 창으로 예수님의 옆구리를 찔렀기에 물과 피를 흘렸으
며, 법정에서 사형 언도를 받고 십자가를 지고 많은 땀을 흘리며 걸
으셨으며, 주님은 우리의 죄를 대속하기 위해서 목마르시고 물과 피
를 흘리셨다.

예수가 육체의 지배를 받는 것을 말하는 것이 아니라 육체의 고통
을 말하는 것이다. 성육하신 주님이 목마르신 것은 모든 정황을 살

펴볼 때 당연한 것이었다. 참 신앙은 목마르신 주님을 사랑하고 의지하고 따르는 것이라 할 수 있다. 주님의 신성만을 믿고 따르는 것이 아니라, 주님의 인간적인 면에서도 애정이 가고 사랑이 가는 것이 사랑이다. 오늘 우리가 주님을 사랑한다는 것은 바로 하나님의 아들로서의 주님이 아니라 인간의 아들로서 십자가의 고난의 통증에 동참하는 것이다.

예수님의 목마르심 가운데는 그리스도의 세 가지 모습을 보게 되는데 그것은 고통 받는 사람의 아들의 모습과 복종하는 하나님의 종의 모습을 보게 되고 더 나아가서는 죄인을 사랑하시는 구세주의 모습을 보게 된다.

(6) 요한복음 19:30

"예수께서 신 포도주를 받으신 후 가라사대 다 이루었다 하시고 머리를 숙이시고 영혼이 돌아가시니라"

예수님께서 갈보리에서 하신 말씀들을 들어볼 때 주님께서 우리를 사랑하신다는 것은 의심할 여지가 없다.[584]

'내가 목마르다' 하실 때 인간들이 한 일이란 신 포도주를 머금은 해융으로 우슬초에 매어 예수의 입에 댄 것뿐이다. '예수께서 신 포도주를 받으신 후 가라사대 다 이루었다 하시고 머리를 숙이시고 영혼이 돌아가시니'라고 기록한다. 이 주님의 말씀 속에 고통받는 사람의 아들의 모습과 복종하는 하나님의 종의 모습과 죄인을 사랑하시는 구세주의 모습을 보게 된다. 예수님께서는 다시는 우리를 목마르지 않게 하시기 위해서 십자가에서 목마름을 겪으셨다. 그러므로 우리는 주를 믿고 영접할 때 주 안에서 채움 받는 다시는 목마르지 않는 자리에 머물게 된다.

목이 말라서 몹시 고통을 느끼시던 주님은 한 병사가 준 신 포도주를 입에 대었다. 다른 죄수들은 십자가에서의 고통을 보다 초연하게 극복하기 위해서 매달리자마자 동정심 많은 여자들이 건네주는 진통제인 신 포도주를 마셨다. 로마의 병사들은 전장에서의 통증을 물리치기 위하여 포스카라는 진통용 술을 가지고 다녔다. 이것은 죽음의 촉진제가 되었다. 이 신 포도주를 입에 댄 주님은 "다 이루었다" 하셨다. 3년 전 주님은 "때가 찼고 하나님 나라가 가까왔으니 회개하고 복음을 믿으라" 하시며 선풍적인 복음운동을 시작하시지 않았던가. 이 복음운동의 결과는 십자가이었으며 이제는 "다 이루었다"고 자기의 죽음을 말씀하셨다. 그러나 주님은 말씀대로 삼일 만에 부활하셨고, 하나님의 나라는 새로운 출발을 하였다.

가이사 황제는 "갔노라. 보았노라. 정복하였노라"라는 유명한 말을 하였다. 그러나 주님은 "다 이루었다"고 하시며 자신의 하나님 나라와 구원 사역의 마침을 선언하셨다.

이제 남은 일은 자기가 부르시고 세우시고 가르치시고 분부하시며 명하신 대로 자기의 사도들이 자기의 동역자가 되는 일이다. 주님이 다 이루신 일은 하나님의 나라나 복음운동의 종료가 아니라 자기소임의 완료를 말하는 것이었다. 주님의 시간성은 바로 여기에 있었다. 주님이 2년째 유월절이나 2년 반의 초막절을 더 넘기시고 3년째 유월절까지 버티신 이유도 보충해야 하거나 가미해야 할 사항이 없도록 하기 위해서였다. 주님이 30년간 준비하시고, 하나님의 구원을 이루기 위해서 40일간 마무리하시며, 12제자들을 사도와 복음을 전하는 자와 친구로 삼으셨다. 갈릴리와 데가볼리 그리고 사마리아와 유다, 예루살렘으로 펼치신 복음화 운동은 불과 3년간이었지만 영원무궁토록 인간들이 지속시킬 수 있는 하나님 나라의 원리 원칙의 고향과 샘과 중심이 되었다.

손병호 박사는 다음과 같이 말한다.

> 주님의 메시야적인 하나님의 나라와 복음 사업은 교훈이나 가르침이나 윤리가 아니라 수행이었고 이행이었고 이룸과 구원과 실천이었다. 그러나 완성은 그의 사도들에게 맡기셨다. 그것이 기도였고 위임이었고 공역(公役)이었다.[585]

하나님 나라는 말에 있는 것이 아니라 오직 직접 그 말씀대로 행함으로 인해서 이루어지며, 구원이 성취되고 실현되는 것이다. 이에 대한 완성을 바로 제자들에게 맡기셨으며 이것이 바로 예수의 복음 사역이었다.

(7) 누가복음 23:46

"예수께서 큰 소리로 불러 가라사대 아버지여 내 영혼을 아버지 손에 부탁하나이다 하고 이 말씀을 하신 후 운명하시다"

예수님께서 십자가에서 하신 일곱 번째 말씀은 죽음에 대해 주께서 죽으시는 방법에 대해서 말하고 있다. 주님의 돌아가심의 네 가지 정도로 특징을 살펴본다면 첫째 주님의 죽으심은 환상적인 것이 아니라 실제로 죽으셨다. 둘째는 주님은 능동적이고 자발적으로 죽으셨다. 셋째로 주님은 인류의 구원을 위해서 기꺼이 십자가를 지셨다. 마지막으로는 주님의 죽으심은 복음의 승리와 생명의 죽음이었다.

영혼이 독자적으로 복음 운동을 할 수 없는 창조의 원리 때문에 일단 사람의 몸을 입으셨다. 이에 영적으로 해야 할 일까지 행하시기 위해서 피하기도 하고 몰래 다니기도 하셨다. 주님은 비록 비참한 죽음 앞에서도 목적을 다 이루시고, 영과 육의 분리의 시점에서 자기 영을 아버지께로 돌아가시는 것이다. 이것이 아버지로부터 온 자의 최후의 일이었다. 물론 하나님은 영이시기 때문에 뭇 영혼을 주관하시나 하나님께 갈 수 있는 영과 그렇지 못한 영이 있는데 기다리고 계시는 아버지에게 전화를 통화하고 귀가하는 아들과 같은 주님이셨다.

아들을 눈물로 맞으시는 아버지! 그 품을 떠날 줄 모르는 아들! 그 아들은 사명을 받아서 그 임무를 죽이기까지 수행하고 돌아오는 아들이었다. 너무나도 끔찍한 일이라 아버지는 아들의 부르짖는 음성을 듣고도 답을 못하시고 마음을 졸이시는 침묵의 상태 앞에 아들의 영혼은 육신에서 분리되는 운명을 하셨다.[586)]

손병호 박사는 그의 강의록에서 다음과 같이 말한다.

예수 그리스도의 십자가에 대해서 아래와 같이 말하고 있다. 주님이 남겨 주신 십자가의 도는 자기가 지는 것을 말하는 것이지 남에게 자기의 십자가를 지우는 도가 아니며 남의 십자가까지 지어 주는 도를 말하는 것이다. 그러므로 예수 그리스도의 복음은 길과 진리와 생명의 말씀이며, 율법적이거나 교리적이거나 신학적이 아니고, 만민이 하나님 나라에 들어가는 길을 말씀하셨고, 복음을 믿

으라 하시며 가장 크고 으뜸 되는 사랑의 복음을 말씀하시며, 심판이 아니라 구원을 선포하셨다.[587]

복음은 심판에 있는 것이 아니고 남을 비판하고 비난하고 정죄하는 것이 아니라 나의 십자가와 다른 사람의 십자가까지 직접 지는 것을 말한다. 또한 복음은 율법적이거나 교리적이며 회당예배나 제사예배가 아니고, 유대인과 이방인의 나누어짐을 말하는 것도 아니다. 오직 복음 안에서의 하나됨을 말하며, 이 모두는 오직 길과 진리와 생명 안에 있어야 된다는 것이다.

이제 이 모든 것을 종합해서 정리해 보면 전통적인 메시야관을 말할 때 왕과 선지자와 제사장으로 말할 수 있다. 그러나 이사야서 53장에서 말하고자 하는 메시야관에 대해서는 '고난 받는 종'으로 묘사하고 있는데, 이에 예수 그리스도는 왕과 선지자와 제사장 보다는 자신이 친히 '고난 받는 종'으로 오셔서 왕과 선지자와 제사장으로서 정치와 사회와 종교를 구원하시기 위해서 십자가에서 복음과 구원의 완성을 위해서 고난을 받으셨다. 그 예언이 이사야 53장의 '고난의 받는 종'으로 표현되고 있는 것이다. 그 말씀대로 또한 예언대로 예수 그리스도는 심판하시기 위해서가 아니다. 요한복음 3:16절 말씀과 같이 모두를 구원하기 위해서이다. 복음은 그러므로 심판이 아니고 구원이다. 결국 복음은 '죽으면 죽으리라' 또한 '죽으면 살리라'는 것이다.

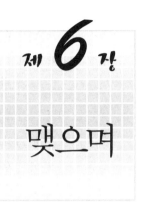

제 **6** 장

맺으며

예수 그리스도 자신에게 있어서 '예수가 자신의 죽음을 어떻게 이해했는가' 하는 문제에 대한 해답은 당연히 예수 자신으로부터 기대해야 할 것이다. 하지만 신학자들은 예수의 자기 죽음 이해에 관하여 매우 상반되는 견해를 피력하고 있다. 그래서 오직 한 가지 입장만을 취해 결단을 내리기는 매우 어려운 일이다. 이에 대하여 두 가지 해석 입장을 소개하려고 한다.[588]

개신교 조직신학자이며 전 튀빙겐대학 교수인 E. 융엘(E. Jungel, 1934-)은 다음과 같이 말하고 있다.

신 없이 사는 자들에게 무조건 하나님의 가까움을 약속하였고 사랑 없는 자들에게 아무런 타협 없이 사랑의 계명을 통용시켰던 한 인간은 그의 말과 행동으로서 격렬한 반발을 - 지배적인 권력층의 반발뿐만 아니라 - 야기시켰을 뿐 아니라 폭력에 의한 최후의 가능성마저 스스로 예상하였음에 틀림없다. 그러나 예수가 친히 진술한 것으로 우리가 알고 있는 말들에 따르면 예수는 자신의 죽음을 다른 사람들의 구원을 위한 뜻 깊은 사건으로 알리지 않았다. 우리는 그가 자신에게 선고된 사형 판결을 어떻게 받아 들였는지 조차도 모른다. 그리고 어쩌면 십자가에 처형된 분이 마지막 말했다는 말씀을 마친 후에 첨가되었는지 모른다고 하지만 예수가 절규하면서 죽어 갔다는 전승만은 거의 확실하다고 그의 책「죽음」에 기록하고 있다.

여기서 융엘의 이러한 단정에 이의를 제기한다. 예수가 자신의 죽음에 대해 친히 언급했다는 성서 내용을 전적으로 무시하고 이 내용을 부활 후의 초대교회 신자들에 의하여 이루어진 것으로서만 해석하는 그의 회의적인 태도를 문제를 제기한다. 예수의 죽음이 어떻게 '다른 편으로부터' 즉 부활체험 이후에 이해되었는가는 나중에 따로 언급될 것이다. 예수의 죽음을 둘러싸고 생기는 가능한 모든 해석 양식들은 다음과 같은 한 신학적 기본 명제 안에서만 존재할 수 있다. 하나님은 예수의 삶과 죽음을 그의 부활 속에서 지극히 확실하게 확인하셨다. 인간이 하나님께 얼마나 존귀한 존재인지를 예수가 전혀 모르셨겠는가. 인간을 위해 죽음을 당한 예수 안에서 하나님이 함께 계시다는 사실을 예수가 전혀 모르고 있었다는 것은 도저히 생각될 수 없다.

루돌프 페쉬(R. Pesch)가 예수가 자신의 죽음에 대해서 내린 해석에 대해 탐구한 결과를 간략하게 소개하려고 한다.

먼저 폐쉬는 예수의 자기이해를 세례자 요한의 자기이해의 배경 앞에서 보고 있다. 세례자 요한은 자신을 하나님의 분노의 심판이 내리기 전의 '하나님의 최후의 사자'로 알고 있었다. 세례자 요한의 제자 집단으로부터 나온 예수는 자신을 임박한 하나님의 지배와 이에 따른 하나님의 무조건 용서 의지를 알려 주어야 했던 '최후의 사자 뒤에 오는 최후의 사자'로 '복음의 사자'로 이해하였다. "예수의 복음 선포는 임박한 종말에 심판하실 심판관으로서의 하나님을 능가하는 현존하는 자비의 하나님을 우선적으로 향하고 있으며 동시에 우리에게 하신 하나님의 명백한 구원 약속에 대해서 신뢰하도록 하는 특성을 지니고 있다.

예수의 메시지는 복음으로서의 특징을 지녔음에도 불구하고 극히 엄숙한 성격을 지닌다. 사람들이 예수에 대한 입장 표명에 따라서 구원이 결정된다는 사실을 의심에 여지가 없다. 예수를 구원 파견자로서의 자신의 파견을 죽음에 이르게까지 지탱하고 자신의 죽음을 종말론적 구원의 사자의 죽음으로 즉 이스라엘을 위한 구원의 죽음, 속죄의 죽음으로 이해함으로써 해결한 것이다.

예수는 자기를 배척했던 '많은 사람들을 위한' 속죄의 죽음으로 수락하였다. 예수의 죽음에는 새로운 계약[589]을 체결하는 이스라엘을 향한 하나님의 뜻이 있다. 예수가 이스라엘 사람들뿐만 아니라 이스라엘 밖에 있는 사람들을 위해서도 죽었다는 사실이다. 이는 그가 직•간접적으로는 이스라엘 사람들을 먼저 향한 것으로 보이지만 인류를 향하여 하나님의 나라를 선포하고, 자신의 죽음을 해석하는 것에는 누구도 이의를 제기할 수 없다.

예수의 죽음은 이스라엘의 종말론적 타락의 상황 속에서 그 죄인들에게 제공되는 하나님의 무조건적인 은총을 중재하였던 사랑의 죽음이었다. 하나님의 은총을 수용하지 않는 데 대한 '대리업적'이요 하나님의 '원수에 대한 사랑'의 탁월한 역사(works)이다. 그리고 하나님의 은총은 죄인들의 거부 행위보다 빨리 다가왔다. 그리고 이 하나님의 은총은 이를 수용하지 않는 잘못마저 속죄하기 때문에 인간의 자유는 비로소 보편적으로 이루어진 것이다.

예수 안에서 자신을 계시한 하나님은 인간의 거절과 적대심에도 불구하고 인간의 구원을 향한 당신의 의지를 굽히지 않는 무조건적인 사랑이다. 하나님은 하나님께 충실하지 않는 자들마저도 사랑하신다.

그러므로 포예르(J. M. Pohier)의 견해는 정당하다. 하나님이 사랑이시라는 사실은 예수의 죽음을 통해서 구현된 것이 아니라 오히려 하나님이 사랑이시다. 이 사실이 예수로 하여금 스스로 죽음의 자리에 임하게 한 것이다. 그러므로 예수의 죽음 속에는 단순히 하나님으로부터 요청된 속죄의 죽음 내지 대속의 죽음을 보려는 해석 양식이 거부되어야 할 것이다. 이 기본적인 통찰은 예수의 복음을 선포하는 제자들과 함께 이스라엘 뿐 아니라 이스라엘을 넘는 전 인류로 확대하는데 유의하여야 한다. 그러므로 말씀에 근거한 복음으로 예수의 죽음을 받아들이고 이해하여야 한다.

예수 자신은 그의 죽음에 대해서 어떻게 생각했는가? 예수의 마지막 며칠 동안과 그의 죽음에 관한 내용이 복음서의 절반 정도를 차지할 정도로 많이 서술되어 있다. 이는 예수의 삶과 그의 교훈이 그의 죽음과 부활의 빛에서 바라볼 때 비로소 조명되는 것이기 때문이다. 예수는 그의 삶과 말씀 선포의 많은 부분에서 자신의 죽음에 대한 예고를 하면서 그 자신의 죽음의 의미와 그 성격을 종종 설명해 주셨다. 이제 필자는 예수 자신의 스스로의 죽음에 대해서 다음과 같이 의미를 정리한다.

1) 불가피한 것

마가복음서에 의하면 예수는 그 자신이 혼인집의 신랑이지만 언젠가는 빼앗길 날이 이르게 될 것이라 선포하고 있다.[590] 그 다음 장에서 안식일에 사람의 병을 치유하는 것에 대해 불평하던 바리새인의 완악함을 보시고 근심하면서 '안식일에 선을 행하는 것과 악을 행하는 것, 생명을 구하는 것과 죽이는 것 어느 것이 옳으냐'[591]고 물으신다. 그리고 바리새인들은 즉시 나가 헤롯의 무리들과 함께 예수를 살해할 음모를 꾸미고,[592] 얼마 후에 예수는 베드로가 메시야로 고백할 때에 제자들에게 인자인 그가 '많은 고난을 받고 장로들과 대제사장들과 서기관들에게 버린 바 되어 죽임을 당하고 사흘에 살아날 것'을[593] 말씀하셨다. 이 인자는 메시야의 표상의 또 하나는 다니엘 7:14절에서 보인 인자의 모습과 이사야 53장에서 노래된 고난 받는 종의 운명이다.

2) 예언의 성취

예수 그리스도의 죽음은 성서에 예언된 말씀을 성취하기 위한 불가피한 것이었다. 예수는 분명히 성경의 많은 부분은 그 자신에 대

해서 말하고 있다. 제자들은 그의 죽음을 예고한 것으로 믿었다.[59)]
'미련하고 선지자들의 말한 모든 것을 마음에 더디 믿는 자들이여
그리스도가 이런 고난을 받고 자기의 영광에 들어가야 될 것이 아니
냐' 또한 예수는 '엘리야가 과연 먼저 와서 모든 것을 회복하거니와
어찌 인자에 대하여 기록하기를 많은 고난을 받고 멸시를 당하리라
였느냐'[595)]고 하셨다. 그의 고난은 역사적으로 예비된 것이었다. 요
한복음의 예수의 마지막 날들에 관한 서술에서도 역시 가룟 유다에
의한 배반과 예수의 목마름과 그의 마지막 외침이 모두 성경을 응하
게 하는 것이라고 하였다.[596)] 복음서의 기자들은 모두 이러한 관점
을 공유했다. 예수의 옷이 제비 뽑아지고, 그의 다리가 꺾이지 않으
며, 그의 허리가 상한 것이 모두 구약에 기록된 예언의 성취라고 보
았다.[597)]

3) 완전히 자발적인 것

자유에 의한 선택이었다. '아버지께서 나를 사랑하시는 것은 내가
다시 목숨을 얻기 위하여 목숨을 버림이라. 이를 내게서 빼앗는 자
가 있는 것이 아니라 내가 스스로 버리노라. 나는 버릴 권세도 있고
다시 얻을 권세도 있다.'[598)] 때가 이르기 전에 그 누구도 예수를 해하
게 할 수 없다는 말씀이 되풀이되고 있다. 예수의 죽음은 생의 마지
막이 아니라 또 다른 삶으로의 탄생임을 분명히 깨닫게 하였다.

4) 성부의 뜻

겟세마네 동산의 예수의 기도 역시 그의 죽음이 아버지가 원하시는 것이라는 것이다. 악이 선을 침범하는 세상이요, 하나님과 가장 가까이 있다는 종교인들이 하나님이 보낸 선지자를 죽이는 하나님을 떠난 악한 역사에 필연적인 것이었다. 예수 그리스도는 이 하나님을 떠난 악한 역사의 악순환의 고리를 끊고 새로운 구원의 길을 여신 것이다. 이를 위하여 오신 것이다.

5) 죄인들과의 연합

예수께서 인간의 몸을 입으시고 악한 역사에 당하는 모든 고통을 홀로 짊어지셨다. 그 대표적인 사역이 치유의 사역이고, 심지어 죄인들과 함께 십자가를 지셨다. 그의 죽음으로 유대인뿐 아니라 모든 인류의 죄의 짐을 지신 것이고, 그로 인해서 의에 이르게 하였다.

6) 세상에 대한 하나님의 심판

십자가의 죽음은 인류에 대한 심판적 요소가 있다. 의인을 십자가에 못 박아 죽이는 종교와 정치에 대하여 이것은 잘못이라는 사실을 알리는 표지판과 같다. '이제 이 세상의 심판이 이르렀으니 이 세상 임금이 쫓겨나리라.'[599] 불의와 타협하고, 악과 야합하여 잘못된 재판을 하는 세상의 권세에 대한 심판이기도 하다. 그리스도의 죽음은 하나님의 뜻과 진리를 배반한 이 세상의 죄악에 대한 하나님의 심판을 이루기 위한 것이다. 악한 세상을 그대로 죄 가운데 있지 않고 영원한 파멸에서 건지시기 위해서 그리스도는 십자가에 죽으시며 무엇이 영원한 의와 진리와 거룩인지를 보여주셨다.

7) 희생적인 제물

죄로 말미암아 죽을 수밖에 없어 제사를 드리고 모든 죄인은 그리스도의 희생 제물로 말미암아 죄사함을 얻게 되고 하나님 앞에 나아갈 수 있게 되었다.

'인자가 온 것은 섬김을 받으려 함이 아니라 도리어 섬기려 하고 자기 목숨을 많은 사람의 대속물로 주려 함이니라.'[600] 사람은 아무도 다른 사람의 생명을 대신 할 수 없으며 하나님께 지은 죄를 대신 갚을 수 없다. 그러나 그리스도는 모든 사람들을 죄에서 해방시키기 위해서 그 자신의 생명을 속전으로 내어 놓았다.

8) 패배가 아닌 승리

예수의 죽음은 잠시 세상의 악이 승리하는 듯한 순간이었다. 그러나 예수의 부활은 영원한 진리의 승리를 말하고 있다. 곧 죽이는 자가 이긴 것이 아니라 죽는 자의 승리를 보여 준다. 예수는 십자가에서 '다 이루었다'고 선언하신다. 끝까지 완성한 자의 승리이며, 진리로 불의를 깨닫게 하고 바꾸는 자의 승리이다.

9) 만민의 구원

자기의 죽음을 예고한 예수 그리스도는 '십자가의 도'를 통한 구원의 길과 진리와 생명을 제시하여 주셨다. 예수 그리스도가 십자가의 죽음을 통하여 인류에게 주신 구원의 도는 유대인이나 헬라인이나 로마인들만을 위함이 아니며 모든 민족들(all nations)을 구원하시고자 하시는 하나님의 섭리에 부응한 하나님의 구원의 역사를 말하는 것이다.

예수 그리스도의 복음은 온 인류가 함께 더불어 영생할 수 있는 영원한 도리이다. 예수 그리스도는 십자가에 죽음으로 복음이 어떻게 실현되는가를 보여 주고 있다. 예수는 땅에 떨어진 한 알의 밀로 썩어져 많은 열매를 맺음같이 십자가에 죽으신 것이다.

10) 기도의 교훈

예수 그리스도는 기도로 시작하고 기도하며 사역하셨다. 복음서는 메시야 사역을 시작하기 전, 40일간의 준비기도와 수시로 기도하셨음을 증거하고 있다. 메시야로서의 대표적인 기도가 겟세마네에서의 기도였다. "아버지여 만일 아버지의 뜻이어든 이 잔을 내게서 옮기시옵소서. 그러나 내 원대로 마옵시고 아버지의 원대로 되기를 원하나이다"[601]

이 기도는 사람의 몸을 입은 인간으로서의 죽음에 대한 진솔한 기도가 들어 있다. 그러나 "내 원대로 마옵시고 아버지의 원대로 되기를 원하는" 기도가 곧 죽음에 이르는 복음 신학인 것이다.

11) 밀알의 교훈

예수 그리스도는 자기의 그리스도적 죽음에서 밀알의 교훈을 말씀하셨다. 그리고 그를 따르는 자들에게도 밀알의 교훈을 말씀하신 것이다.[602] 이러한 복음신학은 무수히 언급되었다. 죽음이 종말이거나 무가치한 것이거나 형벌이 아니라 생명의 시작임을 말씀하셨다. 그 첫 열매가 자신임을 알려 주었다. 그를 믿는 자들 또한 그러한 부활의 열매를 얻을 것을 말씀하셨다.

12) 부활의 교훈

자기의 부활을 예고하고 친히 십자가를 지며 그가 주신 복음은 곧 길이요 진리요 생명이며 부활이었다. "나를 믿는 자는 죽어도 살겠고, 무릇 살아서 나를 믿는 자는 영원히 죽지 아니하리니 너희가 이것을 믿느냐"[603]

예수 그리스도와 그의 복음을 영생의 도리로 믿는 복음인은 예수의 복음을 따라 살아가는 것이다. 이것이 신앙생활이다. 그 중에서도 그의 십자가를 보고 자기 십자가를 지며 부활의 소망을 갖는다.

부활이요 생명이신 예수 그리스도를 믿는 자는 죽어도 산다. 이 죽음은 두 가지를 의미한다. 첫째는 살았어도 죽은 상태를 말하고, 둘째는 육신의 부활을 말한다. 육신의 부활은 마지막 날에 올 것이지만 오늘을 사는 인생들에게 죽은 상태가 없지 않은 것이다. 그러나 예수 그리스도의 십자가의 도를 믿고 예수 그리스도처럼 인생을 사는 자들에게는 죽음이 있어도 다시 살며, 살아서 믿는 자는 영원히 죽지 않는 것이다. 물론 이는 육신의 인간이 영원히 죽지 않고 산다는 말은 아니다. 사람이 한번 왔다가는 한번 가는 것은 정한 이치며 모든 사람들은 모든 생물처럼 유한적인 것이다. 다만 하나님의 신만이 무한하시며 역사에 구애를 받지 않는 것이다.[604]

13) 영생의 길

예수 그리스도는 온 인류에게 영생의 길을 열어 놓으신 주님이시다. 죽음이 종말이며 죽음이 오래가며 죽음이 마지막이며 죽음이 끝으로 여기는 인간들에게 죽음에서 부활은 시작이며, 영생의 출발점이다. 주님은 "내가 곧 길이요 진리요 생명이니 나로 말미암지 않고는 아버지께 올 자가 없느니라" 하셨다.[605] 하나님께서 세상을 사랑하사 독생자로 주셨고 그를 믿는 자마다 멸망치 않고 영생을 얻을 것이다.[606]

예수 그리스도의 복음은 새로운 시대에 새로운 파라다임이다. 죽음을 향하여 가며 절망과 실의에 빠진 인류에게 새로운 세계를 열어 주시며 영생의 길을 제시하신 것이다. 예수의 죽음의 복음은 인류가 공생하며, 영원히 살 길과 진리인 것이다.

14) 사랑과 용서의 복음

일찍이 택함을 받은 이스라엘은 자기들만의 구원과 영생을 바라서 배타적이고 독선적이며 패역에까지 이르렀다. 그러므로 하나님이 친히 성육신하셔서 이스라엘뿐 아니라 모든 열방과 열국이 구원의 길에 임할 수 있는 복음을 말씀하셨다. 이는 모든 율법서와 선지서의 대강령인 사랑과 용서의 복음이었다.[607] 주님이 말씀한 사랑에는 하나님 사랑과 이웃 사랑만이 아닌 원수 사랑까지 포함되어 있었다. 그렇지 않고는 "뜻이 하늘에서 이루어진 것 같이 땅에서도 이루어지는" 하나님의 나라와 의는 불가능한 것을 말씀하셨다.

그리고 주님의 사랑에는 용서를 포함하고 있었다. 사랑과 용서만이 땅에서도 이루어지는 하나님의 나라가 가능하며 화해와 공존이 가능한 것을 말씀하셨다.[608] 이를 위해서 십자가를 지는 복음을 말씀하셨다. 사랑과 용서를 통한 구원의 응답을 말씀하셨다. 그 궁극적인 길은 곧 죽음임을 말씀하셨다.

미주

예수 그리스도의
죽음과 복음

1) Harmon L. Smith, Ethics and The Newnedicine, 「현대의학과 윤리」 김중기 역, (서울:CLSK, 1983), p.142.
2) Kiibler - Ross, E, On Death and Dying, 「인간의 죽음」, 성염 역, (왜관:분도출판사, 1979), p.15.
3) 항목 "죽음" 「동아원색 세계대백과사전」 제25권, (서울:동아출판사, 1983), p.413-414.
4) 항목 "죽음" 「철학대사전」, (서울:학원사, 1963), p.1024.
5) 이종성, 「종말론 1」, (서울:대한기독교출판사, 1990), p.72.
6) G.Greshake, Endzeit und Geschichte : Zur Eschatolog : Schen Dimension in der Heutigen Theologie, 「종말신앙-죽음보다강한희망」, 심상태 역, 신학신서3권 (서울:성바오로출판사, 1989), p.78.
7) Harmon L. Smith, op. cit., p.135.
8) 황기석, "죽음의 판정" 「의학 윤리」, 한국카톨릭의사협의회편, (서울:수문사, 1984), p.259-263.
9) Ibid. p.258.
10) 김일순, N.Fotion 편역, 「의료윤리」, (서울:연세대학교 출판부, 1982), p.131.
11) 김종은, "죽음의 정신의학적 고찰", 「사목」 제70호, (1980.7), p.21.
12) 황기석, op. cit., p.267.
13) 김종은, op. cit., p.22.

14) Ibid.

15) 진발호,「형법각론」, (서울:대왕사, 1983), p.31.

16) Ibid. p.34.

17) Ibid.

18) Ibid.

19) Haemon L. Smith, op. cit., p.133.

20) 정달용, "철학적으로 본 죽음",「사목」제70호, (1980.7), p.17.

21) 황필호, "죽음에 대한 서양철학의 네가지 접근과 한국인의 접근",「죽음이란 무엇인가?」, (서울:창, 1990), p.264.

22) Ibid. p.267.

23) Ibid.

24) Ibid. p.269.

25) Ibid. p.170.

26) Ibid. p.282.

27) 배영기,「인간에관한 종합적 이해」, (서울:도서출판 세화, 1994), p.211.

28) 이기영, "불교에서 본 죽음",「광장」, (1988.9). p.252.

29) Ibid.

30) Ibid. p.253.

31) 다섯가지 공포는 ① 불활외(不活畏): 생활의 불안. ② 악명외(惡名畏): 불명예스러움에 대한 공포. ③ 사외(死畏): 죽음에 대한 공포. ④ 악도외(惡道畏): 악취외(惡趣畏)라고도 하며 지옥, 아귀 등(악취: 좋지 않은 길)에 떨어지는 것에 대한 공포. ⑤ 대중위덕외(大衆威德畏): 겁중외(怯衆畏)라고도 하며 대중 앞에서 겁을 먹고 그 앞에 나서지 못하는 공포 등이다(구역 화엄경 권34).

32) 유동식,「한국종교와 기독교」, (서울:CLSK,1992), p.92.

33) 이규태,「한국인의 의식구조」(1), (서울:신원문화사, 1977), p.383.

34) 홍윤식, "불교 신앙의 의례", 박근원(편),「기독교 관혼상제」(서울:전망사, 1984), p.315.

35)「불교사전」(동경:불교전도협회, 소하 52년), pp.187-189.

36) 왕상한(기자), "종교별 사후세계" (조선일보) 1990년 5월 12일자, 10면.

37) 삼계육도: 삼계는 욕계(慾界), 색계(色界), 무색계(無色界)를 말하고 육도는 지옥, 아귀(餓鬼), 축생(畜生), 아수라(阿修羅), 인간, 천(天)을 말한다.

38) 이기영, "윤회"「기독교 대백과사전」12권, (서울:기독교문사, 1984). p.859.

39) 정태혁, "힌두교에서 본 죽음관", 배영기 술「죽음에 세계」(서울:교문사, 1993), p.195.

40) Ibid.

41) Josh McDowell/Don Sterart, Handbook of Today's Religious Understanding Non-Christian Religious, "이방연구", 이호열 옮김, (서울:기독지혜사, 1987), p34.

42) Ibid. p.41.

43) 배영기, 「인간에 관한 종합적 이해」, (서울:도서출판 세화,1992), p.215.

44) 「논어」, 언연편. 생사유명부귀천재.

45) 배영기, p.215.

46) 박봉배, "죽음에대한 이해" 「빛과소금」 (1985.11) p.35.

47) 유동식, op.cit., p.91.

48) Ibid. p.93.

49) 배영기, op. cit., p.215.

50) 박봉배, op. cit., p.35.

51) 정진홍, "죽음. 종교. 문화", 「기독교사상」 286호 (서울:CLSK, 1982.4), p.91.

52) Josh McDowell/Don Stewart, op. cit., p.109.

53) Ibid. p.110.

54) 이형국, "도가적 사생관과 기독교적 사생관", 「신학지남」 제168호 (1975. 3월 봄호), p. 49.

55) 이인복, 「죽음과 구원의 문학적 고찰」 (서울:우진출판사, 1989), p.287.

56) 이형국, op. cit., p.50.

57) Ibid. p.49.

58) Ibid. p.56.

59) 남성만, 「노자도덕경」, (서울:을유문화사, 1972), p.7.

60) 이형국, op.cit., p 44.

61) 이홍우 외, 「한국적 사고의 원형 - 그 원천과 흐름」, (서울:한국정신문화연구원), p.92.

62) 김태곤, 「한국무속연구」, 집문당 1981, p.301-302.

63) Ibid. p.309.

64) 장덕순, "저승과 영혼", 「한국사상의원천」, (서울:배명사, 1989), p.178-180.

65) Ibid. p.175.

66) 이홍우 외, p.109.

67) Ibid. p.111.

68) 문상회, "무속신앙의윤리문제", 「한국교회와신학의과제」, 한국기독교문화연구소 편, (서울: 연대출판부, 1985), p.237-242.

69) 김학도, 「성경적 장례의식」,(서울:바른신앙, 1991), p.37.

70) 박윤선, "인간의 존재와 사후문제" II, 「신학지남」 168호 (서울:대한예수교장로회 총 회신학대학 신학지남사, 1974), pp.14-17.

71) 김태곤, 「한국의 무속연구」, (서울:집문당, 1982), p.157.

'카오스'는 하늘과 땅이라는 우주의 공간과 시간이 생겨나기 이전 그대로 무공간(無功間)과 무시간(無視間)이어서 공간성과 시간성에 의한 존재의 생(生)과 멸(滅)이 말없는 영원계, 그래서 존재(공간성과 시간성에 의한 유형존재)의 무한시발근원(無限時發根源)이 된다.

72) Ibid. p.279.

73) Ibid. p.156.

74) Ibid. p.321ff.

75) 김태곤, op.cit., p.301.

76) Ibid. p.298.

77) 유명종, "중국사상사"(1) 고대편, (대구:이문출판사, 1983), pp.16-17.
"은계의 어머니를 '간적'이라고 했는데 유유씨의 따님으로 제곡의 차비가 되었다. 세 사람이 목욕하는데 현조(玄鳥)가 그 알을 떨어드리자 '간적'이 그 알을 삼킴으로 잉태하고 계(契)를 낳았다.

78) 일연, "제일신라시조 혁거세왕", 「삼국유사기」 2권, 이재호 역, (서울:양현각, 1983), p.687.

79) Ibid. p.298.

80) Ibid. p.744.

81) Ibid. p.677f.

82) 김태곤, op.cit., p.301.

83) 여귀 또는 원귀(冤鬼) 혹은 원령(冤靈)이라고 하며 귀신이라고도 한다.

84) 김정위, "이슬람에서 본 죽음", 「광장」(1988.9), p.284.

85) Ibid.

86) Ibid. p.287.

87) Ibid.

88) Ibid.

89) Ibid.

90) Ibid.

91) Josh McDowell/Don Stewart. op. cit., P.217.

92) 정태영, 김은령, 「신부님과 목사님」, (서울: 양서각, 1986), p.165.

93) Francis. K. Cleaary "로마의 카톨릭에서 본 죽음", 「광장」(1988.9), p.302.

94) 정태영, op. cit., p.165.

95) 박도식, 「천주교와 개신교」, (왜관: 분도출판사, 1982), p.88.

96) 정태영, op. cit., p.167.

97) 로고스번역위원회, 「칼빈의 기독교강요」 제3권. p.177.

98) 롬5:10.

99) 눅8:49.

100) 김경재, "영생을 위한 삶의 방식", 「죽음이란 무엇인가」, (서울:도서출판 창, 1992), p.211.

101) AnTony A.Hoekema, Created in God's Image, 「개혁주의인간론」, 유호준 역, (서울:기독교문서선교회, 1990), p.19.

102) Ibid. p.120.

103) 박봉랑, "죽음의 기독교적이해", 「세계와선교」, 58호(1977), p.22.

104) E.Thurneysen, Seelsorge im Vollzug, 「목회학실천론」, 박근원 역,(서울:한국신학연구소, 1977), p.225.

105) 박봉랑, p.37.

106) Willian W.Orr, The Fiue Minutes After Death, 「죽음후 5분」, 문영탁 역, (서울:새순출판사, 1990), p.18.

107) 수23:14, 왕상2:2, 욥21:32-33.

108) 김성환, 「평신도를 위한 칼빈주의의 해설」, (서울:영음사, 1976), p.323.

109) Ibid. p.324.

110) Louis Borkhof, Mannual of Christian Doctrine, 「기독교신학개론」, 신복윤 역, (서울:성광문화사, 1983), p.122.

111) 계2:2, 20:14-15, 21:8.

112) 마10:28, 눅12:4, 벧전3:18.

113) 마2:20, 막3:4, 눅6:9, 요13:37-38, 행15:26.

114) 전1:7, 약2:26, 요19:30.

115) 박형룡, 「교의신학」, 내세론 제7권, (서울:은성문화, 1973), p.54.

116) 롬5:12-14.

117) 폴 토오르니에, 「성서와의학」 마경일 역, (서울:현대사상사, 1973), p.236.

118) 박형룡, op. cit., p.57.

119) Ibid.

120) 창2:17, 3:19, 겔3:18-21, 18:4,18,24,26, 롬 5:12,17, 6:23, 고전15:21, 약1:15.

121) 박형룡, op. cit., p.59.

122) 요3:26, 6:40, 롬5:17-21, 8:23, 고전15:45, 딤후1:10, 히2:14-15, 계1:18, 21:3-4, 22:14.

123) 롬8:1-2, 고전15:55.

124) Louis Borkhof, op. cit., p.309.

125) Ibid.

126) 계14:13, 빌1:21, 벧전4:12-13, 히12:23, 계21:27, 고전15:55, 살후1:7, 딤후4:28.

127) 채필근, 비교종교론, (서울:대한기독교서회, 1960), p.70.

128) 빌1:23.

129) 바클레이, 「빌립보서, 골로새서, 데살로니가서」, 전승호 역,(서울:기독교교문사, 1982), p.58.

130) 창2:16-17.

131) 문희석, 「구약성서의 인간학」, (왜관:분도출판사, 1976), p.190.

132) 창2:17, 3:19,

133) 시55:4.

134) 히2:12.

135) 「그리스도교 대사전」, (서울:대한기독교서회, 1987), p.959.

136) 창25:8, 35:29, 신32:50, 삿2:10, 왕상2:10.

137) 레26장, 신28장, 왕상8:35-53, 욥5:17-27.

138) 신30:15.19.

139) 왕상2:10, 11:43, 15:8.

140) 「기독교대백과사전」, (서울:기독교 교문사, 1983), p.470.

141) 수23:14.

142) G. Greshake, "죽음의 신학", 「신학전망」 31호 (1975, 겨울), p.55.

143) 잠11:19.

144) 잠7:25-27, 9:18.

145) Ibid.

146) 창35:29, 욥42:16, 대상29:28.

147) K. Rahner,The Theology of Death, 「죽음의신학」, 김수복 역, (서울:카톨릭출판부, 1982), p.13.

148) G. Greshake, op. cit., p. 60.

149) Suzanne Do Dietrich, The Witnessing Community, 「하나님의 사람들」, 신인현 역, (서울:컨콜디아사, 1976), p.163.

150) 김남식, "소망과 완전에의 미학(죽음에 대한 기독교적 이해)", 「상담과선교」 제1호 (1993년 여름), p.15.

151) 롬5:12, 고전15:22.

152) 갈4:4.

153) 롬8:3.

154) 김균진, 「헤겔철학과 현대철학」, (서울:대한기독교출판사, 1980), p.279.

155) 롬5:10.

156) 기독교대백과사전6권, (서울:기독교문사, 1992), p.1257.

157) 롬3:24, 고전1:30.

158) 롬3:25, 5:9.

159) 롬8:38-39, 고전2:8, 15:25, 골2:15.

160) 롬5:12-21, 고전15:20-22.

161) 롬8:35-39.

162) 롬3:22-33.

163) 롬5:8.

164) 롬6:10.

165) 고전2:8, 고후8:9, 갈2:20, 6:14, 빌2:8-9.

166) 기독교대백과사전8권, (서울:기독교문사, 1992), p.472.

167) 박봉랑, "죽음과 죽은자의부활", 기독교사상, 제400호, 1992년 4월호, p.117.

168) 최홍석, "죽음에 대한 조직신학적 이해", 「목회와신학」, 제41호, p.34.

169) J.N.D.Kelly, 「고대기독교리사」, (서울:맥밀란, 1987), p.405.

170) 최홍석, op. cit., p.35.

171) 박윤선, "인간존재와 사후문제", 「신학지남」 제41권 4집, (서울:대한예수교 장로회
    총회신학대학 신학지남사, 1974), p.16.

172) Ibid.

173) Ibid.

174) Ibid.

175) 박윤선, op. cit., p.17.

176) Willian W. Orr, op. cit., p.18.

177) Ibid.

178) Ibid. p.19.

179) Ibid.

180) 최홍석, op. cit., p.37.

181) 사57:15, 렘31:33, 마1:23.

182) 창2:17, 히9:27.

183) Willian Hendriksen, The Bibel on the Life Hereafter, "래세론", 오성종 역, (서울:새순
    출판사, 1979), p.40.

184) lbid. p.41.

185) Ibid.

186) 롬8:3.

187) 계14:13.

188) J.N.D.Kelly, Early Christion Doctrines (New York:Harper and Row, 1959), p.358-
    359, 361.

189) Karl Barth, Church Dogmatics(Edinburgh : T, and CIark, 1960), 3/2. p.596-598. 죽음
    에 대한 칼 바르트의 이러한 견해를 비판하면서 죽음을 논의하고 있는 책으로는
    G.C.Berkouwer의 The Triumph of the Theology of Karl Barth가 있다. 같은 책의 p.

51-165, p.328-346 참조할 것.

190) Karl Barth, op.cit., p.623.

191) Ibid.

192) Gordon J, Wenham, WBC I. Genesis 1-15 (Texas:Word Books, 1987), p.82-83.

193) Ibid. P.79.

194) Ibid, P.80.

195) Ibid.

196) Ibid, p.80-81.

197) Ibid, p.82-83.

198) 김균진, 「기독교조직신학」 2권 (서울:연세대학교 출판부, 1987), p.108-109.

199) Ibid.

200) 인간의 죽음을 하나님의 선하신 창조의 일부분이라고 주장하는 사람들의 견해에 대해서는 Reinhold Niebuhr 의 The Nature and Destiny of Man 1권 p.175-177과 Hagg 교수의 Is Original Sin In Scripture 87-90을 참고할 수 있다.

201) 김균진, op.cit., p.110-111.

202) 김균진, op.cit., p.109-110.

203) Antony A. Hoerema, op. cit., p.119-120.

204) 빌1:23.

205) 딤후4:7-8.

206) 창3:1-24.

207) Antony A. Hoerkema, op. cit., p.113.

208) 창2:16-17, "동산 각종 나무의 실과는 네게 임으로 먹되 선악을 알게 하는 나무의 실과는 먹지 말라 네가 먹는 날에는 정녕 죽으리라"

209) Antony A. Hoerkema, op. cit., p.113-114.

210) Ibid.

211) 롬8:10, 고전15:21절도 함께 참고.

212) Louis Borkhof, Systemetic Theology, 권수경 외 1인, 「조직신학」 하권, p.936.

213) 전12:7, 창2:7.

214) Louis Borkhof, op. cit., p.935-936.

215) Ibid.

216) 롬6:23, 5:21, 고전15:56, 약1:15.

217) 창2:17, 3:19, 롬5:12, 17, 고전15:21, 약1:15.

218) 시90:11.

219) 롬1:32.

220) 창1:31.

221) 롬5:12.6:23.

222) K. 라너, "죽음은 죄의 결과", 「한국아카데미신서 제11권」, (서울:문학예술사, 1986).
p.52.

223) 요1:14, 4:25.

224) 황승룡, 「조직신학 하권」, (서울:한국장로교출판사, 1993), p.54.

225) 마1:21.

226) 출17:9.

227) 마1:21,

228) 마1:21.

229) 마1:21, 눅1:31.

230) 창17:5.

231) 창17:15.

232) 창32:28.

233) 요1:13.

234) 마1:21,

235) Ibid. p.56.

236) 마1:23.

237) 요1:14.

238) Ibid. p.62.

239) 요1:14.

240) 마1:18.

241) 창3:15.

242) 이종성, 「그리스도론」, (서울:대한기독교출판사, 1984), p.139.

243) 황승룡, op. cit., p.138.

244) 손병호, "예수 그리스도의 복음에 대한 사도교회의 예수그리스도의 복음",(서울:복음
신학 강의록, 1995), p.15.

245) 요1:14, 롬8:3, 딤전3:16, 요일4:2, 요이7.

246) 행4:12.

247) 요1:14.

248) 요1:14.

249) 사9:6, 미5:2, 스13:7, 말3:1.

250) 롬1:7, 9:5, 고전1:1-3, 2:, 8:, 고후5:, 10:, 갈2:20, 빌2:6, 골2:9, 딤전3:16, 히1:1-3,5,8, 4:
14, 5:8.

251) 마20:28.

252) 히9:22.

253) 요1:14, 딤전3:16, 요일4:2.

254) 마1:16.

255) 마8:20, 11:19, 막8:31, 14:41, 눅6:22, 17:22, 19:10, 요1:51, 6:27, 12:23.

256) 요8:40.

257) 요1:30.

258) 행2:22.

259) 행13:38, 고전15:21.

260) 마4:2, 21:18.

261) 요4:6.

262) 마4:1, 히2:18.

263) 막1:35, 히5:7.

264) Louis Borkhof. Mannual of Chrisian Doctrine, 「기독교신학개론」, 신복윤 역, (서울:성
    광출판사, 1984), p.168.

265) 히4:15.

266) 마2:4, 막8:29.

267) 마27:22, 행5:42.

268) 마1:17, 롬1:1.

269) 황승룡, op. cit., p.212.

270) Louis Borkhof. op.cit., p.191.

271) 롬10:9.

272) 황승룡, op. cit., p.213.

273) 마28:18.

274) 창47:22, 출2:16, 행14:13.

275) Louis Borkhof. op. cit., p.186.

276) 요14:16-18.

277) 출17:1, 호18:18

278) 요8:26-28, 12:49-50, 14:10,24, 15:15, 17:8,20.

279) 마24:3-35, 눅19:28-41.

280) 마7:29.

281) 마21:11,46, 눅7:16, 24:19, 6:14, 7:40, 9:17.

282) Louis Borkhof. op. cit., p.185.

283) 마1:11,46, 눅7:16, 24:19, 요3:2, 4:19, 6:14, 7:40, 9:17.

284) 황승룡, 「조직신학 하권」, (서울:한국장로교출판사, 1993). p.189.

285) 눅4:18.

286) 행3:23, 7:37,52.

287) 출7:1, 렘1:4-10, 겔3:14.

288) 요14:26, 16:12-14, 행1:1.

289) 출4:22, 호11:1.

290) 삼하7:14, 시89:29.

291) 욥1:6, 38:7, 시29:1.

292) 창6:2, 시73:15, 잠14:26.

293) Louis Borkhof, op. cit., p.163.

294) 눅1:35.

295) 「입체식교리강해」, 성자편, (서울:선린출판사, 1991), p.88.

296) 마17:5.

297) 요5:34.

298) 요8:18.

299) 요10:36.

300) 눅2:49.

301) 마7:21, 10:33, 11:27, 눅22:29, 요5:17, 10:17, 17:1.

302) 마16:16.

303) 눅4:41.

304) 요1:34.

305) 요2:22.

306) 행9:20.

307) 마27:54.

308) 요3:16.

309) 요10:30.

310) 요14:26.

311) 히1:5.

312) 롬8:15-17.

313) 요1:14.

314) 요1:3.

315) 황승룡, op.cit., p.46.

316) K, Barth, Die Menschlichkeit Gottes, S. 11, 10.

317) 오영석, 「조직신학의 이해」, (서울:기독교서회, 1992), p.37-44.

318) 막12:37.

319) 마8:2, 20:33.

320) 마21:3, 34:42.

321) 막12:36-37, 눅2:11, 행2:36, 고전12:3, 빌2:11.

322) Louis Borkhof. op. cit., p.164.

323) 황승룡, op. cit., p.66.

324) 고전10:26, 마28:18, 딤전6:15.

325) 롬10:9-10, 고전12:3, 빌2:9-11.

326) 히1:10, 시102:25, 히11:8.

327) 창32:4

328) 출32:22.

329) 창18:12.

330) 창40:1.

331) 왕하20:17.

332) 삼상1:15.

333) 창31:35.

334) 요4:11.

335) 마13:27.

336) 마16:16.

337) 시68:8.

338) 눅19:10.

339) 빌2:11.

340) 시100:3.

341) 렘1:5.

342) 시75:6-7.

343) 시5:12.

344) 마2:6, 요7:42.

345) 요16:51.

346) 「입체식교리강해」, 성자편, (서울:선린출판사, 1991). p.568.

347) 요10:15, 12:47.

348) 요6:15.

349) 마4:1-11.

350) 마20:28, 요17:18.

351) 이종성, 「그리스도론」, (서울: 대한기독교출판사, 1984), p.126.

352) 마5:17.

353) 마 5:18.

354) 마5:21-22(라가라는 말은 히브리인들의 바보, 멍청이라는 욕설).

355) 마5:23 -25.

356) 마5:17-18.

357) 마5:43-48.

358) 마6:1-4.

359) 마6:5-15.

360) 마6:16-18.

361) 마6:19-24.

362) 마6:25-34.

363) 마7:1-5.

364) 마24:5, 막13:21, 마10:23, 16:18, 막9:1, 마13:41, 16:28.

365) 마28:18.

366) 눅4:18, 19, 마9:10, 마11:2-19, 눅7:24-25.

367) 마5:43-44.

368) 요13:34-35.

369) 요14:21.

370) 요3:16-18.

371) 요4:24.

372) 마22:39.

373) 마22:40.

374) 마13:14, 사6:9-10.

375) 요13:35.

376) 엡2:13-19.

377) 「트리니트말씀대전」 13권, (서울:도서출판 달산, 1994). p.178.

378) 사53:4-5.

379) 「크로스FMA종합주석」 8권, (서울:도서출판 시내, 1993). p.425.

380) 고전1:18-25.

381) 요7:3-5.

382) 행15:15-21.

383) 갈1:19.

384) 고전15:7, 행21:18.

385) 갈2:9.

386) 롬16:25, 딤후2:8.

387) 갈1:17.

388) 고전15:3.

389) 롬10:15.

390) 크로스FMA종합주석 10권, (서울:도서출판 시내, 1993). p.417.

391) 「그랜드종합주석」 9번, (서울:성서교재간행사, 1994). p.1175.

392) 사4:2, 렘23:5.

393) 슥11:12-13.

394) 슥13:6.

395) 슥13:7.

396) 슥14장

397) 마26:15.

398) 마27:3-10.

399) 렘32:6-9.

400)「그랜드종합주석」11권, (서울:성서교재간행사, 1994). p.1064.

401) 요10:11.

402) 요10:11,30.

403) 마26:31.

404)「그랜드종합주석」11권, (서울:성서교재간행사. 1994) p.1086.

405) 손병호,「복음신학원론」, (서울:도서출판 그리인, 1992), p.420.

406) 히7:27, 히10:10.

407) 삼상15:22, 시40:6, 51:16, 마9:13, 12:7.

408) lbid. p.422.

409) Werner Furster, From the Exil to Christ A Historical Introduction Palestinian Judaim,「신구약 중간사」, 문희석 옮김, (서울:컨콜디아사, 1982), p.99.

410) 마23:1-3.

411) Werner Furster. op.cit., p.89.

412) 마23:8-12.

413) 마23:13-22.

414) 마23:23-28.

415) 요5:2-47.

416) 기독교대백과사전 6권, (서울:기독교교문사, 1990), p.1107.

417) Gunther Bornkamm. Jesus uon Nazareth,「나사렛 예수」, 강한표 역, (서울:대한기독교서회,1994), p.38.

418)마12:14,24,38, 15:1,12, 16:1,6,11-12, 19:11,14,34, 21:45, 22:15,34,41, 23:2,13,15,23-29, 27:62, 막2:16,18,24, 3:6, 7:1,3,5, 8:11,15, 10:2, 12:13, 눅5:17,21,30,33, 6:2,7, 7:30,36,37,39, 11:37-39,42-43,53, 12:1, 13:31, 14:1,3, 15:2, 16:14, 17:20, 18:10-11, 19:39, 요1:24, 3:1, 4:1, 7:32-32,45,47-48, 8:3,13, 9:13,15-16,40, 11:46-47,57, 12:19,42, 18:3.

419) 삼상8-17장

420)「그리스도교대사전」, (서울:대한기독교서회, 1987), p.465.

421) Giinther Bornkamm. op. cit., p.39.

422) 막12:18, 눅20:27, 행23:8.

423) 행4:1, 5:7.

424) 행4:1-35, 23:6-10.

425) 마3:7, 16:1,6,11-12, 22:23,34, 막12:18, 눅20:27, 행4:1, 5:17, 23:6-8 등

426) 출39장.

427) 창8:20, 46:1.

428) 삿17:5.

429) 「그리스도교대사전」, (서울:대한기독교서회, 1987), p.923.

430) 슥7:5.

431) 레21:16-24.

432) 민18:14-19, 신18:3-5.

433) 벧전2:9, 계1:6, 5:10.

434) 창14:18.

435) 시110:4, 히7:17, 슥6:13.

436) 눅1:9, 마12:4-5, 마8:4, 막2:26, 10:31, 눅6:4, 요1:19, 행4:1, 히7:20-21 등

437) 손병호, 「교회정치학 원론」, (서울:도서출판 그리인, 1991), p.57.

438) Ibid., p.68.

439) 마5:17; 9:17.

440) 「그리스도교대사전」, (서울:대한기독교서회, 1987), p.895.

441) 마16:21, 27:41, 막8:31, 15:1, 눅9:22, 행4:5.

442) 민27:18, 신34:9,

443) 마15:2, 막7:3-5.

444) 행11:30, 15:2-3, 16:4.

445) Gunther Bornkamm. op. cit., p.40.

446) 렘36:26,

447) 삼하18:18.

448) 「그리스도교대사전」, (서울:대한기독교서회, 1987), p.501.

449) 마13:52, 9:3, 막9:11,14.

450) 마26:59, 막14:55, 눅22:66, 행22:5, 4:15, 5;21,27,34,41, 6:12,15, 22:30, 23:1,6,15,20,38, 24:20.

451) 눅23:50, 막15:43.

452) 마27:41, 막11:27, 14:43-53, 15:1.

453) 행4:5,8.(23절에는 대제사장들과 장로들).

454) 눅23:13, 24:20.

455) 손병호, 「교회정치학 원론」, (서울:도서출판 그리인, 1991), p.65.

456) 고후11:24.

457) 요9:22, 12:42, 16:2, 눅6:22.

458) 막14:55-65.

459) 신21:23, 갈3:13, 5:11.

460) 요18:31.

461) 행6:8-8:1.

462) 「기독교대백과사전」 12권, (서울: 기독교문사, 1990), p.325.

463) 마27:11, 막15:2, 눅23:3, 요18:33.

464) 요18:34.

465) 마27:13-14.

466) 눅23:4.

467) 손병호, 「복음신학원론」, (서울:도서출판 그리인, 1992), p.246.

468) 눅23:5.

469) 눅23:6-11.

470) 눅23:14-16.

471) 마27:15-21.

472) 마27:18.

473) 요19:9-11.

474) 요19:12.

475) 손병호, op. cit., p.318.

476) 「기독교대백과사전」 5권, (서울:기독교문사, 1991), p.223.

477) 손병호, op. cit., p.319.

478) Ibid, p.320.

479) Ibid, 321.

480) 요1:14.

481) 요일4:2.

482) 딤전3:16.

483) 롬8:3.

484) 히10:5.

485) 벧전3:18.

486) 단9:24-26.

487) 사63:1-9.

488) 행8:27-39.

489) 히10:19. 엡3:12.

490) 마26:26-28.

491) 요10:11.

492) 요10:18.

493) 요19:10, 11.

494) 요15:13.

495) Joel B. Green, Dictionary of Jesus and the Gospels (Intervarsity Press, 1992). p.147.

496) Ibid.

497) 마16:26, 막8:27-28, 눅9:18-26.

498) Joel B. Green, Scot McKnight, I.Howord Marshall (ed.), Dictionary of Jesus and The Gospels, (Downers Grove:InterVarsity Press, 1992) 참고.

499) 마26:63, 27:40-43.

500) 마26:39,42.

501) 마26:53.

502) 마16:16 이하.

503) Ibid.

504) 마14:31, 17:20.

505) 마14:23.

506) 마26:1-31.

507) 마27:57-60.

508) 마27:55-61.

509) 마26:28.

510) 마28:18-20.

511) Joel B.Green, op.cit., p.157.

512) 막1:15.

513) 막3:6, 11:18, 12:12.

514) 막8:6, 9:12, 31:32-34,38,39.

515) 막3:6, 11:18, 12:12.

516) 막8:31, 14:21.

517) 슥13:7.

518) 막10:45, 14:24.

519) 막13장.

520) 막14장-15장.

521) 막6:52.

522) 막14:27,28.

523) 막14:1-11.

524) 막15:40,41.

525) 막15:21.

526) 눅4:24, 7:16,39, 24:19, 행3:17-26, 7:37.

527) 느7:26, 눅4:24, 6:23, 11:47-51, 13:33-34, 행7:52.

528) 요2:12-22, 3:14.

529) 요6:70, 13:27.

530) 요19:17.

531) 요19:25-27.

532) 요20:33.

533) 요10:18.

534) 마16:22.

535) Wician Farmer, Gospel of Jesus, (Westminster, 1994), p.185.

536) 「카논주석」 4권, (서울:선린신학연구소, 1994), p.335.

537) 사53:4,11.

538) 「호그마주석」 3권, 누가복음, 강병도 역, (서울:기독지혜사, 1990), p.286.

539) 「캐논주석」 3권, (서울:선린신학연구소, 1994), p.184.

540) 손병호, 「목회경영학원론」, (서울:엠마오, 1994), p.103.

541) 사52:12-53:12.

542) 손병호, 「복음신학원론」, (서울:도서출판 그리인, 1992), p.164.

543) 바클레이 주석, 「마태복음」, (서울:기독교문사, 1984), p.222.

544) 호그마주석1권, 마태복음, 강병도 역, (서울:기독지혜사, 1990), p.581.

545) Ibid.

546) 눅9:25.

547) 룻1:16-17, 왕상18:21, 히11:25.

548) 마16:27.

549) 요16:16-22.

550) 눅9:44.

551) 카논주석 4권, (서울:선린신학연구소, 1994), p.356.

552) 마17:23, 막17:31.

553) 호그마주석3권, 누가복음, 강병도 역, (서울:기독지혜사, 1994), p 291.

554) 「카논주석」 4권, (서울:선린신학연구소, 1994), p.356.

555) 막8:30-9:1.

556) 마17:22-23, 눅9:42-45.

557) 요11:54.

558) A.B. Bruce, The Training of the Twelve. (Grand Rapids, 1971), p.285.

559) 마20:28.

560) 막14:3-9.

561) A.B. Bruce, op. cit., 299.

562) 마27:27-31.

563) 골고다는 아람어이고 라틴어로는 갈보리라 한다. 여기서 자주 십자가 처형을 행하였
다. 그런데 전통적인 로마가톨릭교회가 주장하는 골고다와 개혁교회가 주장하는 골
고다가 서로 다른데 손병호 교수에 의하면 1992년 6월 중순경 예루살렘에 들리니 지
금까지의 두 곳과는 또다른 감람산(Mount of Olives) 중턱의 새 골고다론을 제시하는
신문을 읽게 되었고 한다.

(Jerusalem Christian Review : vol 7. Issus 1, Edition 2, May 1992), Sholars find
Answers to the Mystery of Calvary : New Evidence Discorvered about Jesus
Crucifiction.

564) 막15:21, 롬16:13(구레네는 북아프리카 구레나이카의 수도)

565) 손병호, 「복음신학 원론」, (서울:도서출판 그리인, 1992), p.251-267.

566) 사6:9.

567) 마18:35.

568) 마6:14-15.

569) 잠10:12.

570) 빌4:5.

571) 잠19:11.

572) 눅23:39.

573) 눅23:40-43.

574) 눅23:42.

575) 이와 다른 성서신학이나 조직신학이나 역사신학이나 실천신학이 무엇 때문에 필요
한가? 이는 혁명이나 민중신학이 아니지 않은가? 오직 예수 그리스도의 사랑과 권위
가 아닌가?

576) 손병호, 「복음신학원론」, (서울:그리인, 1992), p.257.

577) Ibid, p.258.

578) 손병호, 「복음신학원론」, (서울:그리인, 1992), p.261.

579) William W. Orr, Jesus SEven Last Words, 「예수님의 마지막 일곱말씀」, 유영옥 옮김,
(서울: 나침반사, 1984), p.43.

580) 9시(3시)경부터 십자가에 못이 박혀지고 정오경(6시)에서 오후3시(9시)까지.

581) 마26:39-42.

582) 손병호, 「복음신학원론」, (서울:그리인, 1992), p.262.

583) 요19:28.

584) 요19:30.

585) 손병호, 「복음신학원론」, (서울:그리인, 1992), p.262.

586) 손병호, op.cit., p.266.

587) 손병호, "예수 그리스도의 복음에 대한 사도교회의 예수 그리스도에 대한 복음", 95년 2학기 강의록.

588) Herbert Vorgrinler, Tai Shim Der Todim Denken und Leber des Christen, 「죽음, 오늘의 그리스도교적 죽음 이해」, 심상태 역, (서울:성바오르출판사, 1991), p.87.

589) 렘31:31.

590) 막2:19-20.

591) 막3:4.

592) 막3:6.

593) 막8:31.

594) 눅24:24-25.

595) 막9:12.

596) 요13:18, 17:12, 19:28.37.

597) 요19:23, 36-42.

598) 요10:17-18.

599) 요12:31.

600) 막10:45.

601) 눅22:42.

602) 요12:24,25.

603) 요11:25,26.

604) Paul Hessert, Christ l The End of Meaning, Element, 1993. p.41.

605) 요14:6.

606) 요3:16.

607) 마22:36-40.

608) 마6:9-15.

참고문헌

예수 그리스도의
죽음과 복음

1. 외국서적

Bailey, Loyd R, Biblical Perspective on Death. Philadelphia: Fotress press, 1979.

Barth, Karl, Church. Dogmatics, Edinburgh : T,and Clark, 1960.

_____, Die Menschlichkeit Gottes, S. 11, 10.

Bruce, A.B. , The Training of Twelve, Grand Rapids 1971,

Farmer, Wicliaw , Gospel of Jesus, Westmimstar, 1994.

Greeu, Joel B. , Dictionary of Jesus and the Gospels(IuterVarsity gress, England, 1992). p. 147.

Gree, Joel B. , McKnight, Scot, Marshall, I.Howord, Dictionary of Jesus and The Gospels, InterVarsity Press, 1992.

Hessert, Paue, Christ The End of Meaning, Element, 1993.

Kelly, J.N.D. , Early Christion Doctrines (NEW York : Harper and Row), 1959.

Myung-Hyuk, Kim. , Historical Analysis of Ancestor Worship in the Korea Chunch. Christian Alternatives to Ancestor Practices, ed. Bong Rin Ro. Taiwan: Asia Theological Association, 1985.

Pesch, R. . Dos Abendmahl.

Tan, Lucy , Ancestor Worship judged by Scripture. Chistian Alternatives to Ancestor Practices,(ed.) Bong Rin Ro. Taiwan: Asia Theological Association, 1985.

Wenham, Gordon J., WBC. I. Genesis 1-15, Texas:Word BooKs, 1987.

2. 번역서

Berkhof, Louis, Systemetic Theology. 「조직신학 상.하」, 권수경,이상원 옮김, 서울:크리 스챤 다이제스트, 1991.

_____, Mannual of Christian Doctrine, 「기독교신학개론」, 신복윤 역, 서울:성광 출판사. 1984.

Boettner, Loraine, Immortality, 「불멸의 생명」, 김선운 역, 부산:개혁주위신행협회, 1963.

Bornkamm, Gunther, Jesus von Nazareth, 「나사렛 예수」, 강한표 역, 서울:대한기독교서 회, 1994.

Dietrich, Suzanne De, The Witnessing Community, 「하나님의 사람들」, 신인현 역, 서 울:컨콜디아사, 1976.

Furster, Werner, From the Exil to Christ A Historical Introduction Palestinian Judaim, 「신구 약중간사」, 문희석 옮김, 서울:컨콜디아사, 1982,

Greshake, G. , Endzeit und Geschichte : Zur Eschatolog : Schen Dimension in der Heutigen Theologie, 「종말신앙 죽음보다 강한희망」, 심상태 역, 서울:성 바 오로출판사, 1989.

Haye, Tim La, Life in the Afterlife, 「사후의 생명」, 김용순 역, 서울:보이스사, 1981.

Hendriksen, Willian, The Bible on the Life Hereafter, 「내세론」, 오성종 역, 서울:새순, 1992.

Hoekema, Antony A. , Created in God' s Image, 「개혁주의 인간론」, 유호준 역, 서울:기독 교문서선교회,1990.

Kubler-Ross, E, On Death and Dying, 「인간의 죽음」, 성염 역, 왜관:분도출판사, 1982.

_____, Questions and Answerers on Death and Dying, 「죽음과 임종에관한 의

문과 해답」, 이인복 역, 서울:우진출판사, 1992.

Kummel, Werner Geory, Einletung in das Neus Testament, 「신약정경개론」, 박익수 역, 서
    울:대한기독교출판사, 1988,

Lity, Pincus, For the Death and Family, 「죽은이와 남은이를 위하여」, 이인복 역, 서울:우진
    출판사, 1992.

McDowell, Josh, Stewart, Don, Handbook of Today's Religious Understanding
    Non-Christian Religious, 이호열 역 , 「이방연구」, 서울:기독지혜사, 1987.

Metzger, Bruce Manning, The New Testament its Background, Growth and Content, 「신
    약성서개설」, 나채운 역, 서울:대한기독교출판사, 1988

Oden, Thomas C. , Pastoral Theology Essentials of Ministrer, 「목회신학」, 오성춘 역, 서
    울:예장출판국, 1987.

Orr, William W. , The First Five Minutes After Death, 「죽음후 5분」, 문영탁 역, 서울: 새순,
    1990.

포션, N. 김일순 편저, 「의료윤리」, 서울:연세대학출판부, 1982.

Rahner, Karl, The Theology of Death, 「죽음의신학」, 김수복 역, 서울:카톨릭출판사,
    1985.

_____, 조 만 역, 「죽음은 죄의결과」, 한국아카데미신서11권, 서울:문화예술사,
    1986.

Rawlings, Maurice, Before Death Comas, 「죽음을 준비하는 그리스도인」, 변진협. 윤향연
    옮김, 서울:아가페출판사, 1993.

Smith, Harmon L. , Ethics and The Newnedicine, 「현대의학과 윤리」, 김중기 역, 서울:
    CLSK.

Thurneysen, Eduard, Seelsorge in Vollzug, 「목회학 실천론」, 박근원 역, 서울:한국신학연
    구소, 1977.

토오르니에, 폴, 「성서와의학」, 마경일 역, 서울:현대사상사, 1973.

Vorgrimler, Herbert, Tai Shim der Todim Denken und Leber des Christen, 「죽음, 오늘의
    그리스도교적 죽음 이해」, 심상태 역, 서울:성바오르출판사, 1982.

Wiersbe, Warren W. , Jesus Seven Last Words, 「예수님의 마지막 일곱 말씀들」, 유영옥 옮
    김. 서울:나침판사, 1984.

3. 국내서적

강신권, 「인간의 죄를 사하시는 하나님」, 서울:쿰란출판사, 1995.

김경재, 「영생을 위한 삶의방식」, 서울:도서출판 창, 1992.

김균진, 「헤겔철학과 현대신학」, 서울:CLSK, 1980.

김광수, 「기독교와 타종교와의 대화」, 서울:한국기독교교회협의회, 1977.

김명혁, "제사에 대한 역사적 이해", 「한국교회와 제사문제」, 이종윤 편, 서울:엠마오, 1985.

김성환, 「평신도를 위한 칼빈주의의 해설」, 서울:영음사, 1976.

김태곤, 「한국의 무속연구」, 서울:집문당, 1981.

김학도, 「한국의 전통상제와 성경적 장례의식」, 서울:바른신앙, 1991.

류상채, 「민의와 무의」, 서울:서해문집, 1992.

문상희, 「무속신앙의 윤리문제」, 「한국교회와 신학의과제」, 한국기독교문화연구소 편, 서울:연대출판부, 1985.

문희석, 「구약성서의 인간학」, 왜관:분도출판사, 1976.

박근원, 「기독교와 관혼상제」, 서울:전망사, 1984.

박도식. 「천주교와 개신교」, 왜관:분도출판사, 1982.

박형룡, 「교의신학」, 내세론 제7권, 서울:은성문화, 1973.

배영기, 「인간에관한 종합적이해」, 서울:세화, 1992.

백성룡, "임종과 장례식의 절차", 「목회실무 핸드북」, 서울:크리스챤비전하우스, 1982.

성종현, 「신약총론」, 서울:장로회신학대학출판부, 1991.

손병호, 「복음신학원론」, 서울:그리인, 1992.

_____, 「교회정치학원론」, 서울:도서출판 그리인, 1991.

_____, 「복음신학이란」, 서울:한국복음신학연구원, 1993.

_____, 「목회경영학 원론」, 서울:엠마오, 1994.

_____, 「95년 2학기 복음신학 강의노트」

유동식, 「한국종교와 기독교」, 서울:CLSK, 1988.

이규태, 「한국인의 의식구조」(1), 서울:신원문화사, 1977.

이상근, 「신약주해 공동서신」, 서울:예장총회 교육부,1983.

_____, 「신약주해 요한계시록」, 서울:예장총회 교육부,1983.

이인복, 「죽음과 구원의 문학적 고찰」, 서울:우진출판사, 1989.

이종성, 「종말론」 1, 서울:대한기독교출판사, 1990.

_____, 「그리스도론」, 서울:대한기독교출판사, 1984.

_____, 「평신도와신학」, 서울:총회교육부, 1982.

이형기, 「정통과 이단」, 서울:총회교육부, 1992.

이홍우, 「한국적 사고의 원형 - 그 원천과 흐름」, 서울:한국정신문화연구원, 1990.

임택진, 「기독교 가정의례지침」, 서울:한국문서선교회, 1985.

_____, 「기독교를 알기 쉽게」, 서울:한국문서선교회, 1988.

엄두섭, 「죽음 뒤에 오는 것」, 서울:은성, 1991.

오영석, 「조직신학의 이해」, 서울:기독교서회, 1992.

오주혜, 「크리스챤의 삶과 죽음」, 서울:한국로고스연구원, 1988.

지상우, 「죽은이란 무엇인가」, 서울:크리스챤 다이제스트, 1993.

전경연 편, 「영혼불멸과 죽은 자의 부활」, 서울:CLSK, 1990.

진발호, 「형법각론」, 서울:대왕사, 1983.

정대영, 김은령, 「신부와 목사님」, 서울:양서각, 1986.

정태혁, "힌두교에서 본 죽음관", 배영기 술, 「죽음의 세계」, 서울:교문사, 1993.

장덕순, "저승과 영혼", 「한국사상의 원천」, 서울:배명사,

채필근, 「비교종교론」, 서울:대한기독교서회, 1960.

홍광수 편, 「가정의례지침」, 서울:충신교회, 1988.

한동윤, 「호스피스」, 서울:말씀과 만남, 1993.

황기석, 「죽음의 판정」, 「의학과 윤리」, 한국카톨릭의사협회 편, 서울:수문사, 1984.

황승룡, 「조직신학 하권」, 서울:장로교출판사, 1994.

황필호, "죽음에 대한 서양 철학의 네 가지 접근과 한국인의 접근", 「죽음이란 무엇인가」,
       서울:창, 1990.

4. 논문

김경수, 미간행 석사학위논문, "칼빈신학에 있어서의 인간 영혼에 대한 신학적 인간학적
　　　　고찰", 장로회신학 신학대학원, 1988.

김양수, 미간행 석사학위논문, "영혼불멸과 육체부활", 장신대 신학대학원, 1988.

손영호, 미간행 목회학박사학위논문, "목회학적 측면에서의 한국 기독교 의례 신학 정립
　　　　을 위한 연구", 아세아연합신학대학원, 1987.

신우인, 미간행 석사학위논문, "칼빈의 인간 이해", 한신대 신학대학원, 1988,

조영숙, 미간행 석사학위논문, "죽음을 앞둔 환자에대 한 간호학생과 간호원의 태도 연구"
　　　　이화여자대학교 대학원, 1985.

5. 정기간행물

Muller, A. "임종자에 대한 교회사목", 성염 역, 「사목」, 39호.

Rahner, Karl "그리스도인의 죽음", 「신학전망」, 31호.

「광장」, 1988. 9. "죽음의 인식"

「기독교사상」, 1982.4. "죽음"

「빛과소금」, 1986.11.

「상담과선교」, 1993. 여름. "죽음에 대한 기독교적 이해"

「신학전망」, 1975. 겨울. "그리스도인의 죽음"

「풀빛목회」, 30. 31. 81호 특집.

김남식, "소망과완전에의 미학(죽음에 대한 기독교적 이해)", 「상담과선교」제1호 (1993년
　　　　여름).

김영환, "죽음에 대한 사목적 배려", 「신학전망」, 31호.

김종은, "죽음에 대한 정신의학적 고찰, 「사목」, 제70호.(1980.7)

박봉랑, "죽음의 기독교적 이해", 「세계와 선교」, 1977.

박봉배, "죽음에 대한이해", 「빛과소금」, 1985.9.

박윤선, "인간 존재와 사후문제", 「신학지남」,제41권 4집, 1974.

성종현, "그리스도의 죽음과 그리스도인의 죽음", 「장신원보」, 1989.11.6.

이정숙, "죽음과 임종에 관한 개념적인 이해와 그에 따르는 사회사업적 접근에 관한 고찰", 「이화여대 총론」, 제37집(1980).

이형국, "도가적 사생관과 기독교적 사생관", 「신학지남」, 제168호, 1975.3월 봄호.

왕상한, "종교학회", 「종교별 사후세계」, 「조선일보」, 1990.5.12.

정달용, "철학적으로 본 죽음", 「사목」, 70호.

정진홍, "죽음, 종교, 문화", 「기독교사상」, 286호, 1982.4월호.

최홍석, "죽음에 대한 조직신학적 이해", 「목회와신학」, 제41호.

하은영, "죽음에 관한 심리와 종교, 「기독교사상」, 1994.10.

황성규, "바울의 죽음이해", 「기독교사상」, 1982.4.

6. 사전 및 고전

「기독교 대백과사전」, 제 7.11.12.16권, 서울:기독교 교문사, 1984.

「국한 최신대자원」, 서울:홍자출판사, 1963,

「칼빈의 기독교강요」, 제3권, 로고스번역위원회.

「동아 새국어사전」, 서울:동아출판사, 1992,

「성구대사전」, 서울:혜문사, 1983,

「세계대백과사전」, 제 3.17권, 서울:학원사, 1970.

「철학대사전」, 서울:학원사, 1963.

「동아원색 세계대백과사전」, 제 25권, 서울:동아출판사, 1983.

7. 성서주석

「그랜드 종합주석」, 서울:성서교재간행사, 1993.

「매튜헨리 성서주석」, 서울:기독교문사, 1988.

「류형기 성서주해」, 서울:한국기독교문화원, 1986.

「바클레이 성서주석」, 서울:기독교문사, 1986.

「카논주석」, 서울:선린출판사, 1994.

「칼빈 성경주석」, 서울:성서교재간행사, 1982.

「크로스FM 종합주석」, 서울:도서출판 시내, 1992.

「트리니트 말씀대전」, 서울:도서출판 달산, 1993.

「호그마 종합주석」, 서울:기독지혜사, 1991.